重大决策社会稳定风险评估研究

ZHONGDA JUECE SHEHUI WENDING FENGXIAN PINGGU YANJIU

顾　严　张本波◎主编

人民出版社

目　录

总报告：重大决策社会稳定风险评估研究

我国改革已进入深水区和攻坚期，发展进入了中高速增长阶段，社会稳定则面临信息化的新形势，过去形成的改革发展稳定良性循环正在被打破，迫切需要通过稳评构建起新的均衡关系。稳评工作经过了理念酝酿和地方探索阶段，目前已进入国家创制的加快发展新阶段，尽管在制度和组织体系、风险识别和矛盾化解以及多元参与等方面取得了初步成果，产生了维护社会稳定和促进科学民主依法决策的积极效应，但也存在应评未评、视野狭窄、方法粗放、跟踪不力和权责错位等问题。根据我们构建的信息不确定性条件下的公共决策二维框架，以及由其推演出的四种风险决策模式，稳评的决策事项主要属于民主协商型决策。为完善稳评，助力形成改革发展稳定新的良性循环，我们借鉴风险社会理论和第四代评估理论的思路及方法，并针对稳评现存的突出问题，提出加快推进稳评工作“五个转变”的建议：一是评估事项从“原则规定”向“清单管理”转变；二是评估内容从“一事一议”向“全面系统”转变；三是评估方法从“旁观式观测”向“参与式建构”转变；四是流程机制从“一锤定音”向“循环互动”转变；五是组织体系从“交叉分工”向“协同履职”转变。

一、引言

我国正处于经济社会转型期，在经济快速发展的同时，社会矛盾明显增多，并表现出几个新特征：一是多发频发，触点在增多，规模在增大，治安案件数、上访人次数都达到了 1000 万的数量级，单次爆发的群体性事件参与人数超过了 10 万人；二是易发并发，燃点越来越低，极端方式屡见不鲜，例如普通的劳资纠纷可以迅速转化为刑事案件、群体性事件和暴力冲突，跳楼服毒等讨薪方式和自焚堵路等抗拆手段也反复出现；三是串发突发，风险点分散化，传导渠道网络化，社会矛盾的策源地有时不是可以重点防控的实体区域，而是向虚拟社会延伸，互联网上的恶意炒作、谣言煽动甚至是“游行通知”经常导致事件处理的反复，极大地增加了维护稳定的难度。

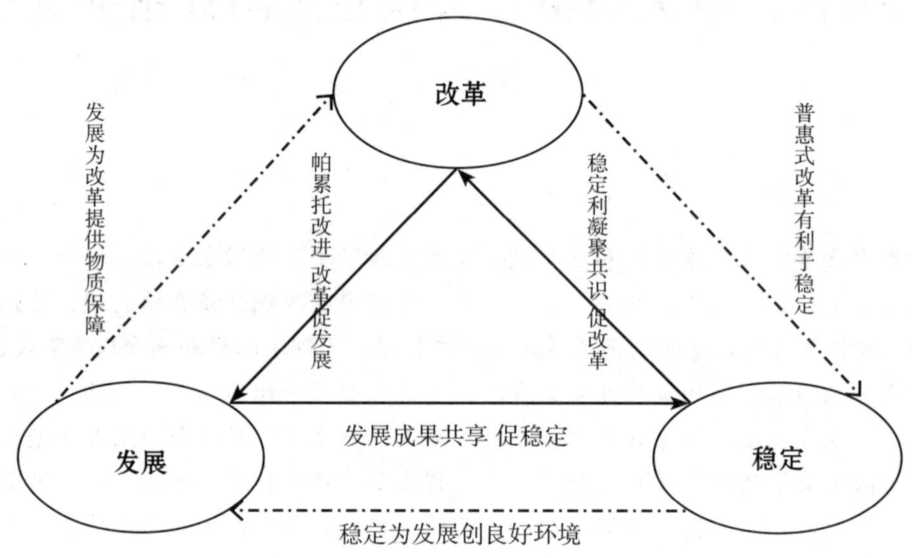

图 1　过去形成的改革—发展—稳定均衡关系

上述苗头趋势的产生，既有发展阶段和经济社会转型的客观必然性，也有决策失误失当和体制机制不健全的深层次原因。从客观性看，社会结构的原子化，引起贫富差距和社会鸿沟扩大，导致不公平感和社会心理失衡趋于严重，又缺少社会组织等中间力量的疏导沟通，容易引发不满和矛盾冲突；社会需求的多元化，使得新老矛盾相互交织、叠加和转化，在收入和财富仍为主要需求的情况下，对环境权益和公平正义的诉求明显增多，需求诉求满足更难，也会产生潜在的社会风险；社会联系的信息化，还使得各种矛盾冲突更加直接和显性，也使社会稳定风险的传导更快、扩散更广。在这样的条件下，即便是合法合理合情的决策事项，都面临着必须审慎对待的风险环境。如果体制机制没有配套跟进，再发生非故意的决策失误，甚至受利益驱使故意而为的决策失当，不但会加剧社会矛盾，还会把党和政府推上风口浪尖，使官民矛盾上升为最主要的社会矛盾之一。

为从决策的源头防范化解社会矛盾风险，用体制机制建设的办法维护稳定，一些地方在多年前开始试水重大决策事项的社会稳定风险评估工作，后得到中央维稳领导小组的认可和推广。近一两年，中央办公厅和国务院有关部门还出台了指导意见和暂行办法，稳评已成为综治维稳、社会管理乃至科学决策的重要工作内容。目前稳评已经取得了初步成效，但也存在着一些亟待完善的问题。

本报告下文拟从改革发展稳定新均衡的战略角度，审视稳评的必要性；然后对稳评的实施情况作简要的评介，重点提出迫切需要解决的问题；最后构建稳评决策的理论框架，借鉴风险社会理论和第四代评估理论，并针对实际问题，提出完善稳评的对策思路和具体建议。

二、重大决策稳评的必要性：构建改革发展稳定新均衡的视角

（一）过去的改革发展稳定均衡关系正在被打破

改革开放以来，我们比较好地处理好了改革、发展、稳定三者的关系，总体上形成了这样一种良性循环的均衡：一方面，凡改革必促进发展，凡发展必让全体社会成员受益，进而有利于为社会稳定提供比较牢固的利益基础；另一方面，发展为进一步的改革提供了坚实的物质保障，稳定则为发展创造了良好的环境，也营造出各阶层普遍拥护改革的社会氛围。简言之，改革促发展促稳定，发展促改革促稳定，稳定促改革促发展的良性循环是过去一段时期以来形成的良性循环的改革发展稳定均衡关系。①

然而，随着改革和发展进入新的阶段，与此同时社会稳定形势也呈现出新的特点，业已形成的改革发展稳定三者之间的均衡关系，正在发生深刻变化。

首先，改革进入了深水区和攻坚期，具有“帕累托改进”性质的改革越来越少，必然要损失一部分人的利益，加之利益结构日益复杂并且产生了固化的趋向，改革措施触碰利益、引起不满、甚是引发社会不稳定因素的风险已经

① 当然，并非所有领域、所有决策都在这样一个良性循环的环境中。比如20世纪80年代的价格双轨制和价格“闯关”等带来的不稳定因素，20世纪90年代国有企业职工下岗事业和“买断工龄”等引起的群体性事件等。严格来说，改革发展稳定关系既有良性互动的一面，又有相互矛盾甚至是冲突的一面；“总体上”的良性循环是指，良性循环的成分相对占优、是主流，矛盾冲突的成分相对少一些。

开始出现并不断积累。改革也不一定能在短期内产生立竿见影的促进发展的作用，一旦与改革措施相伴随，出现发展减速甚至是局部的负增长，容易产生质疑改革的声音和阻挠改革的力量，也会产生对社会稳定的不利影响。

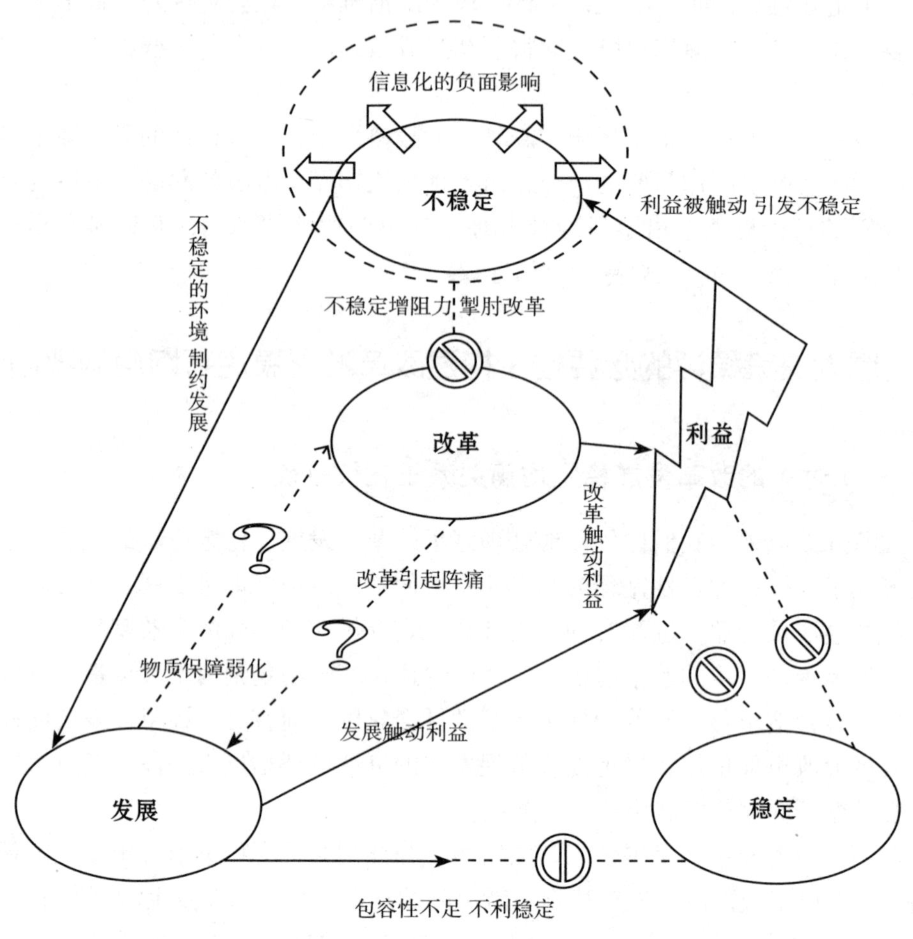

图 2　被打破的改革—发展—稳定良性循环

其次，发展进入了中高速增长阶段，潜在经济增长率存在下行压力，公共财政增收出现减速乃至一度的负增长，通过发展成果的积累来为改革提供保障的物质基础在相对弱化，通过再分配手段来调节利益差距、维护社会稳定的财力基础也在相对弱化。

第三，社会稳定面临信息化这一新形势的挑战，博客和论坛成了电视和广播站，有时一个短信、一条微博，就能产生广泛的社会影响，产生社会动员效应，迅速诱发不稳定因素。社会矛盾超越实体空间，在虚拟社会中更加直接地对立，容易出现放大改革缺陷甚至是歪曲和抹黑改革、煽动对发展成果分享不合理的不满等负面情绪、造谣传谣并借以鼓动非正常上访请愿和示威游行的风险，进而产生负面影响发展、增大改革阻力的效应。

改革不一定能让所有人受益、不一定在任何时空范围都能够直接促进发展，发展为改革和稳定提供物质保障的能力在弱化、而且发展成果不一定能普惠化地共享，社会不稳定因素的传导更快更强、制约发展和阻挠改革的影响不时出现，过去形成的良性循环的改革发展稳定均衡关系正在被打破。

（二）改革发展稳定新均衡的构建迫切需要稳评

在新的阶段和新的形势下，通过建立健全重大决策社会稳定风险评估，推动构建改革发展稳定新的均衡关系，形成新的良性循环，显得十分必要。

从改革触动利益和引发不稳定因素的环节看，在出台重大改革类决策和相应措施之前，十分有必要评估利益相关方所受的影响及其可能的行为反应，并提出合理满足利益诉求的配套方案以及出现非正常情况时的应急预案，尽最大可能化解社会矛盾和消除不稳定因素，将改革的阻力和发展的阵痛降到最低，进而重新构建改革促发展促稳定的格局。

从发展成果不普惠引起社会不满和不稳定的环节看，在拟定重大发展类决策和有关政策时，十分有必要将可能的影响展开沙盘推演，提前安排好合理有效的利益补偿措施，通过促进公平分配和实现成果共享，提高群众对决策政策的认同度和支持率，减少因发展的不包容而诱发不稳定因素，也为相关的改革赢得民心，进而重新构建发展促稳定促改革的格局。

从社会不稳定因素掣肘改革和制约发展的环节看，不论是改革类还是发展类的重大决策，不论是在其出台以前还是在其实施过程中，都十分有必要监测评估相关的社会稳定风险，动态地掌握风险的积累演变情况和不稳定因素诱发条件的变化，及时化解苗头隐患，坚决打击和遏制非法非正常势力，为改革和发展提供具有正能量的舆论和社会基础，进而重新构建稳定促改革促发展的格局。

由此看，重大决策社会稳定风险评估，不仅是现有研究中所认为的维护社会稳定工作的新手段、加强和创新社会管理的新举措、促进科学民主依法决策的新途径，而且是事关改革发展稳定全局、具有重大战略意义、现阶段必须加快建立健全的重要机制。

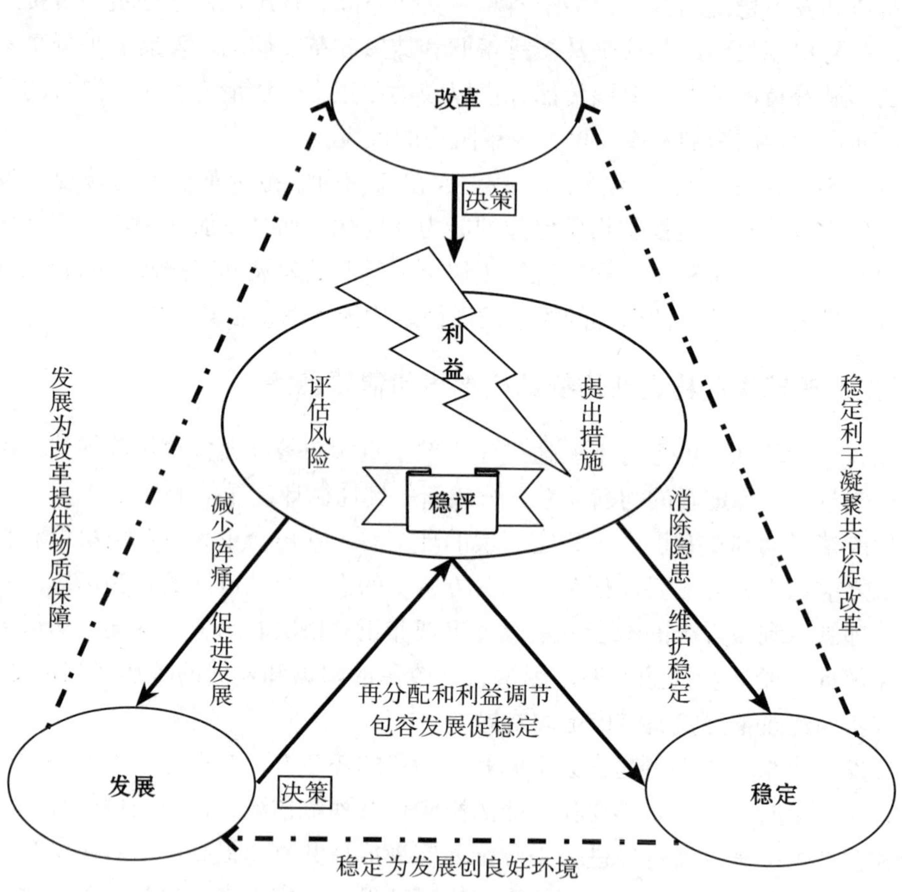

图 3 重大决策稳评与改革—发展—稳定新均衡的构建

三、重大决策稳评的实践：阶段划分与成效问题

（一）政策沿革

作为社会矛盾源头治理的一项重要工作，社会稳定风险评估是一个新事物，一般认为是从 2005 年“遂宁试验”起步的。但根据我们的前述理解，从改革发展稳定全局的角度看，稳评所依托的基本思路，是从改革开放初期就开始探索，后逐步形成的。因此，稳评的政策沿革可以梳理为三个阶段。

一是理念酝酿阶段。稳评在理念上的酝酿阶段较长，从 20 世纪 80 年代末期至本世纪最初几年，历时 15 年左右。1989 年，邓小平同志在会见美国总统布什时指出："中国的问题，压倒一切的是需要稳定。没有稳定的环境，什么都搞不成，已经取得的成果也会失掉。"他从党的执政能力角度出发，认为社会稳定是一种能力，而不仅仅是一种状态，其社会稳定思想是一个全方位、多层次的协调、有序的体系，是经济稳定、政治稳定和思想稳定的有机统一体。江泽民同志在中共十五届五中全会上强调指出，要正确处理改革、发展、稳定的关系，保持社会的长期稳定，为改革开放和现代化建设创造良好环境。他在随后的"七一讲话"和党的十六大报告中专门论述了改革、发展、稳定的关系，认为稳定是改革和发展的前提，要坚持在稳定中推进改革和发展，通过改革和发展促进稳定。在改革发展稳定关系的论述中，出现了把实现和维护人民群众的利益作为重要结合点的思想认识。到以胡锦涛同志为总书记的第四代领导集体时期，以人为本成为了维护社会稳定工作的重要理念，并且形成了把社会矛盾冲突纳入制度化、法治化的处理轨道之中的依法执政思路。

二是地方探索阶段。在国家层面推进理念和理论创新的同时，各地结合自身实际，先行先试，从 2005 年遂宁试点，到 2012 年中央专门文件出台前，历时 7 年左右。稳评在国内的正式实施始于 2005 年，四川遂宁市出台《重大工程建设项目社会稳定风险预测评估制度》，在全国率先明确规定，新开工工程项目未经稳定风险评估不得盲目开工，评估出的严重隐患未得到妥善化解不得擅自开工。2006 年，该市又出台了《重大事项社会稳定风险评估化解制度》，进一步要求全市各级党委政府、各部门，在事关群众切身利益的重大改革、重大事项实施出台之前，都必须事先开展分析预测，对可能出现的不稳定问题作出评估。2007 年，中央维稳领导小组在其办公室跟踪掌握遂宁经验近两年的基础上，决定在全国推广开展社会稳定风险评估。此后各地纷纷"试水"稳评，形成了不少有特色的稳评模式，其中，四川遂宁、浙江衢州、江苏淮安、贵州铜仁等地的做法具有一定的代表性和典型性。四川遂宁做法的主要特点是"6个五"：评估"五类重大事项"，围绕"五项重点评估内容"，采取"五步工作法"，落实"五项制度"，拓宽"五种渠道"，严明"五项铁规"。浙江衢州积极探索建立由情报信息主导的重大群体性事件隐患专案管理制度，其做法的主要特点是"五个机制"：隐患排查机制、分析研判机制、风险评估机制、矛盾化解机制、责任分工与追究机制。江苏淮安做法的主要特点是党委统一领导、党政齐抓共管、各职能部门纵向垂直领导、横向分工协作，并建立以目标管理为核心的问责制度。贵州铜仁做法的主要特点是风险评估先行、防范化解联动、建设与调解并进、发展与稳定统筹。

三是国家创制阶段。国家层面创立稳评专门制度和体制机制，与地方的试点探索是互动的，两个阶段有所重叠，从2009年中央维稳领导小组启动推广稳评工作后，到2012年中央专门文件的出台，至今不断总结经验，已经历时4—5年。2010年10月，胡锦涛同志在党的十七届五中全会第二次全体会议上的讲话中强调指出，“建立健全重大工程项目建设和重大政策制定的社会稳定风险评估机制，着力从源头上预防和减少矛盾，把问题解决在基层、解决在萌芽状态。”党的十七届五中全会文件则明确提出，要“建立社会稳定风险评估机制”。2010年11月，国务院《关于加强法治政府建设的意见》从依法行政角度提出了重大决策稳评的具体要求，凡是有关经济社会发展和人民群众切身利益的重大政策、重大项目等决策事项，都要进行合法性、合理性、可行性和可控性评估，其中社会稳定风险评估是重点。2011年，国家《“十二五”规划纲要》再次明确了“建立重大工程项目建设和重大政策制定的社会稳定风险评估机制”的任务。2012年初，中央办公厅印发了《关于建立健全重大决策社会稳定风险评估机制的指导意见（试行）》，重大决策稳评的专门文件正式出台。2012年11月，党的十八大报告再次强调建立健全重大决策社会稳定风险评估机制。同年，一些部门也出台了配套文件。中国银监会印发的《绿色信贷指引》规定，银行业金融机构应当制定针对客户的环境和社会风险评估标准，对客户的环境和社会风险进行动态评估与分类；在已授信项目的设计、准备、施工、竣工、运营、关停等各环节，均应当设置环境和社会风险评估关卡，对出现重大风险隐患的，可以中止直至终止信贷资金拨付。国家发改委颁布的《国家发改委重大固定资产投资项目社会稳定风险评估暂行办法》，对重大项目稳评的一般程序、主要内容、风险分级、处置办法等作出了规定，要求上报项目必须在可研报告中增加社会稳定风险分析专章专篇；随后在2013年初又印发了《重大固定资产投资项目社会稳定风险分析篇章和评估报告编制大纲（试行）》，进一步明确了评估主体、内容和程序。

（二）初步成效

稳评工作经过多年的探索，已经取得了一些初步的成果。

一是初步建立起了稳评的制度和组织体系。在进入国家创制阶段后，特别是中央的指导意见下发后，各地加快了重大决策稳评的推广普及，目前全国已有20多个省区市下发了开展稳评工作的指导意见或实施意见，并积极推动稳评工作向地市和县区延伸。一些地方也在积极探索健全完善稳评的制度和组织体系，如江苏淮安市建立了党政齐抓共管、各职能部门（发改、环保、国土、建设、安检、公安、工商、宣传等）协同配合，纵向垂直领导、横向分工协作的稳评组织领导体制，各部门既各司其职、各负其责，又在党委政府统一领导下相互支持、密切配合。该市还建立了以目标管理为核心的问责制度，把稳评工作纳入各地各部门年度目标责任状和社会治安综合治理考核体系，考核结果直接计入年度目标总分。一些地方还采取了更加严格的问责措施。如广东惠州市大亚湾经济技术开发区实施了稳评工作"一票否决"，应评未评而引发社会稳定风险的决策事项，有关责任单位及其主要负责人在年度考核中将被"否决"。

二是初步建立起风险识别和矛盾化解机制。从风险识别和筛查来看，目前以定性分析为主的方法被普遍采用。定性评估方法主要是通过对现实信息的搜集整理，然后结合理论和逻辑分析来进行判断，普遍适用于缺乏较长时间序列和较完整统计资料的情况，具体包括德尔菲法（专家预测预警）、主观概率法（经验归纳演绎）、领先指标法、相互影响法、情景预警法以及头脑风暴法、专题研讨会和专家论证会等方法。实践中采用比较多的有部门会商、听证会、专家意见征询、居民问卷和访谈调查等。从矛盾源头治理和前置化解来看，如果能够在稳评中充分与利益相关方沟通，并且积极落实稳评揭示风险后提出的应对措施，在相当多的情况下能够有效减低风险。如贵州铜仁等地区在稳评中，在充分预测潜在风险的基础上，扎实细致地进行矛盾排查，坚持调解优先，让调处成为风险稳压器，将矛盾冲突化解在决策实施之前。

三是初步建立起多主体参与的格局。为提高稳评工作的科学性和客观性，各地积极引入"第三方"参与重大决策稳评工作。如四川遂宁市邀请人大、政协和社会各界代表参加，对重大事项社会稳定风险程度进行集体会审。浙江定海等地注重充分调动社会力量参与评估，建立起多元评估机制。江苏淮安高度重视专家评估的作用，建立了评估专家组、评估人才库，发挥专业评估机构的作用。重庆九龙坡区等地在风险评估工作中，注重引进第三方参与机制，委托具有资质的第三方机构进行评估，提升了决策的科学性、透明度和公信力。

稳评对社会稳定和科学民主依法决策，都产生了比较明显的积极效应。

最直接的效应是，在一定程度上防范和化解了社会稳定风险。以最先试水稳评的四川遂宁为例，在先行先试中，遂宁市社会大局稳定，社会不稳定事件的发生有所减缓，类似2004年直接促成稳评出台的"汉源事件"等情况比较严重的案例未再发生。广东惠州市大亚湾经济技术开发区近期实施的一个整村搬迁项目，涉及当地居民以及迁出居民各3000余人，由于稳评措施到位，不仅未出现一例集体上访或群体性事件，而且还建立了良好的干群关系。该地方2011年开展稳评工作以来，已经有多项政策因大部分群众反对而被叫停，没有因强行出台政策或上马项目而引发社会不稳定事件。

更加重要的、而且具有长期积极效应的是，稳评工作使决策者开始有意识地在出台政策和上马项目前，更加充分考虑到相关的利益群体，更加重视群众的需求诉求，更加主动地将决策纳入到程序之中。这对从源头上防范化解社会矛盾，促进干群关系和谐化，推动决策的科学化、民主化及法制化进程，以及构建改革发展稳定新的均衡关系，都将产生深远影响。

（三）突出问题

正式的稳评只有短短几年的历史，稳评总体上还处于“试行”、“暂行”的状态，制度体系、体制机制、配套措施还有待进一步完善，难免存在一些问题。从典型地区的实践看，比较突出的问题有以下几个方面：

一是不合规，应评未评，风险失控。从目前实施的稳评机制的一般流程看，确定评估事项是起点。在起点上，稳评主要问题是，一些地方没有按照中央要求做到应评尽评。

主观上看，一些地方的决策者对稳评的认识不到位，对改革发展稳定的关系及其正在发生的深刻变化认识不到位，认为稳评“没用”、“没必要”、“添麻烦”，不理解、不重视、不落实，因此不愿评、不想评、不肯评，导致稳评停留在文件层面裹足不前，真正列入稳评的决策事项仅占很小一部分；即便开展稳评的事项也被预设结论，尚未充分研究论证和广泛征求意见就被提前设定为“低风险”，以免延误和阻滞工程项目上马和政策措施出台，结果稳评变得流于形式。

客观上看，地方套用中央文件原则性规定的较多，经深入研究、结合本地方特点明确了本地方需要稳评的具体决策事项的较少，界定不清晰、不明确，导致不知道或不确定具体项目、政策等是否应该开展稳评。我国正处于社会矛盾凸显期，且原有的改革发展稳定均衡关系正在被打破，不在重大决策出台的源头进行社会稳定风险评估，决策的风险就处于失控状态，一旦引发不稳定事件，处置起来会非常被动、更有难度、更加棘手，还可能由于处置不当或不及时进一步加剧风险和激化矛盾。

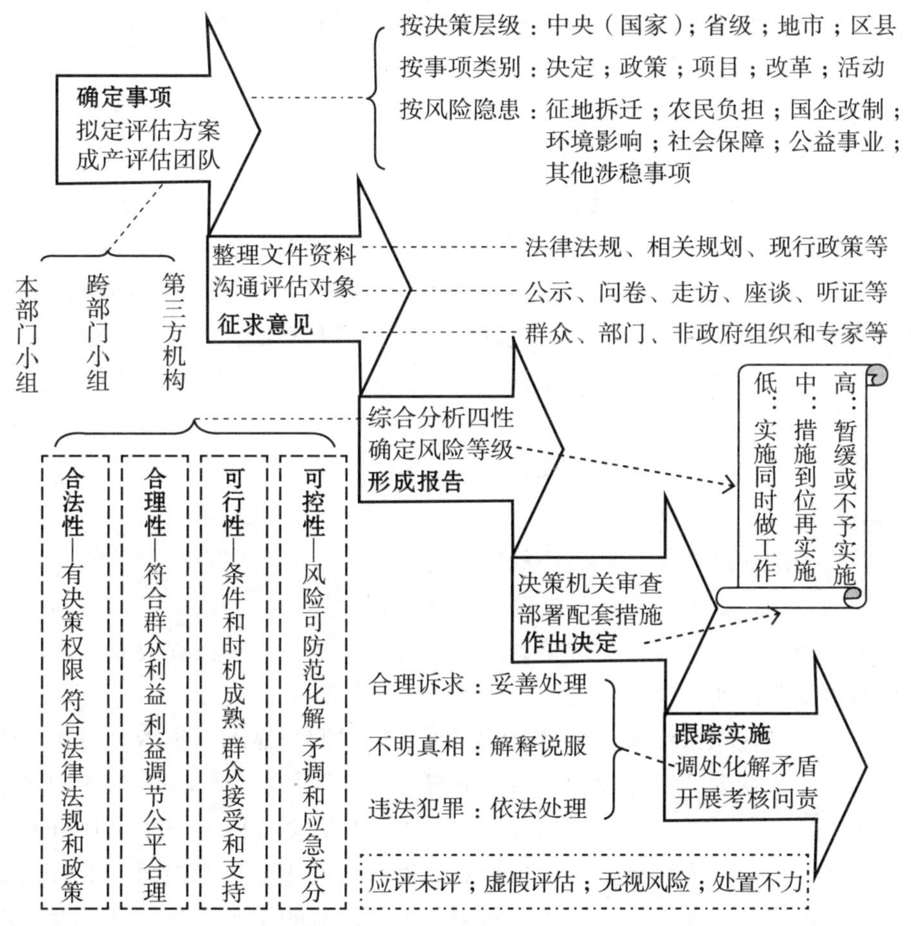

图 4　当前重大决策稳评的一般流程和主要内容

我们在贵州省某市调研时，接触到这样一个案例。该市参与抗美援越老兵中，有一部分因军事需要在入越前被取消了部队番号，返回原籍后不能享受退转军人待遇。该市为了帮扶这批老兵，拟出台优抚安置政策，发放专项补贴。当地政府本以为，原本没帮扶，现在有补贴，该政策肯定会受到拥护、顺利推行，就没有开展社会稳定风险评估。然而，由于地方财力有限，实际执行政策时，补贴标准低于正式的退转军人，结果引发了不满，遭到了抵制，在一段时期接连发生集体上访事件。负责拟定和实施该政策的政府部门人士抱怨说：“不帮他们没意见，帮了反而有意见！”本是一项好政策，如果依规开展稳评，在征求意见环节充分地与拟帮扶对象沟通，把当地财力有限的客观原因摆出来，再把补贴标准并轨的大方向和时间表讲清楚，其实是可以得到理解和支持的。但不进行稳评，对利益相关方的需求诉求理解不准确，加之沟通不到位，结果好事变成了坏事。

二是视野窄，就事论事，难以全面。目前在地方的实践中，稳评工作主要采取"一事一议"的方式，即拟出台一项政策或上马一个项目，就专门就此政策或此项目进行社会稳定风险评估。这样的方式最大好处在于直接性和针对性比较强，有利于深入研究论证和充分搜集社情民意，在稳评刚刚起步的阶段，"一事一议"发挥了积极作用。然而，随着稳评已经进入国家创制和加快普及的阶段，开展更加全面系统的评估，显得越来越重要。"一事一议"最突出的问题，是难以回答和解决如下问题——为什么同样的补偿标准，这个村顺畅搬迁没有一个人上访，那个村却意见很大、钉子户很多、甚至出现集体上访、大规模聚集、打砸抢烧乃至暴力冲击政府等恶性事件，提高补偿标准也不奏效？

此类问题的症结在于，社会不稳定事件的爆发，既受到直接相关的"当事性决策"的影响，如项目建设需要征地、而补偿标准不甚合理，也会受到"背景性决策"的影响，即过去的决策曾经使特定群体遭受了利益损失或不公正对待、且问题没有得到完全地解决。

课题组成员在东部沿海的 E 市所做的 1% 抽样调查显示，集体上访和群体性事件的爆发，背后的行为逻辑具有"非理性累进"的特征——被调查者遭受利益损害或不公正对待时，首选的解决问题方式非常温和，80% 以上的人是忍一忍、诉诉苦或个人协商；第二选择总体温和但有更激烈的趋向，不过仍有 80% 在熟人圈子范围内解决；第三选择中，上访请愿的比例从 3%、4% 骤升到 10%，找政府部门、求助民警、打官司、上访请愿等与政府直接相关方式的占比，合计达到了 33%，而在第一、第二反应中这一比例仅有 10% 和 17%——问题久拖不决，容易导致非理性的激烈行为的发生概率成倍增加。

此外，以"面对利益受损和不公正对待的反应"为因变量，以被调查者的生活满意度、是否受到过不公正对待及是否已解决的经历、以及性别、年龄、户籍、职业、学历、消费水平等个人特征为自变量，构建排序逻辑模型（Ordered Logistic Model）并进行回归分析，还发现：对生活状况越不满意的人，越倾向于采取更加激烈的方式来解决问题；如果受到过不公正对待，并且问题没有完全解决，被调查者就有可能采取更加激烈的方式来解决。由此引申，过去的"背景性决策"曾经造成了问题、而且问题没有得到完全地解决，就有可能因为怨恨心理产生对"当事性决策"的抵制。过去相当长的一段时间里，政府一直具有较大自由裁量权，在此条件下出台一项重大决策，是否会引发集体上访或群体性事件，不仅需要看该决策是否会影响相关群体的利益，而且需要更加全面地掌握决策的背景，综合评估“当事性决策”和“背景性决策”的共同影响。

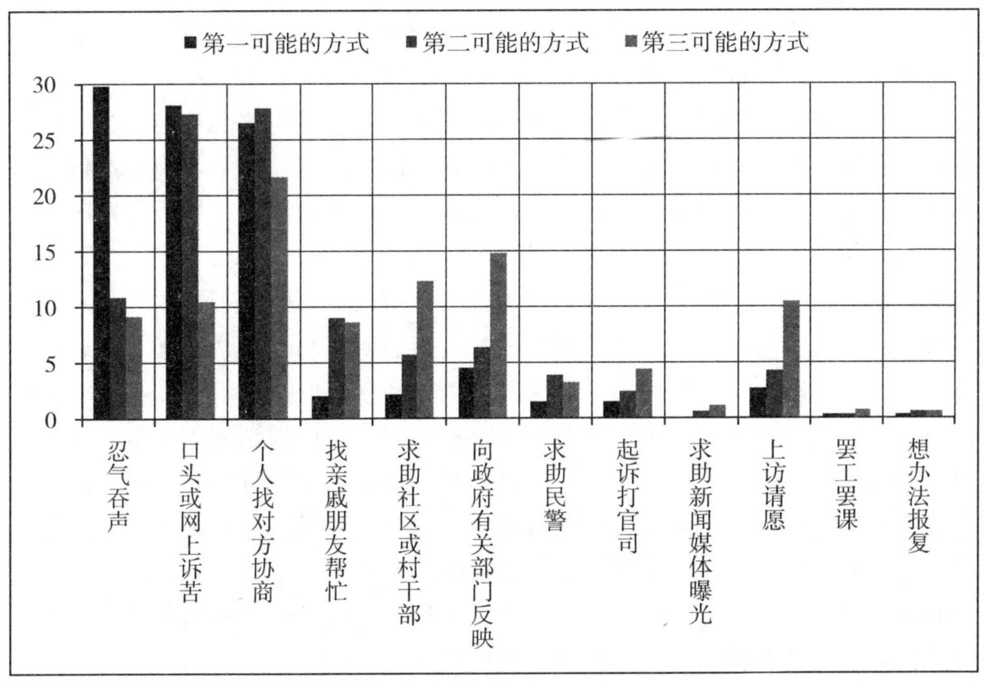

图5 被调查者面对利益受损和不公正对待的反应

还需要全面把握、准确判断利益相关方的需求层次，前述贵州某市的案例已经说明，仅确保其经济利益不受损失、甚至是能够明显提升其经济利益的决策，也会因为公平感欠佳等更高层次的需求未被满足，引起对决策的不满和反对。

三是欠科学，方法不力，机械粗放。从现有的稳评研究成果和我们调查了解的情况看，提高稳评科学性的倡议，有很高的呼声。从推进科学决策、增强稳评有效性的角度看，这样的倡议是有益的。不过，在实践中，存在一个误区，就是过于追求所谓“科学”，简单机械地套用自然科学的方法进行稳评，忽视了涉稳问题实质上属于社会科学范畴而非自然科学范畴。

与环境影响评价这一自然科学问题相比，困扰稳评的最大技术难题，是如何识别风险、如何描述不稳定事件发生的概率分布、如何确定风险等级、如何判断采取怎样的措施能够有效控制风险。环境影响评价中，有关项目将产生什么类型的污染，多大的产量对应多少规模和强度的污染物排放，发生生产安全事故的可能性有多大，采取何种措施、措施强化到什么程度能够把污染控制在什么范围，对这些问题的回答通常是确定的，而且大部分问题在实验室里就能测算出结果。然而，在社会稳定风险评估中，同样的问题却难以给出确定的答案，而且不可能坐在室内把问题搞清楚，必须深入了解民情民意、广泛征求各方意见、全面充分研究论证。

一言以蔽之，稳评不是旁观式的科学观测，而是参与式的社会建构。稳评的结果是评估者、利益相关方和第三方共同建构出来的，而不是用自然科学的办法在实验室里化验出来的。我们在广东省惠州市大亚湾经济技术开发区调研时，看到这样一个案例。2011 年，当地拟上马一个产能较大的聚苯乙烯（PS）项目，在项目公示阶段，不巧大连、厦门等地爆发了反对上马对二甲苯（PX）项目的大规模游行示威。舆情监测反馈的信息表明，当地群众担忧、质疑和反对项目的倾向渐强，政府网站和环保部门也不断接到群众来信。如不采取任何措施，强行上马该项目，很可能会引发不稳定因素。而根据大连、厦门等“对照组”的情况，还是“一停了之”比较稳妥，能够完全化解风险。然而，从拉动投资、带动就业的角度看，该项目都应该上马，而且实际上环境风险是可控的。强行上马是只顾发展不管稳定，武断下马又是只为稳定不求发展，都是不可取的。当地的应对是，先宣布项目暂缓实施，然后结合舆情监测结果，广泛开展科普宣传和媒体沟通，向公众开放厂区并组织参观，请专家公开评点环境风险、提出应采取的措施，再根据群众和专家意见重新完善了环保措施并组织新一轮公示，较好地引导了舆情和民意，最大限度消除了不稳定因素，项目暂缓近一年后顺利上马，上马后没有出现媒体恶意炒作和群众上访等情况。从此案例可见，评估的结论不是什么措施都不采取、仅凭旁观的观测就作出的，而是在初步评估基础上充分地进行沟通、不断地完善措施而建构出来的。

当然，机械地套用自然科学的方法是不可取的，不等于不需要使用自然科学的有效方法。在一些地方的稳评实践中，评估结论的得出，往往受到比较强势的决策者、居民代表中的意见领袖以及集中报道强度较大的媒体影响。随机抽样等科学方法没有得到恰当运用，民意的代表性不强，会产生有偏的结论，也会误导决策。

四是缺乏跟踪，派生性风险失察，容易潜伏隐患。既然稳评是一种建构，其结果就不是“一锤定音”的，目前没问题不等于以后就一定没问题，现在不反对不等于什么情况下都不反对。决策作出后，在实施中有时会出现这样那样的问题。比如，重大项目的建设单位在工程实施中，没有把好安全生产关，发生了事故。如何处置？就需要决策者在上马项目的决策之后作出一个与之密切相关的决策，这里称之为“派生性决策”。如果“派生性决策”不当，也有可能会激化矛盾，导致原有持赞成意见的人转而反对。

如果把前面所述“背景性决策”对“当事性决策”的影响，看作是一种矛盾转移的话，“派生性决策”对“当事性决策”的影响同理。比如上马化工类项目，补偿合理且环境风险可控，人们原本是理解和赞成的，却由于建设或运营不善，发生事故，群众对项目的理解度和支持度肯定会有所下降。此时，若决策者及时启动应急预案，有效控制了污染物排放等负面影响，没有对环境造成重大影响，并及时向公众公开有关信息，人们可能还会倾向于继续理解和赞成项目建设。然而，如果决策者没有秉承公共事件公开处理的应急管理原则，作出了“瞒”、“捂”甚至是“谁发消息就抓谁”的“派生性决策”，很容易诱发公众的不信任，使之对上马项目这一“当事性决策”产生了根本性怀疑，进而演变为通过群体性事件等激烈方式来反对和抵制。有的地方党委政府比较“强势”，采取非常规手段，可能一时避免了社会不稳定事件的爆发，但却在群众心中埋下了不满和不信任，实际上不但没有化解掉问题，反而激化了矛盾，只不过隐患暂时地“潜伏”了起来，为将来的更加激烈的行为埋下了伏笔。

有的地方决策者预见不足、预案不力、遇事不稳，发生大规模的集体上访和群体性事件时，为了迅速平息事件，不经论证就作出并公开宣布了“永远停建”的不负责决策，结果“派生性决策”转化为新的“背景性决策”——利益相关方会产生“不闹不停”、“一闹就停”、“早闹早停”的认知，未来更倾向于选择激烈方式来表达不满或不同意见，造成未来的“当事性决策”受到更大阻力和更严峻挑战。加之一些利益集团对此的把握和利用，未来上马项目和开展稳评也会变得更加复杂和更有难度。

五是权责错位，组织体系不健全，制约形成合力。稳评是一项复杂的、系统性较强的工作，涉及地方党委政府及其作出决策的有关部门，政法、综治、维稳、法制、信访等党政机关，以及社会组织、专业机构、专家学者、决策涉及群众、新闻媒体、项目建设单位或政策协办单位等社会主体。分工合理、组织健全，则有利于充分发挥有关主体的比较优势，建构出各方普遍接受的稳评结果；若分工不清、越位缺位、协作不畅，则会制约比较优势的发挥和整体合力的形成，不利于通过稳评构建改革发展稳定新的均衡关系。

最突出的表现是在权责利不统一的不利情况下，决策者自己评自己，“自说自话”，“自弹自唱”。根据我们对风险社会条件下决策理论和机制的研究，决策者并非不能自行对决策风险展开评估，但自行评估的理论前提是，决策者愿意接受客观的评估结果，并能够根据评估结果来调整自身的行为。然而，在我国的决策实践中，由于决策的科学化民主化法制化程度不高，权责利不统一，失当失误甚至是错误决策不一定承担相应的责任，客观上产生了如下结果：决策者通常在客观地、充分地、科学地进行评估之前，就已经作出了决策，甚至丝毫不怀疑、也不允许别人质疑、别人也不能或不敢讨论决策的正确性。这样的决策模式下，稳评的结论就有可能被预设为低风险，评估往往走过场。有稳评报告起草团队向我们反映，在接到起草任务时，“领导”就已经交代，稳评报告必须得出有关项目“合法合理、可行可控”的结论，否则“上面”不会批准。在调研中我们还也发现，如果决策事项没有通过稳评，决策部门或牵头部门往往会觉得很丢人、没面子，不愿意交流有关经验，也看不到暂缓实施或不予实施给群众利益和社会稳定带来的积极影响。

不少研究者和稳评实践者都认为，引入“第三方”可以有效解决决策者自己评自己的问题。然而，如上所述，在权责利不相匹配的情况下，真正的决策者并不一定承担风险损失，实际承担风险损失的也不一定是决策者。即便引入了专业的第三方评估机构和权威专家，也存在预设评估结论的情况。不但没有从根本上解决问题，反而会增加成本。不少地方存在这样的情况——地方党委政府的主要领导授意该地方某部门出台一项政策，真正的决策者其实是这位领导，而表面上看是出台政策的部门，经领导授意必须出台的政策，一旦实施后爆发不稳定事件，部门肯定会作“替罪羊”、为领导“背黑锅”。我们调研了解到，评估机构和专家也开始“背黑锅”。更有甚者，权责利严重地不统一，竟然出现了没有人为决策引发的风险而承担责任的情况。典型的如 2012 年发生在江苏某地的著名群体性事件，上马造纸项目引发大规模聚集乃至打砸抢烧，地方政府被砸，主要领导被拖到街头扒光了衣服。据我们了解，该项目是没有通过稳评的，但决策仍被强行实施。在导致了严重的不良后果后，决策者并不需要承担失当决策的责任，事件中那位“可怜”的地方领导反而在几个月后被提拔了。

稳评在部门配合方面，也存在着一定问题。比如，有项目建设管理部门认为，既然做的是关于社会稳定的工作，就应该统一由维稳办来牵头评估，其他部门只是配合。但无论从人力财力物力，还是从专业要求来看，维稳办难以作为大部分决策事项的稳评牵头单位。而在实际工作中，维稳办经常被作为地方党委政府的指定评估主体。又如，国土部门在征地拆迁的社会稳定风险方面具有比较丰富的经验，而且在大部分重大项目稳评中都是参与者，一般来说只是配合项目建设的牵头部门或管理部门开展稳评，国土部门积极性的发挥客观上会打折扣。再如，舆情和涉稳信息的共享不充分，不利于决策部门及时掌握有关风险点；应急管理跟不上，有时歪风邪气占了上风，反而以主流意见的面貌出现，对决策也会产生较大的负面影响。

此外，专业机构和专家不够专业、没有资质，跨学科的评估团队和专业人才极其缺乏；群众参与稳评的程度不深、有效性不足、代表性不够、对决策事项的认知度不高，容易导致评估严重偏差；社会组织的纽带作用发挥不足，没有承担好信息沟通和矛盾化解的职能，有的反而充当起组织非法非正常游行示威的发动机，也是不少地区在实践稳评中遇到的棘手问题。

四、基于理论推演与问题解析的稳评完善方向：加快实现“五个转变”

（一）重大决策稳评的理论分析

稳评是一项系统工程，涉及多个学科领域。管理学、社会学、心理学、统计学等理论和方法，都在稳评中有应用。针对如前所述稳评存在的突出问题，我们构建了信息不确定性条件下的公共决策二维框架，由此推演出风险决策的四种模式，并以其中最适宜的模式为参照，在借鉴风险社会理论和第四代评估理论的基础上，提出了重大决策稳评的完善方向。

在决策内容和决策依据这两个维度上，决策者都面临着稳健性（robustness）和有效性（effectiveness）的权衡。决策内容维度，需要决策事项的相关信息越是清晰、明确和简洁，越应该先行制定出决策的标准，在决策时就可以运用该标准来快速、有效、无差异地解决实际问题；如果信息模糊，决策的后果不确定，那么就应该事先制定程序性的指引，按照相对繁琐、但大致稳健的程序，来得出大体上可以接受的决策结果。决策依据维度，在信息比较充分的情况下，决策者运用自由裁量权作出决策，通常是及时、有效的；但是在不确定的环境中，信息只有一部分是明确的，这时就要依靠更具稳健性的规则作为决策的依据。

综合两个维度来看，在相关信息较少、政策结果的确定性较低、对稳健性的要求比较高的情况下，公共决策应该以程序性决策、依据规则的决策为主（图 6 中的 A 象限）；在信息比较充分、数量有限的政策选择的后果相对确定、对有效性要求较高的情况下，公共决策应该主要依据具体的标准、可采取自由裁量的方式（图 6 中的 B 象限）。理论上存在这样一条无差异曲线，该曲线上的任何两点，如 P1 和 P2，两种决策机制的政策效果（performance）是一致的。

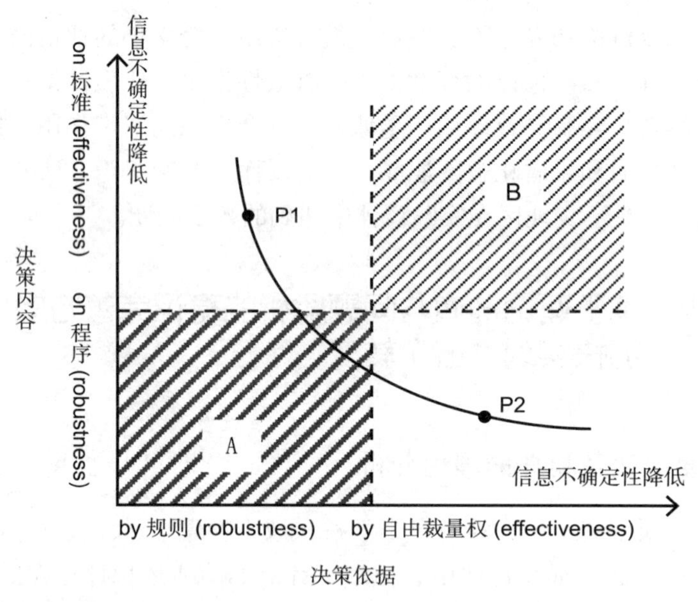

图 6　不确定性条件下的公共决策二维框架

根据决策内容和决策依据的差异，可以将公共决策的模式分为以下四种，如表 1 所示：

表 1　按照决策内容和依据划分的公共决策主要模式

决策依据 / 决策内容	**规则** （行政规章制度）	**自由裁量权** （技术和价值判断）
标准 （经常性、技术性事项；加总的利益）	* **渐进调适型决策** - 行政官员主导 - 专门性信息	* **理性设计型决策** - 技术专家主导 - 综合性信息
程序 （利益格局调整；离散的利益）	* **民主协商型决策** - 公众 / 利益相关者主导 - 专门性信息	* **政治专断型决策** - 政治首脑主导 - 综合性信息

第一种是渐进调适型决策。决策内容属于经常性的、技术性的事项，已有的决策机构、组织和人员具备较为完备的制度、例行做法或经验，决策所需的新增信息是专门性信息。随着专门信息的更新和扩增，决策者适时地调整技术性标准，以解决新问题。例如调整社会养老的给付水平、管控汽车尾气排放标准等政策。渐进调适型政策应由相应的政府部门及其行政官员来主导决策，专家和公众的意见作为决策的参考信息。

第二种是理性设计型决策。决策内容是针对全新的、没有先例的问题或事件，因而缺乏明确的行政主管部门和专业的技术官僚来应对此类决策。一般应由负责全面工作的行政首长牵头，指定专家团队，设计全新的政策方案。方案经由进一步的政府内部讨论或征求公众意见，最终确认为政策。决策者应扫描所有可能得到的信息，包括技术性信息、综合性信息和参照性信息，以便设计出尽可能高质量的政策方案。例如，转基因食品的监管，或人类胚胎研究的伦理。此类政策的制定应以科学家和技术专家为主导，通过理论研究、科学预测和参照别国做法等信息工作，研究并设计政策方案。

第三种是民主协商型决策。决策内容是针对利益、权利和价值的格局调整，而不是社会加总的整体利益、权利或价值；决策内容是有关于利益格局调整的方式和程序，而不是具体个体事项的处置。决策既有受益者也有受损者，受益或受损的信息掌握在分散的个体或群体手中。由于权利和信息的分散性，宜依据相应的决策规则，采取民主协商的方式进行决策。

第四种是政治专断型决策。针对全新的问题情境，针对加总的社会整体利益、国家尊严或某种价值判断，由决策者进行独断的政治决策。例如古巴导弹危机中赫鲁晓夫做出运送导弹到古巴的决策，以及肯尼迪总统做出拦截导弹的对策。

从决策面临的不确定性、信息的非充分性以及决策内容和决策依据的特点等方面来看，需要开展社会稳定风险评估的决策主要属于民主协商型决策。当然，在评估的过程中可以使用渐进调适型决策、理性设计型决策的一些方法。

对民主协商型决策进行社会稳定风险评估，可以着重借鉴“风险社会”理论和第四代评估理论的思路及方法。

乌尔里希·贝克关于风险社会的理论，尤其是对风险的认识，更符合不确定性条件下决策的特点，有助于我们更好地理解社会稳定风险及对其的评估。贝克在其以《风险社会》为代表的系列著作和文章中，从技术与生态环境的关系切入，先是把风险界定为技术对环境的威胁，而后不断扩大风险概念的范围，直至揭示出现代化对整个人类社会产生的影响。[①] 贝克对风险的研究，既包括工业现代化带来的出乎意料且有违初衷的副作用，如疯牛病、烟雾、辐射、气候变化、转基因食品、臭氧损耗等与科学技术紧密联系的问题，又包括对社会不平等的考察，尤其是个人缺陷、羞愧感、焦虑、冲突和神经症等与社会心理相关的问题，涵盖面甚广。对贝克的理论进行批判性研究的吉登斯，将问题延伸到了对英国新工党第三条道路等的讨论，触及到社会建构的各个主要命题乃至政治方面。[②] 可以说，风险社会理论是最广义的风险观，涉及人类社会特别是在现代化进程中面临的方方面面的风险。对于风险的本质，贝克则认为，风险是"安全和毁灭之间的一种特有的、中间的状态，这种状态下对具有威胁性的风险的认识决定了人的思想和行动"，风险"使过去、现在与未来的关系发生了逆转，充满危险的未来成为影响当前行为的一个参数"。[③]

从风险社会理论出发，可以推论出对风险和稳评的如下认识：第一，风险的来源是复杂多样的，稳评必须做到全面而系统、深入而细致；第二，风险是一个动态过程，不能被完全消除，稳评必须正视风险、持续地面对风险、动态地管理风险；第三，风险是主观和客观相互作用的产物，对风险的认识能够影响到行为，对风险采取的行动也会对风险本身产生作用，稳评必须发挥能动作用，用"交互作用"而非"旁观"的方法来应对风险。

如果说风险社会理论更多地提供了对风险本身的认识，那么政策评估理论就更多地从方法论的角度对稳评提供了参考。目前，政策评估理论已经从第一代的测量性评估、第二代的实验性评估、第三代的判断性评估，发展为第四代的建构性评估。[④] 前三代评估分别以类似实验室条件的小范围测量、拓展到政策试验地区的影响分析、追求社会净效益最大化的成本——收益判断为特色，但都存在利益相关者在评估中处于完全被动的位置、仅能反映政策制定者的行为偏好和价值取向、过于依赖量化的测量工具等问题。第四代评估则坚持建构主义范式，强调将利益相关者的行为内化到决策之中，关注利益相关者的反馈对决策设计的修正和决策结果的改善；坚持多元的价值取向，承认不同的利益偏好，以期通过评估来实现多种价值观的协调；坚持多角色的参与，提倡各有关主体的全面的、积极的参与，既包括决策者、技术专家，也包括全部的利益

① 袁方：《社会风险与社会风险管理》，经济科学出版社 2013 年版。
② 泰勒—顾柏，金：《社会科学中的风险研究》，中国劳动社会保障出版社 2010 年版。
③ 贝克：《世界风险社会》，南京大学出版社 2004 年版。
④ 古贝、林肯：《第四代评估》，中国人民大学出版社 2008 年版。

相关方，甚至包括多元价值和不同利益的调停者。

第四代评估显然比前三代更符合民主协商型决策的特点。借鉴第四代评估的理念，我们认为稳评的侧重点并非“预测”不稳定事件的概率，而是“建构”和谐稳定的社会结果，在方法上应更多使用社会科学的有关工具，不拘泥于自然科学的方法论；稳评应该尽可能关注到各个相关主体的利益影响和诉求，从工作方法上需要类似 checklist 的风险识别清单，力求全面分析风险因素；稳评需要决策者和技术专家以外的更多的主体来参与，综合多方视角，发挥协同优势。

基于上述理论分析与前述问题分析，我们试提出未来完善稳评的方向——即加快实现“五个转变”。

（二）重大决策稳评的五个转变

1. 评估事项明晰化：从“原则规定”向“清单管理”转变

为进一步健全完善重大决策社会稳定风险评估，使其更加充分地发挥出促进形成改革发展稳定新的良性循环的积极作用，首先需要进一步明晰评估事项，对“评什么”或“什么需要评”的问题作出明确回答，以做到应评尽评。

如前所述，地方套用中央文件原则规定的做法，不利于评估事项的明晰化。因此，必须在实践中推进评估事项从“原则规定”向“清单管理”转变。后者又有两种思路，一种是“正面清单”，即明确列出若干事项，作为重点评估或必须评估的事项，其他作为非重点和非必须评估的事项；另一种是“负面清单”，即明确列出若干不需要评估的事项，凡是未列明不需要评估的，都作为必评事项。正面清单的优点在于针对性强，通常能够把过去的经验较好地总结提炼出来，而且可以避免稳评事项“泛化”而增加的不必要成本；缺点是在经济社会快速转型特别是利益结构深刻调整的条件下，需要评估的事项不时出现变化，清单跟不上的话，容易导致风险失控。负面清单的优点在于对风险的预研预判比较充分，在排除了基本没有风险或者有其他机制确保风险可控的事项后，将其他全部决策事项的社会稳定风险都纳入考虑；缺点是“泛化”，一些不必要评估的事项未列入清单，会增加不必要的决策成本。

综合利用清单管理的上述两种思路的优势，尽可能避免其局限性，同时考虑到现阶段开展稳评的主客观条件，我们建议，采取“正面清单”、“负面清单”和“预评估清单”相结合的方式，明晰稳评事项。

正面清单包括两类事项：一类是中央和上级明确要求列入评估范围的事

项，包括涉及征地拆迁、农民负担、国有企业改制、环境影响、社会保障、公益事业等方面的重大工程项目建设和重大政策制定事项；另一类是本地区曾经引发过较大规模集体上访和群体性事件的决策事项。简言之，正面清单的列举思路是“按要求”和“凭经验”。

负面清单也包括两类：一类是已经由法律法规明确规定程序的决策事项，比如拟定出台一项法律或地方性法规，已有《立法法》等上位法对决策行为作出了具体规定，而且拟定过程中设定了听证会及其他形式的公开征求意见环节，社会稳定风险可以比较充分地反映出来，无需重复评估，编制《国民经济和社会发展第十三个五年规划》等依法作出的常规性决策也是与列入负面清单的事项；另一类是利益指向不明确或利益调整不直接的事项，比如一些倡议性较强的指导性文件的颁布。简言之，凡是决策者没有自由裁量权和不直接影响利益格局的决策事项，都可列入负面清单，无需进行稳评。

预评估清单包括除正面清单和负面清单所列事项以外的、须经决策团队集体议决的全部决策事项。由地方党委政府作出决策的，需要党委常委会或政府办公会讨论通过的事项，只要不列入正面清单和负面清单，就属于预评估清单事项；由部门作出决策的，需要该部门常务会或办公会讨论通过的事项，只要没有列入正面清单和负面清单，就属于预评估清单中的事项。预评估由决策者在决策动议阶段进行，有比较大的把握预判风险不大的事项，只要依法依规作出决策，可不进行程序更为复杂的、全面深入的稳评，而是采取“简易程序”开展“快速评估”；经初步研究分析认为可能存在较大风险的事项，则应按照正面清单的程序，成立评估小组或委托第三方机构，按中央的指导意见及有关规定开展更加扎实细致的稳评。

根据目前稳评在各地贯彻落实的情况，我们建议，应加快推进地方有关部门的稳评清单建设，尤其是正面清单，按部门或领域分类细化需要稳评的决策事项，尽最大可能在源头上控制重大决策的社会稳定风险。

表 2　重大决策稳评清单示例

决策动议部门	**正面清单** （应评事项：按文件要求须评的和已触发涉稳事件的）	**负面清单** （可不评事项：依法依规已公开征求意见的和不涉及利益调整的）	**预评估清单** （正面和负面清单事项以外、先预判再区分）

续表

发展改革	涉及征地拆迁、环境影响等风险点的重大工程建设项目审批；密切关系群众利益的商品和服务价格的重大调整；涉及利益调整的重大改革事项……	在X月XX日召开工作会议的决定；提出年度发展计划和中长期规划纲要；依法组织实施国民经济动员有关工作……	淘汰落后产能；编制主体功能区划……
教育	异地高考制度改革；学区的划分和调整；少数民族升学加分和少数民族地区教育援助政策调整……	实施和协调“211工程”、“985工程”有关工作；将博士学位授权点审核权交给部分学位授予单位……	学校管理体制改革；学校撤销调整……
人力社保	社会保险政策重大调整；劳动关系和争议仲裁政策重大调整；国有企业改制；劳务派遣和军转干部管理政策重大调整……	牵头起草《劳务派遣法》；修订《劳动合同法》、《社会保险法》；调整政府荣誉和奖励制度……	职称制度改革；机关工勤人员管理政策调整……
卫生计生	生育政策重大调整；公立医院改革；出台医疗纠纷处置办法；计生家庭奖励扶助标准调整……	发布法定报告传染病疫情和突发公共卫生事件应急处置信息；制定基本药物目录……	调整卫生计生服务资源配置；制定食品安全标准……

2. 评估内容宽视野：从“一事一议”向“全面系统”转变

在评估的内容方面，需要从两个角度拓宽视野：一是从只关注当事性决策，拓宽为以当事性决策为核心、同时兼顾背景性决策和派生性决策；二是从以经济利益调整为主要风险点，拓宽为全面考察经济、社会、环境、文化乃至政治等各个需求层次。

经初步研究，我们试提出“四性十六度”重大决策稳评指标体系，包括4项一级指标、15个二级指标和若干三级指标。

第一项一级指标为背景性指标，用于评估背景性决策的相关内容，包括依法决策度、干群和谐度、社会敏感度3个二级指标，分别用于衡量拟出台决策事项之前的一段时期，本地方本部门依法决策的程度、干群关系和谐的程度、社会心理和潜在社会行为的激烈程度。

第二项一级指标是基础性指标，主要反映当事性决策的稳评基础和最基本的合法性，包括稳评成熟度和法规支撑度2个二级指标，分别衡量稳评制度建设、组织体系和实施效果等情况，以及当事性决策有法可依和有法必依的程度。

第三项一级指标是建构性指标，核心是围绕决策可能触碰到的社会风险点进行评估，包括利益实现度、包容发展度、健康保障度、文化认同度、民主决策度和需求层次度等6个二级指标，对应稳评的合理性和可行性要求；其中，前5个二级指标用于判断决策事项是否符合群众的经济利益、公平感受、健康要求、精神需求和民主诉求，最后1个二级指标用于判断评估对象的需求层次。

第四项一级指标是动态性指标，侧重预判社会不稳定事件的可控性和派生性决策面临的潜在风险，包括群众接受度、预案充分度、舆论风险度、动员波及度、执行偏差度等5个二级指标，反映群众对当事性决策的接受和支持程度、社会不稳定事件预防化解措施和应急预案的充分程度、引发负面舆论或恶意炒作的可能性、潜在的集体上访和群体性事件规模量级及区域范围、执行中可能出现的派生性风险情况。

表3 “四性十六度”重大决策稳评指标体系

一级指标	二级指标	三级指标（示例）	备注或说明
A. 背景性	A1. 依法决策度	A1.1. 已出台依法决策制度的情况 A1.2. 依法决策相关制度执行情况	否决性指标 累积性指标 （定序）
	A2. 干群和谐度	A2.1 居民对政府或部门的满意度 A2.2. 每千名居民上访案件发生数	累积性指标 （工作统计）
	A3. 社会敏感度	A3.1. 居民社会心态的平和程度 A3.2. 居民应对问题的激烈程度	累积性指标 （调查数据）
B. 基础性	B1. 稳评成熟度	B1.1. 是否建立稳评的相关制度 B1.2. 稳评组织体系的完善程度 B1.3. 近期实施稳评的效果评价	否决性指标 累积性指标（定序） 累积性指标（定序）
	B2. 法规支撑度	B2.1. 是否有权限作出决策 B2.2. 是否有法律法规依据 B2.3. 是否符合规划和政策	否决性指标
C. 建构性	C1. 利益实现度	C1.1. 对居民增收的影响 C1.2. 对财产权益的影响	累积性指标 （根据可行性研究测算）
	C2. 包容发展度	C2.1. 是否能公平惠及群众 C2.2. 是否会引起不当攀比	累积性指标 （定序）
	C3. 健康保障度	C3.1. 废气排放及风险防控情况 C3.2. 废水排放及风险防控情况 C3.3. 固废排放及风险防控情况	累积性指标 （参照环境影响评价）

续表

一级指标	二级指标	三级指标（示例）	备注或说明
C. 建构性	C4. 文化认同度	C4.1. 是否存在地域文化影响 C4.2. 是否符合居民民族习惯 C4.3. 是否存在极端宗教影响	累积性指标 （专家调查）
	C5. 民主决策度	C5.1. 决策是否经由民主程序作出 C5.2. 征求意见的广泛性和充分性	否决性指标 累积性指标（定序）
	C6. 需求层次度	C61. 人均国内生产总值 C62. 人均可支配收入 C63. 恩格尔系数	权重参考指标 （根据经济社会统计）
D. 动态性	D1. 群众接受度	D1.1. 支持决策的居民所占比例 D1.2. 居民样本的代表性典型性	累积性指标 （根据居民意见测算）
	D2. 预案充分度	D2.1. 配套措施及预案的有效性 D2.2. 各有关部门的协同联动性	累积性指标 （部门会商）
	D3. 舆论风险度	D3.1. 是否直接涉及敏感话题 D3.2. 舆论引导的能力和水平	累积性指标 （专家和新闻媒体调查）
	D4. 动员波及度	D4.1. 可能引发涉稳事件的规模 D4.2. 是否会诱发辖区外的隐患	累积性指标 （跨部门和跨地区会商）
	D5. 执行偏差度	D5.1. 决策执行出现偏差的风险 D5.2. 执行中处置不力的可能性	累积性指标 （部门会商和专家调查）

三级指标可按照有利于稳定的程度进行正序渐增赋值或排序。指标的权重应根据决策涉及地方或领域的实际情况进行设计，不宜采取各地方和各领域“一刀切”的办法。比如，在欠发达地区，建构性一级指标中的利益实现度二级指标可以赋予相对较大的权重；早少数民族地区，文化认同度应被赋予相对较大权重。加权形成的综合得分等级及决策的综合风险等级，高、中、低风险的测度也应根据地方和领域的实际确定。此外，还可以参照国民经济和社会发展规划中划分出预期性指标和约束性指标的思路，区分出参考性指标和控制性指标，如法规支撑度指标可作为控制性指标，一旦低于某个标准，无论其他指标得分如何，都可直接作出综合风险等级“高”的结论。

在现阶段，由于稳评的相关制度还有待建立健全，这里把三级指标细化分为两类。一类是否决性指标，指标取值“是”为 1，“否”为 0。稳评制度建设的重要指标全部属于否决性指标，比如 A1.1. 已出台依法决策制度的情况、

B1.1. 是否建立稳评的相关制度、B2.1. 是否有权限作出决策、B2.2. 是否有法律法规依据、B2.3. 是否符合规划和政策、C5.1. 决策是否经由民主程序作出。另一类是累积性指标，定序指标取值从高到低排列为“非常好＝90%”、“较好＝70%”、“一般＝50%”、“较差＝30%”、“非常差＝10%”，定量指标为实际值。除 C6“需求层次度”作为指标权重设定的参考以外，指标汇总采取以下策略——指标总分=否决性指标连乘 × 累积性指标加权平均。

只要有任意一个否决性指标取值为 0，则指标总分为 0；否决性指标必须全部取值都为 1，累积性指标才有意义——也就是说，必须同时满足“已出台依法决策制度”、“已建立稳评的相关制度”、“有权限作出决策”、“有法律法规依据”、“符合规划和政策”、“决策经由民主程序作出”等条件，才去计算累积性指标。累积性指标先分级给予平均权数，再根据需求层次的评价情况进行适度调整——需求层次越高，“C 建构性指标”中 C1 — C5 的权重应依次调增。根据对有关项目的模拟估计，指标总分达到或超过 80 分、达到或超过 60 分且低于 80 分、低于 60 分的三种情况，可以分别作为低风险、中风险、高风险的参照。

当然，根据第四代评估理论，指标总分并非严格的决策评判标准，而仅仅是参照。应用这一指标体系来评价重大决策的社会稳定风险，在现阶段的着眼点并非得到关于风险评分的单一结论，而是要借助指标体系，加强风险分析和风险防范化解的意识，优化重大决策制定实施的内容和理顺相应的机制。我们提出的上述指标体系，实际上相当于一个工作程序和工作内容的“对照检查表”。

3. 评估方法合理化：从“旁观式观测”向“参与式建构”转变

稳评的根本目的是，通过决策者、评估团队和利益相关方的互动，共同建构起稳定的社会局面，推动形成改革发展稳定新的良性循环。决策者和评估团队若仅仅是旁观式地猜测利益相关方可能的行为，即便有可能作出尽量科学的判断，但是得出判断本身并不是稳评的目的所在。为建构出社会稳定的结果，决策者和评估团队必须参与到与利益相关方的深入沟通中，也需要给利益相关方参与决策的机会和平台，促进相互了解和理解，进而形成良性互动的结果。

首先，需要根据不同决策事项的性质和特点，选取有针对性的方法进行稳评。对于决策内容属于经常性、技术性的事项，稳评可以主要采取业务主管部门根据已有的丰富工作经验进行研判的方法，辅之以专家意见法和公众意见调查法作为参考。对于决策事项全新、没有先例的情况，稳评事宜采取以专家意见法为主的方法进行评估，科学家、技术专家等的专业意见作为分析判断的基准，通过逻辑演绎、科学预测和参照别国（或其他地区）做法等方法开展，同时要注意使用好大众媒体等科普宣传的方法；对于直接触及有关群体的核心利益，特别是会导致非帕累托改进结果的决策事项，稳评以民主协商为主要方法，在严格依据法律法规等规则的基础上，应最大限度地尊重民主协商结果。

为保证相关信息的真实性、代表性和及时性，需要尽量畅通社会稳定风险的沟通与信息公开渠道，确保群众拥有知情权、表达权和参与决策的权力。可以采取舆情民意调查、相关利益群体协商、听证会、评审会、走访座谈、问卷调查、媒体公示等方式，多途径、多渠道广泛征求意见。应发挥专家和社会组织在搜集社情民意方面的积极作用，用好第三方组织开展的相关调查数据资料。为准确把握利益相关方的有关情况，特别是其需求诉求、行为逻辑及在决策影响下可能的行为选择，有必要利用能够保证加强代表性的方法，开展一定规模的抽样调查。

在充分准确地反映出需求诉求之后，还需要有相应的回应和解决机制。针对不同层次的需求和不同方面的风险因素，需要采取不同的方法。

对于可能引起经济利益直接受损的决策，受损面越广、受损程度越深，社会稳定风险越大，典型情况如征地拆迁引发的集体上访等，应以国家标准和受影响对象生活质量不降低为底线，尽量按照市场公允和群众接受的水平、经集体协商确立合理的补偿标准。

对于可能引起社会心理相对失衡的决策，决策实施带来的差距越大、不公平感越强，社会稳定风险越大，典型情况如偏向资方的劳动关系政策、差别较大的补贴补助和赔偿政策等引起的集体请愿和非正常集聚，应尽可能按照公平普惠的原则，充分考虑、合理调节决策的财富和收入分配效应，存在客观障碍的要及时向利益相关方说明，最好能给出完善的方向和时间表。

对于可能引起健康权益受到影响的决策，对生态环境的破坏程度越大、危及人们身心健康的程度越大、引起疑虑不安甚至是恐慌情绪越严重，社会稳定风险越大，典型情况如多地反对对二甲苯项目上马的游行示威，应提前做好科普宣传，坚持决策事项全过程的公开以消除不必要的疑虑，同时采取群众看得到、信得过的有效措施来降低污染物泄露和生产安全事故等的发生概率。

对于可能引起精神文化难受认同的决策，对民族习俗、宗教信仰以及其他亚文化群体行为习惯产生的实质性的、主观感受到的、被臆断歪曲的不尊重越强，社会稳定风险越大，典型情况如对涉及民族宗教问题处置不力、被借以煽动民族对立和宗教矛盾的事件，应做好社会心理和舆情的动态监测，及时公开有关信息，第一时间回应传闻、揭露谣言，深入细致开展情绪安抚工作，同时加强治安管理，完善应急预案。

对于可能引起政治诉求明显受阻的决策，决策发出的信号与对政治体制改革和民主机制建设的诉求要求越对立、出台越接近敏感时间点，社会稳定风险越大，典型情况如2013年年初发生在南方某省的重要媒体涉及政治敏感关键词的社论文章被撤下引起的群体性事件，应在长期坚持正确的理论和舆论导向的基础上，明确区分合理合法与不合理或不合法的需求诉求，对前者可开诚布公地进行解释说明或展开讨论，对后者必须坚决予以制止，同时做好预案、有效应对新闻媒体的“借题发挥”和恶意炒作。

4. 流程机制再造：从“一锤定音”向“循环互动”转变

风险作为损失发生的可能性，通常很难是概率为零的事物，不可能完全消除。社会不稳定事件即便在一定阶段被及时地防范和化解了，也有可能不断发酵，在随后的某个时间节点重新出现机会爆发。决策实施前的评估很重要，决策实施中和实施后的跟踪评估也十分重要。但后者的难度更大，目前在大部分地区还没有做到位。因此，在稳评流程机制方面，迫切需要树立“流域管理”的全过程评估意识和“循环互动”的动态评估机制。

不论从以世界银行为代表的国际组织、法日德等典型国家开展社会风险评价的先进经验看，还是从本报告前面梳理的稳评流程机制存在的突出问题看，一方面，社会稳定风险评估不应仅被理解为决策开始之前的预评估，而应贯穿于重大决策动议、拟定、修订和执行的全过程；另一方面不应单方向地一步接一步开展，而是在相邻步骤之间有小循环，在动议和实施之间有大循环，根据与利益相关方的互动，实时监测社会稳定风险，修正评估结果，并将其反馈应用于决策内容的调整以及今后的决策制定参考。

为此，稳评需要坚持全程评估监测，将事前评估、事中评估和事后评估统一起来，贯穿到重大决策研究酝酿、出台实施、评估总结的全过程，形成公共决策、风险管理、应急处突的完整链条；同时，应延伸评估结果的应用范围，借助评估来指导决策的改进与完善，实现决策与评估的闭环运行，构筑持续防范化解社会稳定风险的动态机制。动态地监测评估风险，动态地修订完善决策，动态地了解沟通民意，动态地互动建构稳定。

结合文献和实地调研情况，我们建议，在理顺稳评基本的五个步骤的基础上，近期重点增加以下几个环节的循环互动。

第一，在征求意见环节，若发现反映比较强烈并且需求诉求合理、满足起来总体可行的群众意见，可先行返回确定事项的环节，对决策内容进行修订，再次征求意见。比如遂宁市某水库移民安置的案例显示，大部分居民对补偿的标准是满意的，但是对安置房的位置不认同、认为距离原居住地太远，项目责任部门及时变更了选址并再次征求居民意见，获得了更广泛的支持，项目最终顺利推进，未发生一例上访或群体性事件。

第二，在形成报告环节，初步提出的应对风险拟采取的措施是否有效，也需要进行评估，这就需要返回到征求意见的环节，听听相关部门、专家和专业机构的看法，通过直接或间接沟通来了解利益相关者面对这些措施可能的行为反应，然后再返回来进行校正或完善。

第三，在跟踪实施环节，不仅要动态监测涉稳风险的发展变化，及时对立即实施、暂缓实施或不予实施的决定作出调整，对作出决定环节部署的防范化解和应对措施提出完善意见；而且，还需要将监测的结果反馈至形成报告、征求意见乃至确定事项的环节，以便未来决策时，在这三个环节能分别提出更准确的措施建议和风险判断，进行更充分的信息搜集和意见沟通，确定更合理的稳评清单和评估团队。

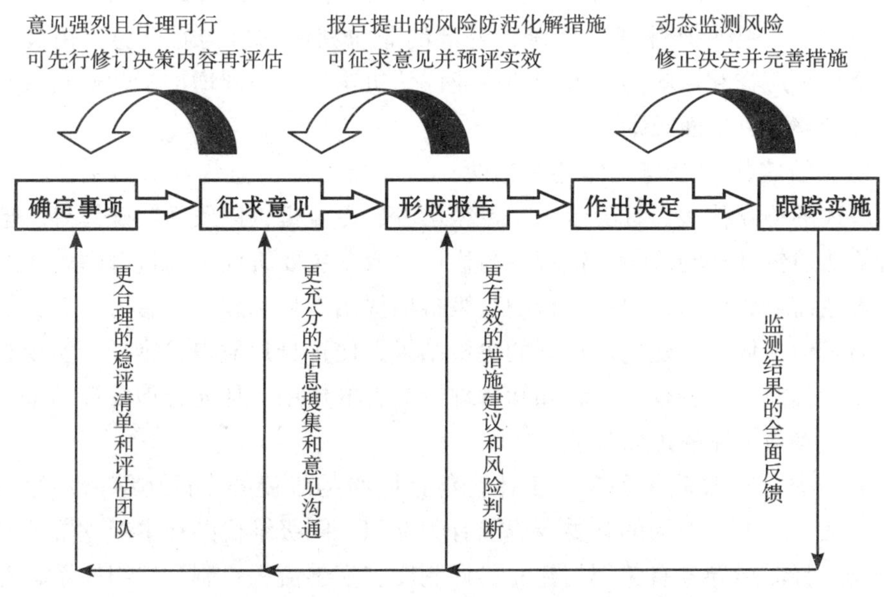

图 7　“循环互动”的重大决策稳评流程机制

5. 组织体系重构：从“交叉分工”向“协同履职”转变

稳评组织体系的重构，首要的是进一步按照权责利相统一的原则明确各有关主体的分工。一般地，重大决定的作出单位、重大政策的制定单位、重大项目的主管单位、重大改革实施单位以及重大活动组织单位等决策动议单位，是稳评的责任单位，具有依法拟定重大决策、牵头组织开展稳评、根据稳评结果作出是否执行决策的决定等权力，同时承担重大决策事项应评尽评、提供足够条件以支持全面客观评估、依法依规接受监督和问责的职责；通过稳评使得决策顺利实施，产生的政绩、防范化解的风险以及相应的体制机制优化，是其利益和激励所在。稳评责任单位应更加侧重对稳评的牵头组织，而尽量从具体的评估工作中超脱出来，以确保评估的客观性，同时避免自我监督的低效或无效。

根据决策事项性质和特点的不同，稳评责任单位可委托决策单位内设的评估小组、本单位牵头相关单位参加的跨部门评估小组、非盈利的第三方评估机构和盈利性的商业评估机构，作为稳评实施单位，后者同时是稳评报告的起草单位。稳评实施单位有权调动自身及稳评责任单位赋予的资源具体进行稳评工作，与相关的群众代表、社会组织、专家学者、专业机构及新闻媒体展开充分有效地信息沟通，形成全面客观的、包括评估结论和措施建议在内的稳评报告，将有关重要情况一并向稳评责任单位报告；内设小组和跨部门小组如能较好完成稳评任务并产生工作实绩，外部的非盈利评估机构通过稳评拓展了业务、增加了声誉和影响力，盈利的商业评估机构通过稳评增加了营业收入和利润，都能够形成正面激励。

稳评的监督和参与主体还包括两类。一类是社会监督和参与主体，包括如前所述的群众代表、社会组织、专家学者、专业机构以及新闻媒体等。他们具有依法监督和参与决策、依规参与稳评之权，主要责任是通过合理合法的方式来表达需求和诉求，对拟出台的决策事项提出意见和建议；履行好自身的职责，与其他主体共同建构出良好的决策结果，使自身权益得以维护、实现和发展，作为公民、社会枢纽、真知和真理传播者的作用更加充分地发挥出来，是社会监督参与主体的正面激励。

另一类是行政监督和参与主体，包括同级的维稳办、信访综治、纪检监察、政法、人大，上级的党委政府及有关部门。同级维稳办在本级党委政府的领导下，督促指导各有关部门建立稳评制度、完善流程机制和组织体系，对报党委常委会和政府常务会研究的重大决策事项的稳评程序进行审查、根据具体情况给出参考意见，决策实施中根据责任单位提供的动态信息提出措施方案、必要时协调维稳力量。信访、综治部门负责提供涉稳基础信息和最新动态，结合稳评情况对责任单位进行考评。在决策拟定、征求意见和实施各环节中，如涉及违法行政、失职渎职、贪污腐败等问题，则由纪检监察部门介入。政法委作为维稳、综治的领导机关，可以在更高层面发挥出推动稳评制度更广覆盖、更加完善、更深入人心的作用。同级人民代表大会及其常委会，可作为稳评工作的问责主体，对应评未评导致风险失控、干预评估客观性、动态跟踪处置不力等责任进行问责。上级党委政府及相应部门，既可以进行监督指导，也可以从上级层面履行问责权。

对一些特别重大的决策事项，为确保稳评的独立性、客观性和科学性，可以考虑在人代会或其常委会设立评估委员会的形式来开展。评估委员会由人大代表和有关专家组成，根据具体评估事项可吸纳公众代表，也可将大规模的抽样调查和一些技术性较强的工作环节委托第三方进行。

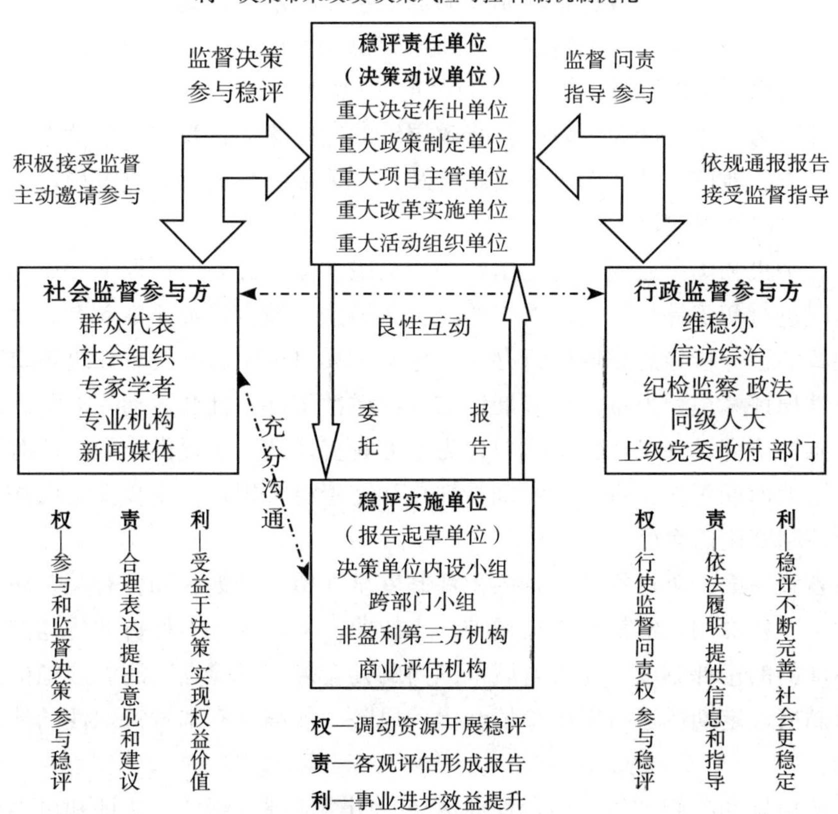

图 8 “多元协同”的重大决策稳评组织体系

现阶段，稳评组织体系方面迫切需要加快推进以下几项工作。

一是加强监督指导，我们建议，在维稳办内设稳评指导监督机构，专门负责稳评的政策研究、分类指导、督导实施和测评反馈；同时，在稳评责任主体内设稳评指导中心，专门负责拟定和完善本部门的稳评制度、流程机制、组织体系和具体办法，动态监测决策实施情况和涉稳信息。

二是培育专家队伍和专业团队，建立稳评专家库，在征求专家意见环节必须邀请包括技术专家、社会心理专家和应急管理专家等不同专业的专家参与；建议研究出台《建设项目社会稳定风险（社会影响）评价资质管理办法》，探索建立有资质、专业化、接地气的稳评团队。

三是落实问责，在厘清责任主体、实施主体、监督主体之间的关系和相应的权责利基础上，可以结合政绩考核来建立健全稳评问责机制，将稳评工作纳入各级党委政府绩效考核体系，作为综治维稳、社会管理或依法决策等方面工作考核的重要内容；为推进稳评制度的加快覆盖和落实，我们建议，对应评未评并引发社会不稳定事件的情况，必须追究稳评责任主体的相应责任，实行稳评考评乃至稳评工作所属一级指标考评的“一票否决”。

此外，为了尽可能充分发挥各行政层级的比较优势，我们最后就近一段时期中央、省、地市、县区四级党委政府及其有关部门推进重大决策稳评工作的侧重点，提出如下建议。

建议中央和国家层面，对已出台的中央级和国家部委级稳评文件试行、暂行的情况进行初步评估总结，将好的经验和做法向地方推荐；推动有关部门出台本领域的稳评指导意见或暂行办法，探索对具有全国影响的重大决策事项开展示范性稳评；组织力量集中开展信访、群体性事件、社会运动等涉稳问题的应用基础性研究，开发稳评工具包，为地方完善评估方法提供指导；适时启动稳评立法的前期工作，进一步明确、细化和完善有关规定，逐步探索以法律形式将稳评制度化的途径。

在省级层面，重点推动本省内稳评制度全面覆盖各地区和各有关领域，指导各地市、各部门切实贯彻中央精神，不扭曲，不注水、不打折地建立健全本地区本部门的稳评制度；完善省域范围内的社会稳定风险点监测和涉稳信息实时交流制度，定期或适时发布稳情和提示风险；加强具有本省特殊性的涉稳问题研究。

在地市层面，侧重研究出台稳评清单，明确应评、预评、快评和可不评事项；建立健全社会稳定风险评估指标体系，选取本地化的适宜指标，设定合理权重，细化不同风险等级的综合指标赋值；厘清主体权责利，建立稳评问责制度和责任排查机制，拟定稳评工作“一票否决”的具体方案和办法。

在区县层面，一方面要按照上级要求推动稳评工作实施，尽快做到应评尽评，着力完善组织体系，加强决策实施跟踪和风险动态监测；另一方面，也是更重要的工作，是落实科学民主依法决策的法规制度，尽最大可能减少和杜绝“拍脑袋”、“一言堂”及“不负责”决策，借助建立健全稳评，实现“被动、事后维稳定”向“主动、源头创稳定”的根本性思路转变，配套以符合党的群众路线教育实践活动要求的决策体制机制改革，夯实改革发展稳定新均衡的基层基础。

顾严、张本波

参考资料

董幼鸿：《重大事项社会稳定风险评估制度的实践与完善》，《中国行政管理》2011年12期。

付翠莲：《重大事项社会稳定风险评估机制研究》，中国社会科学出版社2011年版。

胡象明、王锋、王丽等：《大型工程的社会稳定风险管理》，新华出版社2013年版。

梁昀、薛耀文：《基于利益相关者视角的重大决策社会风险评估研究》，《经济问题》2012年第9期。

林丹：《乌尔里希·贝克风险社会理论及其对中国的影响》，人民出版社2013年版。

彭宗超、薛澜：《政策制定中的公众参与》，《国家行政学院学报》2000年第5期。

童星：《公共政策的社会稳定风险评估》，《学习与实践》2010年第9期。

袁方：《社会风险与社会风险管理》，经济科学出版社2013年版。

周志家：《风险决策与风险管理：基于系统理论的研究》，社会科学文献出版社2012年版。

朱德米：《政策缝隙、风险源与社会稳定风险评估》，《经济社会体制比较》2012年3月刊。

国家发改委办公厅：《国家发展改革委办公厅关于印发重大固定资产投资项目社会稳定风险分析篇章和评估报告编制大纲（试行）的通知（发改办投资[2013]428号）》，2013年2月17日。

国家发改委：《国家发展改革委关于印发国家发展改革委重大固定资产投资项目社会稳定风险评估暂行办法的通知（发改投资[2012]2492号）》，2012年8月16日。

泰勒—顾柏，金 :《社会科学中的风险研究》，中国劳动社会保障出版社 2010 年版。
贝克 :《世界风险社会》，南京大学出版社 2004 年版。
古贝、林肯 :《第四代评估》，中国人民大学出版社 2008 年版。

专题报告之一

我国社会稳定风险的现状和趋势

从社会风险感知来看，我国社会稳定风险水平处于从波动到震荡的过渡状态，但在相对温和的应对方式和相对平和的社会心态的平抑作用下，社会稳定风险回落到从平和到波动的过渡状态。我国当前的社会稳定风险，既存在具有一定必然性的社会转型风险，也存在不具有必然性的决策风险；前者只能通过后期制度改革降低或消除风险的负面影响，后者则可以在预警评估的基础上，通过前期的制度完善加以预防。从风险的趋势性特征来看，预警是应对社会风险的最有效方式，一是重视社会风险事件的跟踪分析，二是重视居民风险应对行为的引导，三是重视对城乡居民基本社会心态的缓解和疏导，相应提高社会风险的整体承受能力。

维持社会稳定是世界各国发展过程中一直面对的问题。当前社会在财富不断积累、人类文明不断进步的同时，造成社会不稳定的风险因素却呈增加的趋势，风险社会成为一种普遍的社会现象[①]。与此同时，经济全球化不仅提高了各国经济的依赖性和关联度，而且带来政治、社会等领域的全球化，使得社会风险的发生也带有全球化的特征。某些看似局部或偶发的事件，在一定因素的诱导作用下，就可能导致全局性的重大社会灾难或社会动荡[②③]。社会信息化程度的提高，使得风险一旦发生就会迅速扩散和放大，对社会风险的控制变得越来

① Beck U. Risk society: Towards a new modernity. Sage Publication, London, 1992.
② Giddens A. Modernity and self-identity. Cambridge University Press, 1991.
③ 成思危：《复杂性科学探索》，民主与建设出版社 1999 年版。

越困难。因此，预警成为应对社会风险的最有效方式，即在危机出现或社会动荡发生之前，及时发现潜在的社会风险因素，采取有效的防范措施。准确把握当前的社会稳定形势以及未来趋势，是进行社会风险预警的基础。

一、社会风险与社会稳定

（一）什么是社会风险

一般意义上，风险是指对个人、集体或人类社会有可能带来有害后果的不定性[①②③]；风险和不定性的区别在于是否能确定发生的概率：风险状态是人们已经有了概率性预测知识的未来状态，而不定性则是对未来状态的完全无知[④]。但是，什么是社会风险（Social Risk），在不同的研究范式下仍存在不同的界定。经济学家的研究侧重于对组织水平上损失和收益的评估，认为社会风险是社会投资环境导致投资损失的可能性[⑤]。社会学家则从社会结构和社会运行的角度，认为社会风险是特定社会环境下引发社会不稳定的可能性[⑥]。社会心理学家更多地考察风险对个体行为的影响，认为社会风险是个人或群体反叛社会的行为引起社会失序和不稳定的可能性[⑦⑧⑨]。

在本研究中，我们倾向于从社会心理学的角度来研究社会风险问题，将社会风险定义为个人或群体行为引起社会失序和不稳定的可能性。而影响个体或群体行为并有可能导致社会不稳定的社会问题或事件，则称为社会风险因素。因此，个人行为是判断社会风险的基础，社会风险预警的本质是对人的行为的预测，预警的关键是判别和测量社会风险因素，即影响个人行为的社会问题和社会事件。

---

① de Swan A. In care of the state. Oxford University Press, New York, 1988.
② Goudsblom J. Fire and civilization. Penguin (USA), 1992.
③ 李伯聪：《风险三议》，《自然辩证法通讯》2000 年第 5 期，第 48—55 页。
④ Knight F.H. Risk, Uncertainty, and Profit. The Riverside Press, Cambridge, 1921.
⑤ Betts I.L. Political risk evaluation models. Harvest International's Journal For Decision Makers, 2002, 5(11).
⑥ refer to 1 and 2.
⑦ Dollard J, et al. Frustration and aggression. Yale Universicty Press, New Haven, 1939.
⑧ Smelser N.J. Theory of collective behavior. Fress Press, New York, 1963.
⑨ Luhman N. Risk: a sociological theory, Aldine de Gruyter, 1993.

（二）社会风险对社会稳定的影响

根据我们对社会风险的界定，社会风险因素对社会稳定的扰动程度，主要取决于以下因素的影响：

1. 社会风险因素知觉

个体对社会风险因素的知觉水平，是导致社会失序行为产生的直接因素。特定的社会问题会对个人或群体产生不利影响，对他们的利益造成损害，从而导致其“社会不满”的产生，进而采取减少或避免损失的行动。如果行为对社会稳定产生负面后果，就导致社会风险的发生。社会风险因素的知觉水平可以通过个体对社会问题的态度来测量，个体知觉到的社会问题的严重程度越高，社会风险水平也越高。

2. 社会风险应对方式

居民在社会风险知觉的压力下，会倾向于采取一定的应对策略。但是面对同一问题，不同居民会采取不同的应对方式，对社会稳定的扰动程度也不相同。一般而言，应对行为越温和，对社会稳定的扰动也越小；反之，应对行为越激烈，对社会稳定的扰动也越显著。因此，应对方式也是影响社会风险水平的因素之一。

3. 基本社会态度

基本社会态度是个体对其生活状况和社会环境的总体评价。个体或群体对社会风险因素的知觉和应对，是建立在其基本社会态度之上的。相对平和和乐观的基本态度，在应对社会问题时往往更为理性和温和，对社会稳定的扰动相对较小，因而表现出较低的社会风险水平。反之，基本社会态度较为悲观的个人，在同样的应激压力下的反应强度会较高，从而表现出较高的社会风险水平。社会风险因素处于不断的变动中，而人的基本社会态度是相对稳定的，是对不同群体社会资源占有情况的一种反映。

综上所述，风险知觉、应对行为方式、基本社会态度是社会风险水平的贡献因素。三者的相互作用，共同决定了社会风险水平和社会的稳定状态。同时，社会稳定状态还受到社会群体分层的影响。社会风险对社会稳定的扰动，不一定是全体社会成员一致的心理行为的结果，也不一定是社会上大多数人心理行为的影响所致。在多数情况下，可能只是因为一个地区、某个社会阶层或社会群体对社会现实不满，就能对社会稳定产生很大的甚至决定性的影响。因此，社会群体分层是社会风险预警分析的前提。

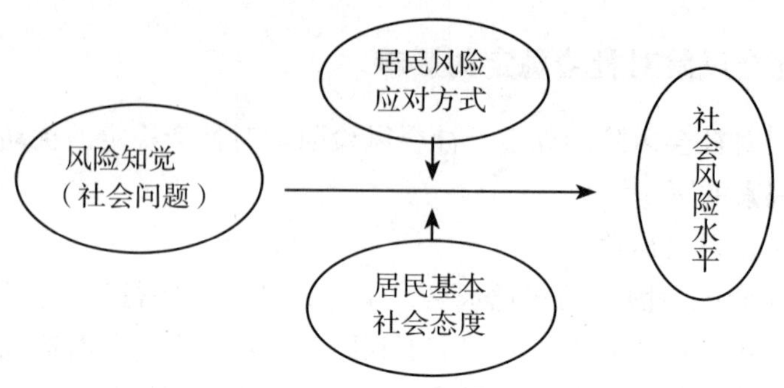

图 9　社会风险水平测量

二、当前我国的社会稳定风险水平

随着当今自然和社会中突发事件的增多、不确定性的增强，风险已成为当代社会的重要特征。风险社会已经不只是超前的理论，而是已经来临的社会现实[①]。以下我们选择近年来主要的社会调查研究（社科院：社会形势分析与预测报告；中科院：城乡居民社会态度调查；北京市：社情民意调查；浙江省：社会稳定情况调查；广州市：社会稳定指数调查）[②]，对调查数据进行二次分析，从“社会问题——居民应对——社会心态”三个方面，对当前的社会稳定形势进行判断。

（一）当前面临的主要社会问题

伴随着经济社会的加速转型，我们正处在一个新的社会不稳定时期。经济结构调整和国企改革尚未完成，就业矛盾突出，城乡差别和地区差距突出，“三农”问题还没有找到合理有效出路，弱势群体不断扩大以及腐败现象的滋生蔓延等等风险因素的存在，都对社会稳定构成潜在威胁[③④]。在多项已进行的社会调查研究中，被提及的社会问题主要有：（1）腐败，（2）贫富差距，（3）失业和劳资矛盾，（4）制假售假，（5）环境污染，（6）社会风气，（7）各种不

① 郭奔胜：《解析风险社会管理：阶层流动使社会保持平衡》，《瞭望》2011 年第 2 期。
② 基于问卷的社会调查研究较多，但多数仅限于部分年份，我们尽量选择近 3 年内、具有一定连续性的调查报告。
③ 汝信主编：《中国社会形势分析与预测（2001）》，社会科学文献出版社 2001 年版。
④ 阎志刚：《社会转型与转型中的社会问题》，《广东社会科学》1996 年第 4 期，第 86-92 页。

合理收费，（8）社会保障，（9）基层干部工作作风，（10）社会治安，（11）养老保障，（12）农产品销售问题，（13）征地和拆迁，（14）民族关系，（15）宗教冲突等等。

居民对社会问题的感知，将直接决定社会风险因素是否会对社会稳定产生扰动。通过对以上五项问卷调查结果的加权处理，居民认为较为严重的社会问题主要有：

⋆ 非常严重的问题（提及率在 60% 以上）：腐败、贫富差距；

⋆ 比较严重的问题（提及率在 50 — 60%）：征地拆迁，环境污染、制假售假、社会风气；

⋆ 严重的问题（提及率在 50% 左右）：基层干部作风、务工就业。

从调查结果还可以发现一个共同的趋势，即社会风险正处于不断累积的过程。其中，腐败、贫富差距等居民认为较为严重的社会问题，都已经长期存在，如果不能在近期内得到明显改善，极易产生累积效应；征地拆迁、劳资纠纷、环境污染等问题，则直接导致了多起群体性事件；另外制假售假、社会风气恶化、基层干部作风、务工就业等也是居民认为较为严重的问题。

专栏 1：

当前影响影响社会稳定的突出问题

征地拆迁、劳资纠纷、环境污染、干群关系等社会问题，是相对较为显性的风险因素，可能会直接导致社会矛盾和社会冲突的发生；而腐败、贫富差距、失业、食品药品安全等问题，一般是通过积累效应、由其他显性事件所触发。

（1）征地拆迁。由于城乡规划或工程项目建设，一些地方政府盲目征地或违规征地，却没有预测和处理好农民的补偿安置问题，引发了大量风险事件。在城乡规划中，一些地方尤其是城市在拆旧区、盖新区中，如果补偿不合理，就有可能触动市民的利益，发生风险事件。征地拆迁已经逐步成为影响当前社会稳定最突出的问题[①]。

① 柏骏：《群体性事件的行为模式与解释框架——基于江苏的实证研究》，《江苏社会科学》2011 年第 3 期。

（2）劳资纠纷。企业重组改制是重要的风险因素之一，在没有妥善安置下岗职工的情况下加快改革，势必触犯广大工人的利益，引起以工人为参与主体的群体性事件[①]。欠薪、劳动条件恶劣等事件也常常引发工人的不满而酿成群体性事件。

（3）环境污染。继厦门、大连PX项目后，宁波的PX项目因为环保及征地问题，引发民众的恐慌，不少民众采取静坐、拉横幅、散发传单、堵路、阻断交通等方式向当地政府表达不满，反对镇海区化工厂的扩展。在经过连续七天的民众上街抗议示威之后，当地政府决定不上PX项目，要再做科学论证。

（4）干群关系。基层是社会矛盾易发高发区，基层社会管理是维护社会稳定的重点和难点。农村基层自治组织对民主决策、民主管理的忽视，往往会招致村民的不满，而由于缺乏依法维权意识与正当的诉求渠道，他们往往采取群体性事件的形式来表达诉求。

（5）社会管理。除了以上尖锐矛盾外，还有一系列的社会问题，如腐败、失业、贫富差距、食品药品安全等，已经引起民众的普遍不满。虽然这些问题没有直接引发社会冲突，但是却会改变人们的社会心态，逐步抬高社会稳定风险水平。如调查发现，城乡居民对腐败现象、不合理收费、基层干部工作作风等问题的不满，会直接影响其对政府工作的信任。

（二）居民社会风险的应对方式

居民在生活中遇到不公平的对待时，总是会寻求一定的解决办法。个性不同、生活环境不同，个体倾向于采取的应对方式也会有所不同。通过文献综述和访谈，居民的应对方式可以概括为以下九种，其应激程度也表现出从温和到激烈的差异（见表4）。

以上出现的个人应对方式，又可分为常规方式（正向方式）和非常规方式（负向方式）两种类型：

（1）常规方式（正向方式），相对较为温和，一般能够在常态社会规范内

① 王少波：《国企改制中劳资冲突走向暴力现象解析——以通钢集团和林钢集团改制中出现的暴力事件为例》，《中国人力资源开发》2010年第3期。

得到化解，引起社会稳定的风险相对较低：

表 4　居民社会风险应对方式

温和 ——————→ 激烈								
正向、常规方式					负向、非常规方式			
个人协商	政府部门反映	求助警察	起诉打官司	求助新闻媒体	发牢骚	上访请愿	罢工罢课	结伙对抗报复

＊ 个人协商解决是最为温和、也较为理性的常规处理方式；一般矛盾或纠纷可以通过这种方式得到解决；

＊ 向政府部门反映、求助警察、向法院起诉打官司是相对温和、较为理性的常规处理方式；

＊ 向新闻单位反映在一定程度上是对常规解决渠道的一种补充，也可以看作是常规渠道失效情况下一种相对温和的选择。

（2）非常规方式（负向方式），相对较为激烈，在一般社会规范内往往难以得到化解，会对社会稳定产生较强的扰动：

＊ 表示无能为力、发牢骚是较为消极的应对方式，可以看作是秩序失衡的一种前兆；

＊ 上访情愿是常规渠道失效情况下的一种处理方式，如果不能得到有效疏导，可能成为导致社会失序的导火索；

＊ 结伙对抗和报复、罢工罢课则是一种极端的处理方式，是对个人或社会现状不满、并付诸行动的直接表达方式。

从五项主要社会调查的结果来看，多数城乡居民倾向于采取相对温和的正向方式解决问题。其中，个人协商解决是最有可能采取的措施（提及率在60%—75%）；其次是向政府部门反映（提及率在50%—65%），以及起诉打官司（提及率在45%—55%）。以上三类途径都属于常规方式（或正向方式），可以认为对舒缓居民不满情绪化解社会矛盾具有积极的作用。

负向方式的提及率较低，在调查中的提及率都在30%以下。但作为一种消极的、负面的行为方式，需要引起足够的重视。其中，发牢骚、明哲保身（提及率在20%左右）可以看作是秩序失衡的前兆，结伙请愿（提及率在7%左右）、对抗报复（提及率在4%左右）则是导致社会不稳定事件的导火索，应当引起足够的重视。

（三）居民社会态度

居民社会心态可以通过调查居民对社会生活的满意程度来测度。虽然各项社会调查中关于社会心态的维度界定不尽相同（社科院，2006；中科院，2008），但一般都包括生活状况、职业状况、社会地位、社会公平、社会交往、政府工作和公共政策、经济发展预期等内容。

综合分析各项调查结果，可以得到一个基本的判断：城乡居民社会心态总体较为平和。根据中科院近 9000 个样本的调查，我们可以将居民的心态分为以下三类，其主要影响因素分别表现为：

* 乐观心态：社会交往，经济发展预期

* 平和心态：生活状况，职业状况，社会公平

* 消极心态：政府工作，社会地位

居民对社会交往的满意度、对未来经济发展的信心，表现得最为乐观；生活状况、职业状况、社会公平方面的态度较为平和，总体来看表示满意的比例超过不满意者；对政府工作、自身社会地位的态度则较为消极，在各项调查中，表示不满意的比例超过满意者。

居民对社会地位的不满，最主要的体现在对家庭收入水平方面。而财富也是多数居民判断社会地位的首要标准；权利、教育水平被认为是影响社个人会地位的另外两个重要因素。对政府的不满，则集中体现在居民对政府解决腐败问题、就业问题、贫富差距问题等方面缺乏信心。

（四）社会稳定形势判断

如上所述，居民对社会问题的感知程度是引发社会不稳定的直接因素，并受到居民基本社会心态和应对行为倾向的影响。为了对社会稳定形势有更为直观的判断，我们基于影响社会稳定的三个维度，构建社会风险水平指数：

$$SRI = SPR * CB * SA$$

其中，SRI 为社会风险指数；

SPR 为居民对社会问题的感知程度（满意度）；

CB 为居民应对行为的烈度；

SA 为居民基本心态。

在五点量纲下，我们将社会风险水平分为 5 个区间，分别为（参见图

10）：社会稳定期（得分高于 4.5）、社会平和期（得分在 3.5 — 4.5 之间），社会波动期（得分在 2.5 — 3.5 之间）、社会震荡期（得分在 1.5 — 2.5 之间）和社会混乱期（得分在 1.5 之下）。

图 10　社会稳定状态谱系表

谱系					
标准	<1.5	1.5 — 2.5	2.5 — 3.5	3.5 — 4.5	>4.5
类型	社会稳定期	社会平和期	社会波动期	社会震荡期	社会混乱期
社会问题			3.44		
* 应对方式			2.528		
* 社会心态		2.469			
总风险水平		2.469			

——从社会问题感知的严重程度来看，当前潜在的社会不稳定因素不断累积，社会稳定状态处于社会波动期和社会震荡期的边缘(根据中科院社会态度问卷调查数据，平均得分 3.44)。

——根据应对方式的激烈程度来看，多数城乡居民倾向于采取温和的方式解决问题，对社会风险起到了有效的平抑作用（平抑系数 0.735）。

——从居民心态来看，主流社会态度较为平和，对社会风险起到了进一步的平抑作用（平抑系数 0.977）。

——综合考虑社会问题、应对方式和基本心态的影响，社会风险水平得分为 2.469，处于社会平和期和社会波动期的边缘。

通过以上分析，我们认为，当前我国社会处于矛盾多发时期，各种社会问题蕴含着使社会稳定"由波动趋向震荡"的风险；但是，由于目前基本社会心态相对平和，居民应对方式相对温和，在一定程度上提高了公众对社会风险的承受能力，使得社会稳定状态回归到总体可控的平和期，但已经接近波动期的边界。

＊ 一方面，社会心态和应对方式对社会风险的平抑作用，为我们出台干预措施提供了时间；另一方面，如果不能及时解决当前存在的社会问题，容易造成矛盾积累，为社会危机埋下更大隐患。

* 不同地区、不同群体的城乡居民社会态度差异较大的，往往会成为社会风险显性化的触发点。

三、我国社会稳定风险的成因

当前我国面临的社会稳定风险，既包括我国经济转轨与社会转型的因素，也包括政府决策失误、群众利益表达渠道不畅、法律意识淡薄等因素。转型风险属于系统风险，其出现具有一定的必然性，只能通过后期的制度完善，尽可能消除对社会稳定的影响；决策风险则不具有必然性，可以通过前期的制度完善，防范风险的出现。

（一）社会转型风险

诱发社会稳定风险事件的系统风险因素，主要包括我国的经济、政治、文化、社会、法律法规等宏观环境因素（范明，2003；李煜玘等，2010）。当前我国处于经济转轨与社会转型的关键时期，社会结构深刻变动，利益格局深刻调整，必然带来各种社会矛盾和问题，也决定了当前风险事件频发的客观必然性。

1. 内部风险

当前，中国经济体制正从计划经济体制向市场经济体制转变，同时面临着社会体制、政治体制的转型。在这一变革的历史时期，传统的利益分配与协调机制被打破，而新的公平合理的利益分配与协调机制尚未完全建立起来。快速的社会转型与缓慢的利益分配与协调机制形成过程之间的矛盾可以说是当前中国社会许多问题产生的重要原因。如：贫富悬殊加剧、腐败问题严重、诚信缺失、市场秩序混乱等等这些问题都与之有着密切的联系，并对构建社会主义和谐社会形成了严峻挑战。转型期存在的社会风险因素，可以概括为两个方面：

一是制度建设难以同步健全。在经济社会转型过程中，经济、政治、社会等领域的法律、法规和政策已经难以适应新形式的要求，而新的制度和体制还未建立健全，从而成为社会风险事件的重要诱因。我国在重大决策的制定、执行、应急管理到事后问责环节都存在有关法律不健全的问题，如信息公示与公众参与制度没有制度化，社会风险管理与应急制度不完善，社会风险问责制度不健全。

二是利益格局难以同步调整。近三十多年来，中国在现代化、社会转型与全球化过程中出现了严重的利益分化、利益冲突与利益失衡。第一，现代化进程中利益分化与利益失衡加剧。一方面，中国现代化发展战略一直实行的是一种不平衡发展战略，必然造成利益分配的不平衡。另一方面，现代化的快速发展使利益分化加剧，利益主体日益多元化，政府、个体、企业都成为独立的利益主体。第二，各利益主体之间的利益相互冲突，而由于个体的力量微薄，无法和政府、企业等利益主体抗衡，现有的制度设计中缺乏科学合理的利益分配与协调机制，政府在利益冲突中又往往疏于解决个性的利益，致使民众产生被剥夺感。

2. 外部风险

在融入经济全球化进程中，一方面中国从经济全球化中确实获得了不少利益，但同时经济全球化背景下国际间利益裂变的压力也加速了中国社会风险的累积。经济全球化在很大程度上是市场经济在全球的扩展，并且当前经济全球化是由发达国家主导的，发达国家处于明显有利的地位，而发展中国家则相对而言处于不利的地位。在经济全球化过程中，不同国家的受益度是不同的，有些国家甚至可能成为经济全球化的牺牲品。在经济全球化过程中，中国的经济安全、政治安全、文化安全与环境安全等都面临着更多、更大的压力，相应地也就增加了中国的经济风险、政治风险、文化风险与生态风险。

（二）社会决策风险

社会决策风险是重大决策所特有的风险，它突出地表现在决策的制定和执行环节。这种风险因素也有客观与主观之分。

1. 客观风险

重大决策的客观风险因素，既包括众多决策本身存在的风险因素，也包括政府决策能力不足的风险因素。

相关制度存在缺陷，导致重大决策面临无法回避的风险。一是重大决策、重要改革措施与重点工程项目建设会不可避免地涉及到利益调整、土地征用、房屋拆迁、安置保障、环境改变等敏感问题。[①] 二是政策间存在缝隙，如时间、空间、人群、不同领域之间政策存在着不一致，[②] 这些客观风险因素通过导致心

① 杨雄、刘程:《加强重大项目社会稳定风险评估刻不容缓》,《探索与争鸣》2010 年第 10 期。
② 朱德米 :《“重大决策社会稳定风险评估”不能走样》,《北京日报》2013 年 1 月 28 日。

理失衡而诱发社会风险事件。

政府决策能力不足，导致重大决策的制度设计存在风险。如经济方面的经济损失或补偿不合理，生态环境方面的保护与污染判断失误，社会方面未考虑当地风俗习惯、宗教传统，人口搬迁方面未考虑社会纽带等，都会在决策执行过程中产生意料之外的问题[①]。

2. 主观风险

重大决策的主观风险因素，是指政府在决策时对群众利益主观漠视、没有做到依法、民主决策。

未能民主决策，漠视群众利益。汪玉凯（2009）从公共政策视角认为，群体性事件多发的一大原因，就在于一些地方政府在制订公共政策时，对弱势群体考虑不周。王少波（2010）认为政府部门工作失误、完全政府主导不听取职工意见以及政府有关部门的不作为现象，是导致通钢事件走向暴力结果的重要因素。由于缺乏科学民主的决策体制，政府只是“拍脑袋”决策，这就会引起民众的不满，使得政府所做的相关决策的权威性大打折扣，对政府产生不信任感。

未能依法决策，甚至知法犯法，与民争利。当作为利益受损一方的百姓无法诉诸与自己有利益之争的官员之时，难免会有一些人采用极端方式向政府或者个别官员“示威”、“报复”，很多对政府抱有不满憎恨心理的人便加入到这些与自己无关的事件中，也采用围观破坏等方式来表达自己心中的怨愤[②]。

四、中国社会稳定风险的变动趋势和对策

（一）社会稳定风险的变动趋势

1. 风险分布的广泛性。一方面，全球化带来的风险已无地域限制，可越境交叉蔓延，一种风险甚至与另一种风险同出一源，表现出区域间的广泛性特征。另一方面，当今时代，风险已成为我们生产生活的一部分，无处不在，无时不在，不仅来自于我们生活其中的自然环境，还来自制度环境，也来自我们作为集体或个人做出的每个决定、每种选择，以及每次行动，表现出群体间的广泛

① 付翠莲：《重大事项社会稳定风险评估机制研究》，中国社会科学出版社 2011 年版，第 230-231 页。

② 谢海波：《社会转型期的群体性事件原因和对策分析》，《改革与开放》2012 年 7 月刊。

性的特征。

2. 风险来源的多样性。每个人的任何一种选择都会产生风险，每个人遇到的风险又因自己的选择不同而不同。对于个人来说，风险既是普遍的，也是独特的。

3. 风险烈度的突变性。风险的冲突点与始发点往往并没有明显的联系，有时人们生活在远离风险源头的地方，却同样未能幸免。某种风险在一定的条件下可能悄悄地转化，当风险不能得到及时控制时，将引起社会的连锁反应，导致整个社会处于崩溃边缘。

4. 风险传播的弥散性。在当代社会，任何不幸事件一旦发生，都可能对整个系统造成影响和更大的伤害，其危害的深度和广度是传统风险所无法比拟的。而风险的传递与运动是潜在的，在不知不觉中，风险已经悄悄地逼近。

5. 风险管理的共生性。当代社会风险已经难于具体化，变得极其复杂。不断发展的科学技术和制度的完善，在为控制风险提供越来越完美解决办法的同时，却可能带来新的更大的风险。

（二）加强社会稳定风险预警

社会稳定风险的控制变得越来越困难，因此，预警成为应对社会风险的最有效方式，即在危机出现或社会动荡发生之前，及时发现潜在的社会风险因素，采取有效的防范措施。

伴随着经济社会的加速转型，我们正处在一个新的社会不稳定时期。经济结构调整和国企改革尚未完成，就业矛盾突出，城乡差别和地区差距突出，“三农”问题还没有找到合理有效出路，弱势群体不断扩大以及腐败现象的滋生蔓延等等风险因素的存在，都对社会稳定和经济发展构成潜在威胁。从目前社会不稳定事件的应对来看，多数情况下都是在危害已经发生之后才采取补救措施，还缺乏有效的社会风险预警系统。

有效的社会风险预警系统可以在三个方面为制定公共政策提供科学依据和技术支持：一是预报，即通过对社会现象的分析，及时发现潜在的社会不安定因素，在问题发生之前予以解决；二是疏导，即通过了解当前存在和出现的不满情绪和消极行为，提出解决社会问题和提供宣泄不满的渠道建议，在问题发生之初消弭社会不稳定因素；三是补救，即在引起社会不安定的社会问题和社会事件发生之后，揭示产生的原因并提出相应可行的解决方案。建立社会风险预警系统，需要完善以下几个方面的制度建设：

一是重视风险事件的跟踪分析，即时收集和整理各地出现的社会风险事件，并对引发事件的深层次原因进行分析和归类，从而建立相应的应急预案。

二是重视居民风险应对行为的引导，一方面畅通民众利益诉求通道，及时疏导民众心理压力；另一方面，利用媒体、社区、单位等方式，倡导积极正向的利益表达方式。

三是重视对城乡居民基本社会心态的调查，及时发现影响居民社会心态的主要问题，并加以缓解和疏导，相应提高社会风险的整体承受能力。

张本波

参考文献

成思危：《复杂性科学探索》，民主与建设出版社 1999 年版。

李伯聪：《风险三议》，《自然辩证法通讯》2000 年第 5 期，第 48-55 页。

郭奔胜：《解析风险社会管理：阶层流动使社会保持平衡》，《瞭望》2011 年第 2 期。

汝信主编：《中国社会形势分析与预测（2001）》，社会科学文献出版社 2001 年版。

阎志刚：《社会转型与转型中的社会问题》，《广东社会科学》1996 年第 4 期，第 86-92 页。

柏骏：《群体性事件的行为模式与解释框架——基于江苏的实证研究》，《江苏社会科学》2011 年第 3 期。

王少波：《国企改制中劳资冲突走向暴力现象解析——以通钢集团和林钢集团改制中出现的暴力事件为例》，《中国人力资源开发》2010 年第 3 期。

杨雄、刘程：《加强重大项目社会稳定风险评估刻不容缓》，《探索与争鸣》2010 年第 10 期。

朱德米：《"重大决策社会稳定风险评估"不能走样》，《北京日报》2013 年 1 月 28 日。

付翠莲：《重大事项社会稳定风险评估机制研究》，中国社会科学出版社 2011 年版，第 230-231 页。

谢海波：《社会转型期的群体性事件原因和对策分析》，《改革与开放》2012 年 7 月刊。

基于问卷的社会调查研究较多，但多数仅限于部分年份，我们尽量选择近 3 年内、具有一定连续性的调查报告。

Beck U. Risk society:Towards a new modernity. Sage Publication,London,1992.

Giddens A. Modernity and self-identity. Cambridge University Press,1991.

de Swan A. In care of the state. Oxford University Press,New York,1988.

Goudsblom J. Fire and civilization. Penguin (USA),1992.

Knight F.H. Risk,Uncertainty,and Profit. The Riverside Press,Cambridge,1921.

Betts I.L. Political risk evaluation models. Harvest International's Journal For Decision Makers,2002, 5(11).

refer to 1 and 2.

Dollard J, et al. Frustration and aggression. Yale Universicty Press, New Haven, 1939.

Smelser N.J. Theory of collective behavior. Fress Press, New York, 1963.

Luhman N. Risk: a sociological theory, Aldine de Gruyter, 1993.

专题报告之二

不确定性下的公共决策与社会风险评估：理论依据与一般流程

随着我国市场经济改革的深化和社会现代化进程的加速，公共政策所引发的利益纠纷、价值辩论和社会影响日益引起人们的关注，特别是在一些涉及重大项目建设或者重大利益关切的事件中，各地群体性频发，政府公信力下滑，政府决策和社会秩序极易陷入被动、失范的境地。在此背景下，对重大项目建设和重大政策制定进行社会稳定风险评估，成为现实中的当务之急。① 因此，理论界需要清晰回答一系列问题，例如：究竟什么是社会稳定风险？风险决策的主要理论基础和规范是什么？如何在重大决策中进行社会稳定风险评估？本专题报告试图在理论上做出回答。

一、概念界定

（一）公共决策与社会稳定风险

何为“风险”？风险是未来的不确定的损失。它有这样几个特点：首先，损失是不确定的，可能发生，也可能不发生；发生的概率可能是已知的，也可能是未知的。其次，损失发生在未来，然而风险却是当下的。对风险的感知、

① 2011 年发布的《“十二五”规划纲要》明确了“建立重大工程项目建设和重大政策制定的社会稳定风险评估机制”这一任务；2013 年，党的十八大进一步提出“建立健全重大决策社会稳定风险评估机制”的要求。

评估和管理在当下做出，在时间轴上与“未来”绝对隔离，无法在自然状态下统一起来。正是由于时间上的不可跨越性，未来的一切状态对“当下”的决策者而言都是不确定的；因此，风险是常态，不存在真正的“安全”。决策的关键在于判断何种风险水平是可接受的。“可接受的风险”通常相对于承受此种风险所获得的经济收益、社会效益或其他价值而言；决策就是在利益、价值与可接受风险之间做出权衡（费斯科霍夫，1981）。

任何决策都有风险，即使是“不做任何决策”的决策也有风险。公共政策是对全社会利益和价值的权威分配，这一分配过程不可避免地涉及利益调整和价值评判。社会风险由此而产生。社会稳定风险产生于公共政策或重大项目的决策对既有社会形态的扰动，人们因感到利益受损、情感不快或心理上的担忧、畏惧或未来预期的不确定性，而提出口头抗议，或付诸行动以阻碍政策决策或项目实施。

社会稳定风险与技术风险或自然风险类似，既是客观存在，又跟主观的风险感知相关。作为客观存在的技术风险或自然风险可以通过科学技术的改进或对自然环境的认知，逐渐了解且逼近真实存在的风险事件概率。通过科学传播和风险普及的过程，人们对技术和自然风险的感知也会相应发生改变。公共政策的社会稳定风险也具有客观性，但由于社会运动的影响因素更为复杂，因此社会稳定风险更加难以预测。社会稳定风险具有主观性，社会稳定风险的感知源于个体主观意识，但其社会互动的过程具有一定的客观规律。个体对风险的感知和应对方式取决于他们嵌入其中的社会组织的形式（道格拉斯，p17），个体的损益计算、价值判断、情感体验和心理感受等，实际上是社会环境的投射。因此，经由“风险的社会放大”过程，个体的、散在的社会风险有可能产生“蝴蝶效应”，转化为大规模的群体性事件、骚乱甚至演化为暴力革命。正是在这个意义上，社会稳定风险应当成为公共决策的重要考量。

（二）决策体系与风险评估

公共政策在一个动态的、边界模糊的组织体系中进行决策。绝大多数情形下，决策者缺乏清晰的标准、程序和目标，来指导他们如何选择政策议程、如何制定政策方案、以及如何评估政策可能产生的影响。决策过程好比一个“垃圾桶”：各种亟待解决的政策问题每时每刻以新闻报道、信息简报、热线电话、来信来访等方式，涌现在决策者面前；形形色色的政策建议则源源不断地从机构、专家学者、甚至普通民众那里提出、发表、传播或沉淀；职能细分的政府部门往往无法单独应对全方位的政策问题，需要进行跨越政府部门、甚至政府内外的咨询、协调与合作。最终，究竟哪个政策问题被提上议程，哪个方案被最终采纳，哪些部门、机构或个体被纳入决策体系，可能取决于“政策窗口”偶尔打开或“政策企业家”偶然出现（金通，1984）。在这个意义上，完全理性、高效和规范意义上的公共决策并不存在，真实世界中的公共决策是渐进调适的过程，即根据既往的经验和做法，在边际上进行调整（林德布鲁姆，1977）。公共决策的目标，不是获取最大化的社会收益，而是获得最大程度的共识（陈玲，2005）。

公共决策形成共识的场域包含两个层面：一个层面上是制度化的、正式的政府决策部门，另一个层面是社会化的、非正式的政策协商网络（陈玲，2011）。不同的场域中的决策主体对社会风险的感知、评估和处置方式有显著区别。对于政府决策部门的官员而言，社会风险，特别是较大的社会稳定风险，通过问责机制转化成为政治风险。例如，瓮安事件、乌坎事件等群体性事件中，主要决策领导因初期处置不当而被问责。因此，政府决策部门在风险偏好中属于风险厌恶型，倾向于保守型的风险决策；对于协商网络中的技术精英、政策分析家、企业家或经济学家等专业群体而言，社会风险通过个体的认知结构进行解读，转化为经济风险、技术风险或环境风险等，这些风险通常可以通过技术手段被测量和计算。由于技术理性或工具理性的缘故，专业精英对社会稳定风险的感知较低，可能会在不自觉的情形下表现出对社会稳定风险的偏好。

所谓社会稳定风险评估，就是决策主体对社会稳定风险的建构过程。在建构主义者看来，现实世界中不存在风险这个东西，但同时任何事物都有可能成为风险，存在的只有对事物的看法和对风险的感知（Ewald，1991，转引自周志家，2012，p25）评估也是如此，现实是由评估者和被评估者建构出来的，评估结果是评估过程的直接产物（第四代评估）。因此，由谁来评估、评估谁、以及怎样评估，就决定了社会稳定风险评估的结果。

那么，如何进行社会稳定风险评估？在国外成熟的政策实践中，可见“社会风险评估”的概念。社会风险评估是社会影响评价（Social Impact Assessment，SIA）中的一部分，后者与环境影响评估（EIA）类似，是重大项目论证的必要环节。国际上发展比较成熟的社会影响评价，一般侧重于社会学和人类学的理念，重点是评估项目对当地的人口、社区和生产生活组织方式的影响（Talor，1990；Burdge，1994；ICGP，1994；李强等，2010）。我国早期的社会影响评价则强调项目的社会效益，较少涉及社会稳定方面的因素（施国庆等，2003；王朝刚、李开孟，2004）。2010年后，对重大工程项目建设和重大政策制定的社会稳定风险评估被提上决策议程，国内学者界也展开了一些研究。如童星（2010）、董幼鸿（2011）探讨了社会稳定风险评估的制度建设问题，如评估主体的独立性，政府、责任主体和利益相关者的界定，信息公开和民意表达渠道等。社会稳定风险评估的主要内容包括重大项目的合法性、合理性、可行性、可控性等（杨雄，刘程，2010）。在现有的研究中，利益相关者的视角和方法得到了较多的关注（梁昀，薛耀文，2012；谭建辉，陈琳，吴升泽，2012；王锋、胡象明，2012）。然而，从决策体系和决策过程的角度进行的规范研究，国内尚无充足的文献。本报告尝试弥补这一空白。

本专题报告的内容安排如下：在第二部分构建了不确定性下的公共决策的规范性理论框架。风险决策需要在两个维度上进行限定，其中一维是关于决策内容，探讨在不确定性的情形下，决策者应该关注于原则性的程序和机制，还是具体的技术标准或政策工具；另一个维度是关于决策方式，探讨在何种情形下，决策者应该按照制度规定的具体规则来决策，还是基于制度赋予的自由裁量权来决策。随后，就风险决策的信息基础进行探索，研究何种决策需要何种信息，怎样基于给定的信息水平来制定合理政策。进一步地，将指出风险决策的制度基础，包括行政官员的自由裁量权和问责机制的对等、专家参与决策时知识与权力的权衡、以及公众参与决策的权利和能力之间的匹配。在第三部分，将探索风险决策的流程和方法。风险规避的具体策略和风险决策的四种模式将被分别讨论。接着，基于政策过程不同阶段的属性，对决策参与者和风险评估给出概念性的指引。最后第四部分是本专题报告的结论。

二、理论构建

（一）风险决策的二维框架

关于不确定性下的个体决策，经济学的决策理论建立在理性假设的基础上，认为决策者应当选择预期收益（效用与概率的乘积）最大化的方案，例如预期效用理论（Von Neumann，Morgenstern）和主观预期效用理论（Savage），两者的区别主要在于概率是客观的还是主观的。在理性假设的基础上，即便认识到人的理性水平有限，决策也应当达到“满意水平”的收益（Simon）。

不过，理性或有限理性的假设受到了心理学家的质疑，卡内曼提出前景理论（Prospect Theory），指出个人对损失比对收益更为敏感，面对收益时是风险偏好型，面对损失时则是风险厌恶型（Kahneman）。据此，卡内曼对主观预期效用理论作出修正。他于 2002 年被授予经济学诺贝尔奖，表明他对经济学决策理论的修正更接近真实世界。

对于信息高度复杂的、人脑不太容易处理的决策问题，计算机科学通过模拟现实和仿真模型进行辅助决策，对决策方法也有相当大的贡献。MIT 的研究者通过分析“半马科夫决策过程”(Semi-Markov Decision Processes，SMDP)、动态决策模型、以及不确定性下的人工智能决策方法，发现现有的计算机辅助决策模型在模型透明度与解决方案有效度之间始终存在权衡（trade-off），这可能是因为决策过程的两个阶段，即问题识别和方案形成阶段，具有完全不同的信息特征和系统要求（Tze-Yun Leong，1994，pp.66-67）。后来，兰德公司试图综合利用人的决策能力和计算机辅助决策技术，探索在数量惊人的可能性中寻找稳健策略，塑造最符合决策者预期的长期未来（Lempert，Popper &Bankes，2003）。该方法建立在这样一个前提下：即人类的长期未来具有“深度不确定性（Deep Uncertainty）”，存在无数的、无法预测的、似是而非的可能性，但却显著地受到我们当前决策的影响。我们应如何从有限的近期政策中，选择那些最有利于实现长期未来设想的策略？报告指出，有效的策略是长期刚性策略（robust strategies），即无论未来如何变化，都能够最低限度实现预期目标的策略。在这里，关键是各种情形下都“足够好（well enough）”，而不是特定条件下“最优（optimal）”。

然而，把经济学、心理学或计算机科学的决策理论和决策方法应用到公共决策上，还有相当大的理论差距。由于公共决策涉及到多元主体和多元目标，不同决策主体的风险偏好有显著差异，并且还需兼顾效率、公平、公正、权利和尊严等多重公共政策目标，因而多数情况下难以根据简单的最大化原则进行决策。例如，大量具有“邻避”特征的项目，如 PX 项目、核电站、垃圾填埋场等，往往由地方政府与企业合谋决策，没有充分考虑到邻近居民的心理感受和经济补偿，造成社会问题。尽管从社会总体的经济和社会发展的需要，上述项目的整体收益或许远远大于特定人群的损失，但这种“理性”决策仍然无法被接受和实施。

可见，仅仅关注政策实质结果是否理性来作为公共决策的理论基础，是远远不够的。公共决策的机制和过程同样重要，如果不是更加重要的话。不确定性下的公共决策需要尽可能扩大共识范围，并将之确定下来，“以不变应万变”，以减少后续的不确定性。决策机制和过程是首先可以尝试达成共识的领域。

决策机制是对决策的范畴和方式的规定，即就什么事项做出决定、依据什么准则作出决定。在决策内容的维度上，良好的公共政策致力于给出清晰的、具体的、可执行的技术标准或客观指标，从而有效地设定人们的政策预期，规范政策执行。如多少岁以上可以领取社会养老金、满足什么条件可以享受税收减免、什么情形下要启动公共疫情应急程序等等。这一类决策建立在“已知”的基础上，即对政策问题及其措施有经验积累和科学指引，因而得以成立。在缺乏经验基础和科学验证的情形下，上述清晰的技术标准往往不可得，但公共政策仍不得不加以规范和指引。如转基因食品的安全性一直没有在科学界得到广泛确认，但现代农业和食品工业已经在相当大的范围内推广转基因作物和食品，政府显然无法坐视不管。

既然确切的政策后果和公认的技术标准都不可得，一些学者将研究焦点转向决策程序上。政治理论指出，程序正义（Procedural Justice）比具体政策结果的正当性具有更高的合法性基础（罗尔斯，1971）。在一个公正的程序下，“无论什么结果都是正义的”（同上）。也就是说，尽管人们在经济收益、风险偏好、价值判断上有巨大的差异，但只要认同决策程序，不论政策结果如何，都应该接受。基于上述理念，司马媛、童星（2011）强调通过决策过程中的“程序正义”来保证多元主体的民主参与，赵正国（2011）呼吁“尽快制定、颁布针对公共政策制定过程如何更好地应用科学咨询意见的法律法规或指南方针等规范性文件”。

决策机制的另一个维度是决策依据。如同在法律体系中存在成文法或案例法，政府决策或依据规则，或依据自由裁量权。例如某政府官员要决定是否给一个市民提供养老救助，他可以依据养老金的有关规定，看该市民是否满足年龄、户籍、已缴纳社保的情况等，也可以依据领导批示、舆论关注度、个人境遇等，做出综合判断。前者自然是合法的决策程序，但后者在一些例外的、突发的事件中，也有“情理”上的必要性。

因此，本专题报告构建了不确定情境下的二维决策框架（图 2-1）。简化起见，我们假定该理论框架中的公共决策者为政府官员。在决策内容与决策依据两个维度上，决策者都面临政策的稳健性（robustness）与有效性（effectiveness）的权衡：越是清晰、明确、简洁的标准指引，越能够快速、有效、无差异地解决实际问题；但对信息模糊、后果不确定的政策问题缺乏应对；而程序性政策对问题信息属性的容忍度较高，对政策后果的指向性也不强，但能够提供大致稳健的程序指引，并确保在这样的程序指引下得出大体上可接受的政策结果。决策依据也是如此，决策者运用自由裁量权能够对具体问题作出及时、有效的政策回应，但政策的普适性不强，决策者依赖于充分的、互补的信息甚至主观判断做出决策；依据规则决策具有更强的稳健性，即使在不确定的环境中，只要部分信息是明确的（即应用规则的前提条件成立），规则就可以作为决策依据。

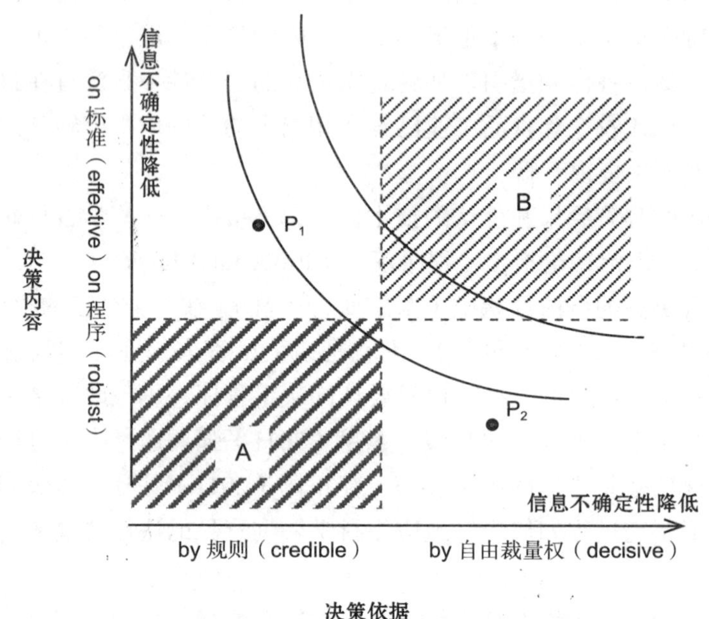

图 11 不确定性下的公共决策二维框架

决策者如何选择适宜的决策机制，取决于问题界定和方案构建的信息的不确定程度。不确定性越高，由于具体情境参数未知，公共决策机制宜稳健为主。对程序决策和依据规则决策，所需要的信息较少，政策稳健性强。因此，不确定性高，应当对程序决策和依据规则决策（图 10 中的 A 象限）。不确定性越低，在有限数量的、后果确定的政策选择中，公共决策机制宜有效为主。因此，不确定性低，应当对具体标准决策和依据自由裁量权决策（图 2-1 中的 B 象限）。对具体标准或依据自由裁量权决策，所需信息清晰度及专业性要求高，政策有效性强。理论上存在这样一条无差异曲线，该曲线上的任何两点，如 P1 和 P2，两种决策机制的功效（performance）是一致的。下文将对两个维度的信息类型和特征、决策的边界和原则，进行深入探讨。

当然，决策机制还涉及一些其他的维度，如谁来决策、在什么组织机构内决策、决策的信息和意见渠道等，下文将在决策的制度基础部分加以讨论。

（二）风险决策的信息基础

1. 决策内容应当被界定成程序性的还是技术性的？

对政策问题的界定通常是一个似是而非的难题。表面上决策者都被期望制定出直接有效的解决方案，给出明确的技术标准。但在关于当前问题和政策方案的未来效果的信息“未知”或含混不清的情况下，程序性决策具有稳健的特征。因此，信息的不确定性程度决定了决策内容的范畴。未知信息在风险决策中扮演关键角色。

信息类型和特征

决策情境的不确定性可以用信息的充分性（sufficiency）、准确性（accuracy）和清晰度（clarity）来测量。

当决策者拟对具体的技术性问题做出决策，他需要相对充分、准确和清晰的专门信息（specialized information）；如“是否需要对全球变暖做出汽车减排的管制政策”，信息基础将是全球气候变化的趋势数据，汽车尾气排放与全球气候变化的相关性数据，减排成本如何在政府、企业和消费者之间分摊，汽车消费的习惯如何受价格因素影响，等等。这些信息建立在以往的市场研究、气候研究、产业研究、经济研究的数据积累和研究分析的基础上，也就是说，决策建立在“已知”的基础上。

当决策者拟对程序性问题做出决策，所需的信息是相对少且重要的（selected but highly valued）、普遍的、笼统的集合信息（synthetic information）。如“怎样合理地分配科技经费”，信息基础将是基础研究与应用研究哪个更重要、当前科技经费分配中的普遍问题是政府失灵还是市场失灵、科技经费的部门或地区分配格局总体上有何特征，等等。这些信息建立在价值判断、政府 / 市场的界限和问题总体趋势的基础上，而不需要知道哪个科学家、哪个科研项目能够出好成果、出诺贝尔奖。也就是说，决策建立在“未知”的基础上。

因此，决策者的决策范畴应该按照下面的原则来决定：

＊ 当决策者具备相对充分、准确和清晰的专门信息（specialized information），才能做出技术性决策；

＊ 决策者具备相对少且重要的、普遍的、笼统的集合信息（synthetic information），仅能做出程序性决策。

信息获取的来源和方式

专门信息是具有良好的学科组织形态（well-organized）、编码化 (codified) 的知识，一般由专家或专业机构提供。然而，相互平行的、竞争的专家意见或机构意见，有助于相互补充和验证，提高信息的充分性、准确性和清晰度。公开透明的信息渠道，也有助于上述目标的实现。

集合信息是直觉的、整体的知识，由“权威”直接授意或在一个开放性的平台中自动浮现。具有广泛声誉或影响力的政治权威、科学家及社会意见领袖，对社会的价值判断起到引导、启发的作用；社会也有可能自动浮现（emerging）出某种集合性的意见，如对政府公信力的普遍质疑等、对腐败的高度关注，等等也应该作为决策信息的基础。然而，权威或社会自组织机制极易淹没弱势群体的声音，出现类似“独裁”或“多数人的暴政”的情形。另外，从不确定性的角度而言，由于不存在“未来”的代言人，未来的长远利益或价值目标有可能被强势的“现在”所扼杀。因而一个制度化的、多元化的意见扫描和表达渠道对程序性问题的决策是必需的，如“两会”、资政、顾问、听证、信访等。

信息接受和处理的方法

人们建立了各种方法来分析处理决策信息，包括描述性的方法，如德尔菲法和预测法（Delphi and Foresight），分析性的方法，如仿真模型和正式决策分析（simulation models and formal decision analyses），以及情景规划（scenario planning）的方法和全面扫描的长期刚性策略分析（Long-term Robust Policy Analyses）等（LAND，2003）。实际上，决策者采取信息处理方法往往是短期的、临时的、依形势而定的。

2. 决策应当依据规则还是自由裁量权做出？

依据规则还是自由裁量权决策，一直是司法和行政领域的核心问题。传统行政观点认为行政自由裁量权越少越好，应该并且能够通过立法和司法途径（即“规则”）进行控制。但后来学者们意识到，官僚的自由裁量过程就是与立法和司法机关的博弈过程，当后者缺乏足够的过程信息或监管意愿时，行政部门自然就获得了自由裁量的广泛空间（Calvert，1989）。从这个意义上讲，规则和自由裁量权实际上是一个硬币的两面，互为对方存在的基础。

主张自由裁量权的理由

那么，规范意义上的决策，究竟是应遵循一贯性的规则做出，还是依赖于决策者当时情境下的理性的自由裁量？主张自由裁量权的学者列举了自由裁量的必要性，包括如下几条：

（1）提高灵活性。有能力的政策制定者应当使用自由裁量权来获取公共决策的灵活性（Friedman，1960）。既定的规则缺乏足够的灵活性应对复杂情境，适度的自由裁量权将增加政策执行的回应性（Meier et al.，1991）；反之，自由裁量权被限制越大，行政机构应对变化环境的灵活性越差（Epstein & O'Halloran，1994）。

（2）应对模糊性。由于语言符号的限制及监督所难以覆盖的日常问题产生模糊性，而模糊性对政策执行提供了巨大的灵活空间（Goldstein，1963）；此外，从法律条款到具体执行的标准之间存在巨大的空间，官僚的行为并不可化约为法律的偏好，因而需要预留一定自由裁量的权限（Carpenter，2001；Skocpol，1995)。同时，政策对象的偏好也具有不确定性，现有的规则难以有效应对（Calvert et al.，1989）。

（3）应对信息不对称。自由裁量权是信息不对称的结果，可以改变代理人的激励（Bendor et al.，1985），并且减少立法机构对代理人表现或不同政策工具的信息成本，使得立法机构能够更有效地获取和利用信息（Sayer，1981；Calvert et al.，1989；Banks and Weingast，1992）。

（4）专业性优势。自由裁量权具有专业性的优势（Niskanen，1971；Miller and Moe，1983），由于立法机构中具有特定政策领域的专家比例较少，需要倚重于专家委员会或行政机构的专业人员来进行政策的执行、评估与反馈。

（5）公平性优势。这一结论初看似乎违背人们的直觉，但实证研究却支持了这一观点。研究发现在允许一定自由裁量权的领域，教育机会分配不均等的程度较低，如黑人教师会削弱规则的影响（按成绩录取），提供给黑人孩子更多的教育机会（Meier et al.，1991）。

反对自由裁量权的理由

不过，也有一些学者主张决策应当遵循规则，减少自由裁量。原因在于规则是一种形式化的承诺，而自由裁量权则是规则或合约的一种特殊形式。对公共政策制定而言，进行有约束力的政策制定则理应是一个好的政策制定者所应具备的素质（Kydland and Presott，1977；Barro and Gordon，1983；Barro，

1986）。不仅如此，学者们还指出自由裁量权的种种不足之处：

（1）委托——代理问题。允许官僚运用自由裁量权具有潜在的风险与偏误。首先，自由裁量权可能会导致代理人谋取部门私利，偏离法律或规则的预设。代理人具有信息优势，可能产生道德风险（moral hazard），以牺牲委托人的利益为代价为自身谋取私利，而非增进公共利益（Adolph，2004）。同时，代理人并非总是回应立法机构偏好，他们存在着一定程度的政策惰性，乃至偏离立法机构的偏好（Steunenberg，1996）。此外，代理人可能与委托人建立联盟，躲避司法机构的监督（Weingast& Moran，1983）。

（2）自由裁量的结果并非最优。Kydland 和 Prescott(1977) 在一篇很著名的文章中指出，基于最优决策的自由裁量型政策，由于人们的理性预期，最终将不会产出全社会最大化的经济绩效。这并非是因为决策者无法预知政策后果，实际情况是决策者能够大体上准确预计政策的结果。这里的关键是经济政策的时间一致性问题，即人们当期的行动总是基于对未来政策变动的预期。因为最优决策是根据过去与当前的情况做出政策选择，虽然考虑到了政策未来可能的结果以及人们可能做出的反应，但决策者的调整总是滞后于人们的反应，因而政策调整相比于初期的最优决策，结果总是次优的。Kydland 和 Prescott 由于此文的贡献，于 2004 年获得诺贝尔经济学奖。

（3）自由裁量权在一定情境下并非必不可少。当决策结构清晰、结果易于理解的情境下，未来政策选择的路径也就很容易被推断，自由裁量权便丧失其存在的价值（Kydland& Prescott，1977）。Kydland 和 Prescott 进一步指出，凭借简单且容易识别的政策规则，经济绩效就能够得到有效提高。因此他们建议，为了保证规则可预期，应当设计一系列复杂且冗长的制度安排，使得规则调整费时费力，而且应在新政策公布两年后才予以实施（同上）。还有的学者指出，规则与信息披露结合，将会比自由裁量权更有优势（Andersen，1988）。

作为政策过程研究的专家，笔者试图对决策者应当如何选择规则或自由裁量权做出“二阶的（second-order）”的自由裁量。我将在下面指出，决策者运用规则和自由裁量权各自需要哪些信息，尤其是在运用自由裁量权时，应当如何分析和处理信息，需要注意什么才能避免犯错。

依据规则或自由裁量权决策所需的信息

运用规则的目的也就是好处在于，能够客观地、无偏差地进行决策或政策执行（选择什么样的执行方式，本身就是一个决策）。它建立在这样一个前提基础上，即规则必须是准确、清晰、且简洁，即“ACC 准则”（Accuracy,

Clarity and Conciseness，ACC 准则）。满足上述标准的规则，即不会造成语义理解上的含混和差异，也没有相互干扰或重复的冗余信息，也力图避免情感投射和心理感受的偏差。因此，任何一个决策者在同样的规则约束下，对同一个政策问题，能够做出完全相同的决策。规则决策所需的信息是匿名的、指定的信息（anonymous，specific information），并且要尽量避免其他互补性信息的干扰。举个例子，规则是博士生资格考试通过的标准是"4 门学科考试总分达到 300 分，单科不低于 60 分，并且不及格科目不能多于 1 门"。按照这个标准，决策者基于各科教授给出的分数（判分时答卷是匿名的），汇总、对比上述规则即可做出结论。多数教师和学生认同上述决策的正当性。

因此，依据规则决策的条件是：

* 规则准确、清晰、且简洁（*Accuracy，Clarity and Conciseness，ACC* 准则）。

* 需要匿名的、指定的信息，且没有其他互补性信息（*anonymous，specific information without any other complementary information*）。

那我们何时需要自由裁量权呢？上面那个例子中，有 5 位教授参与评分，并组成审议委员会，对考试结果进行合议。这 5 位教授均在匿名的状态下评分，每个学生及其答卷均用数字代码来标注。结果表明，有 8 名学生未能通过考试。教授们认为标准明确、过程公正，无需再议。这时候，教学主管（行政职员）指出，"今年不及格的人数远远多于往年，往年一般 2 — 3 名左右。"并暗示，过高的不及格率可能会引发学生抗议。这一参照性的信息立刻引起教授们对及格标准的讨论。结果，按照修订后的标准，仍有 3 名学生不及格。教授觉得这个结果兼顾了政策程序的公正性和结果的稳定性，准备散会。这时候，教学主管又指出，"这 3 名不及格的学生中有 2 人（代码为"9"和"17"）有共同的导师，且"9"号考生去年考试就不及格，如这次补考再次不及格，将会被取消学籍。"显然，这是有关个体的、互补性的信息，指向特定的个体，并且与此次考试没有直接关联。不过，这一信息再次引起教授们的讨论。教授们经过讨论认为，两名学生同时不及格，导师应承担疏于指导的部分责任；"9"号学生不合格的原因是有 2 门单科不合格，但总分远远超过及格线，主要是偏科造成的。所偏科目不影响他在自己的研究领域（这里教学主管也提供了关于研究领域的互补性信息）继续开展博士论文研究。最终，教授们改判"9"号学生通过了资格考试。[①]

① 这是一个真实发生的事件，我们仅仅做了适度简化，以便于分析决策信息及方式。

在上述例子中，教授审议委员会在如下几个步骤中行使了自由裁量权：(1)根据自身的专业知识对匿名答卷进行判分；(2)根据参照性信息（往年的标准）修订了规则；(3)根据特定学生的互补性信息（导师、补考、研究领域）修改了最终结果。这个例子表明自由裁量权可分成如下三类，一类是技术层面的自由裁量权，在规则已经预设的情况下，决策者扮演技术专家的角色，依据专业知识进行信息判断，第二类是制定规则的自由裁量权，决策者对标准整体的可接受度或合理性做出判断并修正；第三类是例外管理的自由裁量权，决策者对不符合规则的例外情形进行综合判断，以消除规则带来的偶然的极端影响。上述三种自由裁量权的类型，分别发生在技术判断、社会规划和政治协调的三个层面（Leys，1943）。

因此，依据自由裁量权决策的条件是：

* 自由裁量权的决策者具有受到认可的、在特定领域的专业知识和主观判断能力；

* 技术判断的自由裁量权需要专业性信息，规则制定的自由裁量权需要参照性信息，例外管理的自由裁量权需要互补性的信息；

* 三类自由裁量权（技术判断、规则制定、例外管理）需要有清晰的决策边界。

规则与自由裁量权的平衡

第 3 条准则意味着，自由裁量权的行使需要规则约束。在决策者行使自由裁量权之前，应当有清晰的规则限定决策者的决策边界，规定决策者有权对“什么”进行裁量。没有边界的自由裁量权容易造成决策权的滥用和公信力的减损。做法是通过将自由裁量权结构化，对其进行规制、组织，产生秩序，将自由裁量权的运用控制在边界范围内（Davis，1969：97）。以在灵活性的需要与官员的专业性之间做出平衡，限制政策的松散与官员的偏离（Epstein& O’Halloran，1994）。

过高的行政自由裁量权，可以提升对公共服务对象的回应性，但也会导致对相似需求产生差异性结果；而过低的行政自由裁量权可以提高公平和效率，但缺乏对服务对象的需求或与差异性环境的回应性（Scott，1997）。因此，对于自由裁量权的运用，需要在规则与自由裁量权之间进行合理的平衡。为了增强政策的效度与信度，政策制定者需要以系统的、可预测的方式行事，简单粗暴的规则与不受约束的自由裁量权都应该避免。整体的政策框架，是基于战略、规则与有约束的自由裁量权的结合，是在合适界定的战略之中，规制与自由裁量权的平衡（Papademos，2006）。对于自由裁量权的运用，需要针对差异性的政策情境，选择程度合适的自由裁量权，并且确保政府政策承诺的可信度与可预期性。

自由裁量权的运用需要考虑政府政策的可信度。自由裁量权，在一定程度削弱了法律与政策的可预期性。由于政府行为的预期影响当前私人机构的选择（Stokey，2002），政府需要确保可信赖的声誉。否则，不完美的可信度缩小了自由裁量权适用范围，增加采用规则的收益（Lengwiler&Orphanides，2002）。

（三）风险决策的制度基础

上一节中，笔者从权衡决策机制的有效性和稳健性的角度，构建了风险决策的二维框架；并详细阐述了决策机制选择的信息基础。由于任何公共决策均在特定的政治制度框架下做出，行政官员、技术专家和社会公众的相互关系也内嵌于特定的制度安排，因此，他们在不确定性下的风险决策行为也与制度紧密相关。具体而言，风险决策的制度基础应当调整好如下三对关系：行政自由裁量权的激励与问责机制，技术专家的知识与权力的权衡，公众参与公共决策的效率与公平的目标取舍。

1. 激励与问责：行政自由裁量权的运用

行政自由裁量权即行政部门在制定和执行公共政策中运用的自由裁量权。在一般情况下，立法机构与政治家赋予行政机构最低限度的自由裁量权，以确保政策得以贯彻和实施。行政部门可运用的自由裁量权的大小，在一定程度取决于立法机构与行政机构之间的偏好差异（Epstein & O'Halloran，1994）。立法机构与行政机构的偏好差异越大，前者就会增强对政策过程的控制，削弱后者的自由裁量权。同样，当政策领域对于政治家的重要性越大，行政机构的自由裁量权也会相应越低 Calvert et al.，1989）。行政机构行使自由裁量权的过程就是与立法机构（及政治家）博弈的过程。

由于行政官员的行为选择嵌入在行政机构与立法机构的任命之中，并对政策产生决定性的影响（Calvert et al.，1989），因此需要对行政官员提供适度激励，形成有效控制机制。激励和控制机制包括竞争性的预算过程、控制任命权、有效的监督制裁等（Weingast& Moran，1983）。对中国的案例研究表明，晋升激励、地方经济发展等，也是有效的激励手段；相应的控制手段还有问责等。Hibbeln&Shumavon（1983）提供了一个对自由裁量权进行系统控制的分类框架，根据控制人来自行政机构内部还是外部、运作机制正式还是非正式，分成四种类型（表 5）。正式的运作机制是指诉诸制度化的规则与政策工具，包括法令颁布、监督、财政拨款、个人控制等方式。非正式的运作机制包含诸如精神、道德等职业操守的建立，等等。

表 5　行政自由裁量权控制方式的分类框架

		内部 — 正式	内部 — 非正式	外部 — 正式	外部 — 非正式
控制人		政府首脑、部门负责人	行政管理者	议会、法庭	无
标准	制定	正式的规则或过程确立，行政长官或机构授权	行政管理者	宪法或法定的衍生	无
	内容	改组、个人控制或预算等	职业化、精神、道德、规则制定	颁布法令、监督、拨款、司法审查、预算听证会	非正式合作
主导价值		问责	由问责约束的回应性	问责	回应性，直接问责

资料来源：Hibbeln&Shumavon（1983）.

表 2-1 中所有的控制方式最终都落脚到问责机制。这在风险决策中并不适用。自由裁量权的问责应当基于决策类型和风险水平。官员在特定的信息条件下、遵照相应的决策机制作出的风险决策，无论结果怎样，都应当被视为合理的、无需被问责。我国现有的官员问责大多直接由危机事件推动，属于对事故或政策结果的问责，张海波、童星（2010）认为，事故问责应该提前到“风险问责”，即对决策产生的政策、制度、结构和价值的风险问责。事实上，对自由裁量权的控制应同时运用激励与问责机制，成功的风险决策固然应得到激励，（事后被证明）失败的、但合乎规范的风险决策不应问责。决策失败的“合理代价”是减少激励，包括晋升、预算、优惠政策等。

2. 知识与权力：专家意见如何采纳

专家依据其专业知识来行使自由裁量权。对专家而言，“知识就是权力”（福柯）。任何权力都应当有边界、有规则。那么，专家的自由裁量权有什么依据和规范呢？专家是否可被问责、如何被问责？

专家参与决策的必要性从技术理性的角度得到充分论证。由于专家相对于决策者具有专业知识的相对优势，因而被邀请参与到政策制定中（Kingdon，1995；王锡锌、章永乐，2003）。专家对决策的影响力，与决策者自身的知识和经验积累程度有关（Drucker，1985，Barker & Peters，1993）。“知识复杂性”越高的政策，决策者对专业知识的缺乏（或需求）程度越高，专家对决策的影响力越强（朱旭峰，2011）。因此，上述技术理性暗含着这样一个不言自明的规则，即专家应当中立地、仅在自己专业领域内做出负责任的判断。

然而，上述论断在风险社会中开始受到挑战，原因在于，知识的确定性和专家在决策中的价值中立越来越受到质疑。例如喜马拉雅山的高度随着测量方式和精度的变化而一再变化，尽管这看上去再确定不过了。有研究指出，在信息低度不确定的情况下，专家倾向于成为纯粹科学家或科学仲裁者（Science Arbiter）；在信息高度不确定的情况下，专家倾向于成为观点辩护者（Issue Advocate）或政策方案的诚实代理人（Honest Broker of Public Alternatives）（Pielke，2007，中译本 2010）。诚实代理人跟观点辩护者不同之处在于提出多种政策方案供决策者参考，而观点辩护者对政策方案有很强的主观倾向（同上，p18）。那么专家到底“应当”扮演哪种角色呢？尽管皮尔克用他的书名显示出他对“诚实代理人”这一角色的偏爱，但他仍在书中谨慎地写到，科技顾问在决策中扮演的角色应当由他本人、他的领导和资助者来决定（P20）。

可以肯定的是，现代科技哲学已经不再认为科学家能够完全价值中立。那种认为科学家能够把科学和政治分开、纯粹处理科学或技术问题的想法，完全是不可能的（Jasanoff 1990：249）。可是，那些试图把所有政策制定都理解为技术性活动的观点，也有一个不太光彩的名字，叫“技术统治论（Technocracy）”（Weingart，1999）。显然，我们遭遇到一个悖论：专家既不可能是完全价值中立的，也不应当掌控所有的政策制定，那么专家究竟该如何参与决策呢？

专家以个人或委员会的形式参与公共决策。在前文我们已经知道，对于三种不同的自由裁量权，技术判断、规则制定和例外管理，需要不同类型的信息，信息越充分，越有利于专家做出综合性、稳妥的决定。作为个体的专家通常在技术判断的层面上独立行使自由裁量权。由于专业知识越来越破碎化、片面化，专家以个人方式参与决策的情形越来越少见，取而代之的是专家委员会的制度。在委员会决策中，需要明确自由裁量权的规则（rules of discretion）。也就是说，应当以正式制度的方式对专家委员会的决策事项、程序、投票规则等做出明确规定（rules），但专家个人仍是独立地做出判断（discretion），并共同对最终决定负责。

在不确定性的情形下，专家个人或委员会都无法避免“未知”领域的决策失误。专家只有片面的、当前已知的知识，科学的权威逐渐削弱，而社会的理性决策个体却在增多，因此，公开透明的“广场式”争论是形成共识最好的过程（《反思科学》）。要避免错误，就需要有一个沟通交流机制，一个观点说服另一个观点的同时就是科学家的“集体性”的胜利。（同上，p252）。而将科学界的争论公之于众，不仅是对公众进行风险沟通的最佳机会，也有助于增强公众对科学家群体的信任度。

对专家决策失误的问责，很大程度上依赖于科学共同体的建设。科学家群体通过一套共同体规范相互挑战、支持并存在下去，同时保持一定的质量水准。科学共同体的规范包括同行评审、引证、学会组织等。科学家群体参与公共决策的动机和风险在于社会声誉，对于一个无意的、失败的决策而言，最有效的问责就是丧失科学家在其共同体和社会上的专业声誉；而对于一个有意造成的损害公共利益的决策，科学家无疑将受到科学伦理的约束和惩戒。

3. 权利与能力：公众参与的方式

公众参与公共决策通常被认为是一种自然权利，是民主的真实体现。然而，普遍意义上的公众是无知的、无序的，造成决策的低效。既然公众已经通过政治委托的方式交由立法机关和政府来行使决策权力，那么公众参与就主要是“知情”层面上的参与，即决策的信息公开和流程透明。也就是说，公众参与是为了防止政治家、行政官员或技术专家偏离公共利益目标的制约机制（王锡锌、章永乐，2003）。在“知识——权力”同时被具有专业知识的政府组织部门垄断的情况下，专家和大众均被排除在垄断性的公共决策之外，那么公众参与充其量也仅仅是程序性的点缀了（王锡锌，2006）。因此，应该对公众和专家的参与权进行“充实”（empowerment），建立协商民主机制和开放化的决策体系，促进信息公开和决策过程透明等（同上）。在不确定性下的风险决策中，公众的知情参与被赋予更重要的意义。信息公开和决策透明的过程，同时也是风险沟通的过程。良好的风险沟通，能够显著降低社会风险的剧烈程度。

公众如何参与公共决策？有的学者从效果的角度出发，认为组织化的参与方式较有保障，如听证会、环境利益代表人制度、环保NGO等组织方式（彭宗超，薛澜，2000；朱谦，2009）。还有的学者从政治基础的角度提出协商民主（马奔，彭宗超）、参与式治理（贾西津，2007）、“新合作治理”（张乐，2008）、“复合治理”（司马媛，童星，2011）等公众参与方式，主张多元主体和协商机制，如浙江温岭的民主预算制度、北京麦子店街区的预算协商制度等。那么，从知情、协商到直接决策，公共参与的“度”究竟该如何把握？有研究指出，只有在基层的、微观的政策领域，或公共产品是由公民自己提供的情况下，公民直接决策才是有效的；其他大多数情况下，公众参与的方式主要应当是知情、咨询、反馈意见及修正政策结果等（汪锦军，2011）。在不确定性的情形下，如果决策涉及的影响或风险完全由特定地区和群体的公众承担，而且恰好这个地区还不算太大，公众才能够直接决策；如果决策的影响对象、涉及地区、结果都不确定，公众也缺乏充分的专业性、技术性信息，那么知情式参与是更好的选择。

总之，无论是行政官员、专家还是公众，在不确定性下参与公共决策的风险偏好、行为选择均受到相应制度的约束。对决策机制和方法的改进，归根结底是对制度的改进，包括对行政官员的激励和问责制度、对专家参与决策的咨询制度和委员会投票制度、对公众参与公共决策的听证会制度、利益代言人制度、NGO 和基层治理体制等一系列社会和政治制度的改进。从这个意义上讲，改进公共决策机制是一项艰巨的进步事业，任重而道远。

三、决策方法

（一）风险决策的双重目标及其一致性选择

通常经济决策以利益最大化为决策目标，我们将社会风险纳入公共决策的视野，假定公共决策的双重目标为经济收益和社会稳定。[①] 为了简化讨论问题，我们将社会稳定化约为社会公众对决策的认同度，认同者比例越高或反对者比例越低，社会越稳定。

在经济收益和社会认同都存在未来信息不确定的情形下，决策者做出的任何决策都有风险。我们合理假定决策者都是风险厌恶者，因而在决策中采取“最小收益（或认同）最大化”或“最大损失（或反对）最小化”的风险规避策略。然而，值得注意的是，经济收益和社会认同的信息基础不同、风险来源

① 公共决策的目标比经济决策要复杂得多，效率、公平、价值、自由等在不同的情况下都有可能成为决策目标。本报告仅讨论同时考虑效益和稳定的双重目标下的决策情形，因而对模型做了合理简化。

不同，因而决策者会采取相反的风险规避策略。经济收益来自于内部化的政策执行或项目管理水平，经济损失则主要来自外部环境的影响。简而言之，收益的信息主要是内部的，亏损的信息主要是外部的。社会认同则相反。社会认同是具有公共性的外部信息，并不直接影响决策进行；而社会反对则是具有直接影响的内部信息，反对者一定会试图将反对信息送达决策内部，甚至采取行动干预或阻止决策进行。简而言之，认同的信息主要是外部的，而反对的信息是内部的。

因此，在特定的信息基础和决策制度下，决策者达成既定的政策目标有两种途径。如图 12 所示，给定公共决策的双重目标是经济收益和社会稳定（G），如果决策者对内部信息的优势高于外部信息，那么其决策路径是沿着“最小收益最大化”和“最多反对最少化”的方向逼近决策目标（P1）；如果决策者的外部信息优势高于内部信息，则决策路径是沿着“最大损失最小化”和“最少认同最大化”的方向逼近决策目标（P2）。所谓信息优势，客观上取决于所得信息的质量和数量，主观上则取决于决策者赋予该信息的权重，即是否重视。例如在“维稳”的政治压力下，官员对反对者数量的关注会远远高于对支持者数量的关注。

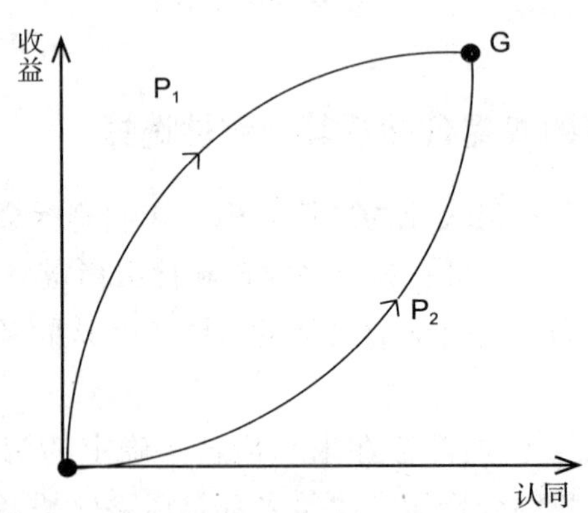

图 12　不确定性下公共决策的两条路径

为了更清楚地理解上述两个风险规避策略，我们设想如下 A、B 两种决策方案。为简化起见，我们假设决策者和投资者均为当地政府，项目收益用于当地公共物品支出。居民是就业者和公共物品消费者。因此，为了达到经济收益和社会稳定的公共目标，决策者应当如何决策呢？

方案 A：某地拟投资 1000 万建化工厂。建成后若经济形势好，经营得当可获益 3000 万，经营不当则亏损 500 万元。若经济形势不好，经营得当可获益 1000 万元，经营不当将损失 1500 万。该地区共有 10 万居民，在经济形势好的情况下，预计该项目获得 5 万人支持，4 万人无所谓，1 万人（邻近居民，即邻避者）反对。在经济形势差的情况下，原先 5 万支持者中仅剩 1 万的铁杆支持者，其余 4 万人半数觉得无所谓、半数认为损失过大而改持反对意见。因此有 1 万人支持，6 万人无所谓，3 万人反对。

方案 B：投资 1000 万建服装厂。建成后若经济形势好，经营得当可获利 1000 万，经营不当最多亏损 100 万元；若经济形势不好，经营得当还可获利 500 万元，经营不当将损失 500 万。在经济形势好的情况下，1 万人支持（即坚决反对 A 方案的邻避者），4 万人无所谓，5 万人反对（即赞同 A 方案的支持者）。在经济形势差的情况下，预计有 3 万人支持（A 方案的反对者），6 万人无所谓，1 万人反对（A 方案的支持者）。

A、B 方案的预期损益矩阵和预期认同矩阵分别表示为表 6-a 和表 6-b：

	经济预期好	经济预期差
方案 A	(3000，-500)	(1000，-1500)
方案 B	(1000，-100)	(500，-500)

表 6–a 政策方案的预期损益矩阵

括号内为“收益值，亏损值”

	经济预期好	经济预期差
方案 A	(5，4，1)	(1，6，3)
方案 B	(1，4，5)	(3，6，1)

表 6–b 政策方案的预期认同矩阵

括号内为“赞同数，弃权数，反对数”

如果决策者只考虑经济收益，按照“最小收益最大化”的原则，选择 A 项目；按照“最大损失最小化”原则，则选择 B 项目；如果决策者只考虑社会认同度，按照“最多反对最少化”原则，选择 A；按照“最小认同最大化”的原则，则选择 B 方案。

也就是说，假设决策者在两个维度上的选择一致的话，他要么是在经济收益的决策上依据“最小收益最大化”的原则，且在社会认同的决策上依据“最多反对最少化”原则。要么，则是经济考量“最大损失最小化”，社会考量“最小认同最大化”。这证明决策者的信息优势是一致性选择的内在原因。因此我们得出以下结论：

＊ 决策者内部信息优势高于外部信息优势，则应当在经济上遵循最小收益最大化（MaxMin）和民意上遵循最多反对最少化 (MinMax)；

* 决策者外部信息优势高于内部信息优势，则应当经济上遵循最大损失最小化 (MinMax) 和民意上遵循的最小认同最大化 (MaxMin)。

（二）风险决策的四种模式

依据决策内容、决策依据和决策主体的差异，风险决策的模式从理论上可以分为以下几种：

第一种是渐进调适型决策。决策内容属于经常性的、技术性的事项（Criteria），已有的决策机构、组织和人员具备较为完备的制度、例行做法或经验 (Rules)，决策所需的新增信息是专门性信息（specialized information）。随着专门信息的更新和扩增，决策者适时地调整技术性标准，以解决新问题。例如调整社会养老的给付水平、管控汽车尾气排放标准等政策。渐进调适型政策应由相应的政府部门及其行政官员来主导决策，专家和公众的意见作为决策的参考信息。

第二种是理性设计型决策。决策内容是针对全新的、没有先例的问题或事件，因而缺乏明确的行政主管部门和专业的技术官僚来应对此类决策。一般应由负责全面工作的行政首长牵头，指定专家团队，设计全新的政策方案。方案经由进一步的政府内部讨论或征求公众意见，最终确认为政策。决策者应扫描所有可能得到的信息，包括技术性信息、综合性信息和参照性信息，以便设计出尽可能高质量的政策方案。例如，转基因食品的监管，或人类胚胎研究的伦理，尚不存在专门的转基因食品监管部门（不论在农业部、科技部或食品安全监管总局等），也不存在强大的科学伦理的自治群体，政策制定应以科学家和技术专家为主导，通过理论研究、科学预测和参照别国做法等信息工作，研究并设计政策方案。

第三种是民主协商型决策。决策内容是针对利益、权利和价值的格局调整（patterns），而不是社会加总的整体利益、权利或价值；决策内容是有关于利益格局调整的方式和程序 (procedures)，而不是具体个体事项的处置。决策既有受益者也有受损者，受益或受损的信息掌握在分散的个体或群体手中。由于权利和信息的分散性，宜依据相应的决策规则，采取民主协商的方式进行决策。

理论上还存在第四种决策模式，即政治专断型决策。针对全新的问题情境，针对加总的社会整体利益、国家尊严或某种价值判断，由决策者进行独断的政治决策。例如古巴导弹危机中赫鲁晓夫做出运送导弹到古巴的决策，以及肯尼迪总统做出拦截导弹的对策。尽管公共政策一般不涉及此类偶发的、严重的政治性问题，但在特殊的情形下亦可成为公共政策的决策。

以上几种决策模式按照其决策内容和决策依据分类，如表 7 所示。

表 7　不确定性下公共决策的模式、决策主导和信息基础

决策依据 决策内容	**规则** （行政规章制度）	**自由裁量权** （技术和价值判断）
标准 （经常性、技术性事项；加总的利益）	* **渐进调适型决策** - 行政官员主导 - 专门性信息	* **理性设计型决策** - 技术专家主导 - 综合性信息
程序 （利益格局调整；离散的利益）	* **民主协商型决策** - 公众 / 利益相关人主导 - 专门性信息	* **政治专断型决策** - 政治首脑主导 - 综合性信息

（三）重大决策过程中的社会风险评估

由于任何决策都是基于不确定性的决策，任何决策的结果都有风险，因此，决策本身就对“何种程度的风险才是可接受风险”的评估。公共决策一般分为议程设置、方案酝酿、政策抉择、政策执行等阶段。伴随着决策过程，社会风险评估贯穿政策过程的各个阶段（表 8）。

表 8　政策过程的各个阶段与社会风险评估

政策过程的阶段	社会风险评估的步骤	社会风险评估的作用
议程设置	风险感知	对问题和现状的风险属性进行初步判断，以便决策者决定是否采取政策干预。
方案形成	风险预测	对不同的政策方案可能产生的未来风险进行预测，以便决策者从中做出选择。
政策抉择	风险沟通	弥合或缩小利益相关者的风险认知差异，以利于政策达成共识和执行。
政策执行	风险监测和反馈	政策反馈、修改或终止。

四、结论

本专题报告构建了不确定性下公共决策的规范性理论基础。

首先，决策者如何选择适宜的决策机制，取决于问题界定和方案构建的信息不确定程度。信息不确定性越高，由于具体情境参数未知，公共决策机制宜稳健为主。对程序决策和依据规则决策，所需要的信息较少，政策稳健性强。因此，不确定性高，应当对程序决策和依据规则决策。信息不确定性越低，例如政策选择数量有限、后果确定，公共决策机制宜有效为主。对具体标准和依据自由裁量权决策，所需信息清晰度及专业性要求高，政策有效性强。因此，不确定性低，应当对具体标准决策和依据自由裁量权决策。

其次，研究探讨了公共决策的信息基础。决策者到底应当如何决定决策内容？决策内容究竟应当是具体的技术标准，还是原则性的程序或流程？这取决于决策者所拥有的信息类型。当决策者具备相对充分、准确和清晰的专门信息（specialized information），才能做出技术性决策；决策者具备相对少且重要的、普遍的、笼统的集合信息（synthetic information），只能做出程序性决策。

决策者依据规则或运用自由裁量权决策，其所需的信息也不同。依据规则决策必须同时满意以下条件：（1）规则准确、清晰、且简洁（Accuracy，Clarity and Conciseness，ACC 准则）；（2）具备匿名的、指定的信息，且没有其他互补性信息（anonymous，specific information without any other complementary information）。运用自由裁量权决策则应满足如下条件：（1）自由裁量权的决策者具有受到认可的、在特定领域的专业知识和主观判断能力；（2）技术判断的自由裁量权需要专业性信息，规则制定的自由裁量权需要参照性信息，例外管理的自由裁量权需要互补性的信息；（3）三类自由裁量权（技术判断、规则制定、例外管理）需要有清晰的决策边界。

第三，探讨了公共决策的制度基础。由于任何公共决策均在特定的政治制度框架下做出，行政官员、技术专家和社会公众的相互关系也内嵌于特定的制度安排，因此，他们在不确定性下的风险决策行为也与制度紧密相关。具体而言，风险决策的制度基础应当调整好如下三对关系：行政官员的激励与问责的对应，技术专家的知识与权力的权衡，公众参与公共决策的权利和能力的匹配。

本专题报告指出，行政官员运用自由裁量权进行决策，对决策的问责应当基于决策类型和风险水平。官员在特定的信息条件下、合理运用自由裁量权所作出的风险决策，无论结果怎样，都应当被视为合理，而无需被问责。行政官员决策失败的“合理代价”是削减激励，包括晋升、预算、优惠政策等。

专家以个人或委员会的形式参与公共决策。在不确定性的情形下，专家个人或委员会都无法避免“未知”领域的决策失误。而将科学界的争论公之于众，不仅是对公众进行风险沟通的最佳机会，也有助于增强公众对科学家群体的信任度。对专家决策失误的问责，很大程度上依赖于科学共同体的建设。

公众参与是公共决策的重要机制。从知情、协商到直接决策，公共参与的“度”究竟该如何把握？本专题报告指出，在不确定性的情形下，如果决策涉及的影响或风险完全由特定地区和群体的公众承担，而且恰好这个地区还不算太大，公众才能够直接决策；如果决策的影响对象、涉及地区、结果都不确定，公众也缺乏充分的专业性、技术性信息，那么知情式参与是更好的选择。

最后，本专题报告讨论了不确定性下公共决策的策略和方法。考虑到将社会风险纳入公共决策的视野，我们公共决策的双重目标界定为经济收益和社会稳定。在经济收益和社会稳定都存在未来信息不确定的情形下，假定决策者都是风险厌恶者，因而在决策中采取风险规避的策略，如“最小收益（或认同）最大化”或“最大损失（或反对）最小化”的策略。研究发现，当决策者内部信息优势高于外部信息优势，则应当在经济上遵循最小收益最大化（MaxMin）和民意上遵循最多反对最少化 (MinMax) 的策略；当决策者外部信息优势高于内部信息优势，则应当经济上遵循最大损失最小化 (MinMax) 和民意上遵循的最小认同最大化 (MaxMin)。

依据决策内容、决策依据的差异，不确定性下的公共决策模式可分为如下四种：渐进调适型、理性设计型、民主协商型和政治专断型决策。渐进调适模式由行政官员主导，适宜对具体标准决策和依据规则决策的情形。理性设计模式由技术专家主导，适宜对具体标准决策和依据自由裁量权决策的情形。民主协商模式由公众主导，适宜对程序决策和依据规则决策。政治专断模式由政治领袖主导，适宜对程序决策和依据自由裁量权决策。

决策本身就是风险评估的过程。就社会风险而言，在政策过程的议程设置、方案形成、抉择和执行的各个阶段，均贯穿社会风险评估的不同步骤，如风险感知、预测、沟通、监测和反馈等。公共决策过程结合社会风险评估，有助于产出社会接受度高、易于执行的公共政策。

最后，应当指出，本研究是在规范性层面上的理论分析，得出的主要决策模式和决策原则是“理想原型”，现实情形可能是多个理想原型的组合，实践中要加以甄别和判断。

陈玲

参考资料

杨雄、刘程：《加强重大项目社会稳定风险评估刻不容缓》，《探索与争鸣》2010 年第 10 期。

胡象明、王锋、王丽等著：《大型工程的社会稳定风险管理》，新华出版社 2013 年版。

周志家：《风险决策与风险管理：基于系统理论的研究》，社会科学文献出版社 2012 年版。

张乐：《风险、危机与公共政策：从话语到实践》，《兰州学刊》2008 年 12 期，第 81-83 页。

张海波、童星：《高风险社会中的公共政策》，《南京大学学报（社会科学版）》2009 年第 6 期，第 23-28 页。

张海波、童星：《公共危机治理与问责制》，《政治学研究》2010 年第 2 期，第 50-55 页。

童星：《公共政策的社会稳定风险评估》，《学习与实践》2010 年第 9 期，第 114-119 页。

董幼鸿：《重大事项社会稳定风险评估制度的实践与完善》，《中国行政管理》2011 年 12 期，第 80-83 页。

刘恒超：《风险的属性及其对政府重大决策社会风险评估的启示》，《上海行政学院学报》2011 年 11 月刊，第 91-97 页。

司马媛、童星：《对风险社会理论的在思考及政策适应》，《学习与实践》2011 年 12 期，第 93-98 页。

赵正国：《科学的不确定性与我国公共政策决策机制的改进》，《山东科技大学学报（社会科学版）》2011 年 6 月刊，第 32-41 页。

王朝刚、李开孟：《投资项目社会评价专题讲座（系列）》，《中国工程咨询》2004 年第 3 期，第 50-51 页。

李强、史玲玲、叶鹏飞、李卓蒙：《探索适合中国国情的社会影响评价指标体系》，《河北学刊》2010 年第 1 期，第 106-112 页。

施国庆、董铭：《投资项目社会评价研究》，《河海大学学报（哲学社会科学版）》2003

年第 2 期，第 49-53 页。

郭秀云：《重大项目评价中应加入“社会稳定风险评估”》，《中国科技论坛》2012 年 11 期，第 18-22 页。

梁昀、薛耀文：《基于利益相关者视角的重大决策社会风险评估研究》，《经济问题》2012 年第 9 期，第 62-65 页。

谭建辉、陈琳、吴开泽：《建设项目社会风险评估实证研究——以江高镇东风新街拆迁项目为例》，《科技与产业》2012 年第 4 期，第 94-98 页。

王锋、胡象明：《重大项目社会稳定风险评估模型研究——利益相关者的视角》，《新视野》2012 年第 4 期，第 58-62 页。

朱德米：《政策缝隙、风险源与社会稳定风险评估》，《经济社会体制比较》2012 年 3 月，第 170-177 页。

刘小年：《公共管理中的不确定型决策：模型、盲区与修正——以台海战略为例》，《探索与争鸣》2009 年第 9 期，第 55-57 页。

彭宗超、薛澜：《政策制定中的公众参与——以中国价格决策听证制度为例》，《国家行政学院学报》2000 年第 5 期，第 30-36 页。

汪锦军：《公共服务中的公民参与模式分析》，《政治学研究》2011 年第 4 期，第 51-58 页。

朱谦：《环境公共决策中个体参与之缺陷及其克服——以近年来环境影响评价公众参与个案为参照》，《法学》2009 年第 2 期，第 49-57 页。

朱旭峰：《中国社会政策变迁中的专家参与模式研究》，《社会学研究》2011 年第 2 期，第 1-27 页。

王锡锌、章永乐：2003，《专家、大众与知识的运用——行政规则制定过程中的一个分析框架》，《中国社会科学》第 2 期。

王锡锌：《公共决策中的大众、专家与政府——以中国价格决策听证制度为个案的研究视角》，《中外法学》2006 年第 4 期，第 18 卷，第 462-483 页。

《第四代评估》，中国人民大学出版社。

《人类可接受风险》。

《公共部门决策的理论与方法》。

《公共管理中的决策与执行》。

贝克：《风险社会》，译林出版社 2003 年版。

[德] 乌尔里希 · 贝克：《1 风险社会》，何博闻译，译林出版社 2004 年版。

Lempert，Robert J., Steven W. Popper, Steven C. Bankes. Shaping the next one hundred years: new methods for quantitative, long-term policy analysis. RAND, 2003.

Leong, Tze-Yun. An Integrated Approach to Dynamic Decision Making under Uncertainty[D], Massachusetts Institute of Technology, 1994.

Adolph, C. A. (2004). The dilemma of discretion: career ambitions and the politics of central banking (Doctoral dissertation, Harvard University).

Andersen, T. M. (1988). Rules or discretion in public sector decision-making. The Scandinavian Journal of Economics,pp.291-303.

Banks, J. S., & Weingast, B. R. (1992).The political control of bureaucracies under asymmetric information. American Journal of Political Science,pp.509-524.

Bendor, J., Taylor, S., & Van Gaalen, R. (1985). Bureaucratic Expertise versus Legislative Authority:A Model of Deception and Monitoring in Budgeting. The American Political Science Review,pp.1041-1060.

Calvert, R., McCubbins, M., & Weingast, B. (1989).A theory of political control and agency discretion. American journal of political science, 33(3).

Carpenter, Daniel P. 2001. The Forging of Bureaucratic Autonomy:Reputations, Networks, and Policy Innovation in Executive Agencies, 1862–1928. Princeton:Princeton University Press.

Davis, Kenneth Culp. Discretionary Justice. Urbana, Ill.:University of Illinois Press, 1969.

Epstein, D., & O'Halloran, S. (1994). Administrative procedures, information, and agency discretion. American Journal of Political Science,pp.697-722.

Goldstein, H. (1963). Police discretion : the ideal versus the real. Public Administration Review,pp.140-148.

Kydland, F. E., & Prescott, E. C. (1977).Rules rather than discretion: The inconsistency of optimal plans. The Journal of Political Economy,pp.473-491.

Lengwiler, Y., & Orphanides, A. (2002).Optimal discretion. The Scandinavian journal of economics, 104(2),pp.261-276.

Leys, W. A. (1943).Ethics and administrative discretion. Public Administration Review,pp. 10-23.

Meier, K. J., Stewart Jr, J., & England, R. E. (1991). The politics of bureaucratic discretion:Educational access as an urban service. American Journal of Political Science,pp.155-177.

Miller G, and Moe, T. (1983). Bureaucrats legislators and the size of government American Political Science Review 77,pp.297-322.

Niskanen, W.A. (1971). Bureaucracy and representative government. Chicago : Aldine Atherton.

Papademos, L. (2006). Policy-making in EMU:strategies, rules and discretion. Economic Theory, 27(1),pp.25-38.

Sayer, S. T. (1981). Macroeconomic Policy Rules versus Discretion:Some Analytical Issues. Journal of Public Policy, 1(04),pp.465-479.

Scott, P. G. (1997). Assessing determinants of bureaucratic discretion:An experiment in street-level decision making. Journal of Public Administration Research and Theory, 7(1),pp.35-58.

Shepsle, K. A., & Weingast, B. R. (1987).The institutional foundations of committee power. The American Political Science Review,pp.85-104

Skocpol, Theda. 1995. Protecting Soldiers and Mothers:The Political Origins of Social Policy in the United States. Cambridge, MA:The Belknap Press of the Harvard University Press.

Steunenberg, B. (1996). Agent discretion, regulatory policy making, and different institutional arrangements. Public Choice, 86(3-4),pp.309-339.

Stokey, N. L. (2003). "Rules vs. Discretion" After Twenty-Five Years. In NBER Macroeconomics Annual 2002, Volume 17 (pp. 9-64). MIT Press.

Stulz, R. (1990). Managerial discretion and optimal financing policies. Journal of financial Economics, 26(1),pp.3-27.

Weingast, B. R., & Moran, M. J. (1983).Bureaucratic discretion or congressional control? Regulatory policymaking by the Federal Trade Commission. The Journal of Political Economy,pp.765-800.

Kingdon, John 1995, Agendas, Alternatives, and Public Polices. New York, NY: Harper Collins.

Drucker, Peter F. 1985, "The Discipline of Innovation. "Harvard Business Review 63(3).

Barker, Anthony & B. Guy Peters (eds.) 1993，The Politics of Expert Advice: Creating, Using and Manipulating Scientific Knowledge for Public Policy. Pittsburgh, PA: University of Pittsburgh Press.

Pielke, Roger, Jr. 2007, The Honest Broker:Making Sense of Science in Policy and Politics. Cambridge, UK: Cambridge University Press.

Jasanoff, Sheila S. 1990. The Fifth Branch:Science Advisors as policy-makers. Cambridge, MA:Harvard University Press.

Weigngart, Peter. 1999. “Scientific expertise and political accountability:Paradoxes of science in politics，” Science and Public Policy 26(3),pp.151-161.

Taylor C N, Bryan C H, Goodrich C C. Social assessment:theory，process and techniques. New Zealand: Center for Resource Management, Lincoln University, 1990.

Burdge R. A Community Guide to Social Impact Assessment［M］. Middleton, W I:Social Ecology Press,1994.

The Interorganizational Committee on Guidelines and Principles for Social Impact Assessment. Guidelines and principles for social impact assessment. May 1994.

专题报告之三

重大决策社会稳定风险评估组织体系研究

近年来，全国各个省区市和地市州盟等陆续建立了社会稳定风险评估机制，然而，稳评却并未成为重大决策的一个前置程序和制度通道，“不愿评”、“不会评”、“评而不用”等现象普遍存在。为此，应理顺稳评组织实施的深层次体制制度，一方面推进稳评法制化建设，明确相关主体的责任，另一方面建立风险管理体系，形成主体间的联动机制，同时，引入社会中介机构、行业协会、专业机构等第三方参与评估，完善并落实问责机制，使重大决策的稳评能够切实执行和落实。

当前，社会利益格局调整加快，社会分化日趋严重，社会矛盾凸显，“风险社会”正在到来。在这一背景下，整个公共政策和建设项目都要面向社会风险，政策和项目的评价标准必须体现风险意识，这就决定了其从“成本——收益”之比向“收益——风险”之比的革新。最好的公共政策和建设项目是可以被接受的公共政策和建设项目，或者称为最多的利益相关群体可以接受的公共政策和建设项目。

重大决策是由各级党委政府或相关政府职能部门作出的、与人民群众利益密切相关的政策，包括事关人民群众切身利益的重大决策，涉及较多群众切身利益、并被国家或省市拟订为重大工程的重大项目，以及牵涉相当数量群众切身利益的重大改革等。[①] 按照行政法的规定，行政决策的做出必须有事实根据

① 当前，社会利益格局调整加快，社会分化日趋严重，社会矛盾凸显，“风险社会”正在到来。在这一背景下，整个公共政策和建设项目都要面向社会风险，政策和项目的评价标准必须体现风险意识，这就决定了其从“成本——收益”之比向“收益——风险”之比的革新。最好的公共政策和建设项目是可以被接受的公共政策和建设项目，或者称为最多的利益相关群体可以接受的公共政策和建设项目。

和法律根据。[①]特别是涉及某些技术性问题，科学专家的意见是行政决策的重要依据。但是在现代风险社会里，科学问题与价值问题相互交织，知识的不确定性与风险的不可知性相互交织，使得科学专家在技术性问题上的话语权也经常受到质疑。在不确定的知识状态下，行政决策的事实基础就不能完全立足于专家话语和科技理性，行政决策的科学依据要同民众对风险的可接受性进行权衡，从而降低决策实施后的社会风险，增强决策的正当性。

在重大决策的制定出台、组织实施或审批审核前，实施社会稳定风险评估（后文简称“稳评”），就是将风险评估程序嵌入到决策程序，增强重大决策对风险的前瞻性和预防性，有利于化解其在出台和实施中的矛盾问题。近年来，全国各个省区市和地市州盟等陆续建立了社会稳定风险评估机制，国务院国资委、国家发改委、国家安监总局等部委也先后出台了本系统的稳评指导意见或实施办法。按照“谁决策、谁负责”的原则，要求党委和政府及其有关部门作出决策的，须经稳评，并将结果作为决策的重要依据。然而，稳评却并未成为重大决策的一个前置程序和制度通道，“不愿评”、“不能评”、“不会评”、“评而不用”等现象普遍存在。为此，应理顺稳评组织实施的深层次体制制度，使重大决策的稳评能够切实执行和落实。

一、概念界定和特征分析

重大决策的稳评应通过完善的组织体系，确保重大决策在出台和实施前，必须经过风险评估、合法性审查等程序，落实行政监督、社会监督及“谁决策，谁负责”的原则，借助行政参与和社会参与的方式，将风险评估结果作为决策科学的重要依据。

（一）概念界定

重大决策稳评的组织体系是为建立和落实做决策、出政策、上项目、搞改革等重大决策社会稳定风险评估、管理、化解的工作单位或部门整体。主要包括三类单位或部门：一是稳评责任单位，如决策作出部门、政策制定部门、项目

① 《行政诉讼法》第 32 条规定：“被告对所做出的具体行政行为负有举证责任，应当提供做出该具体行政行为的证据和所依据的规范性文件。这种事实根据既可能体现为行政主体通过依照职权所调查、获得的相关证据所展现，亦可能通过相关的科学实验、专家评定而获得。

建设主管部门、改革实施部门等；二是稳评实施单位，如专业评估机构、风险评估小组等；三是稳评监督单位，如维稳、政法、纪检监察、综治、信访等党政机关，社会组织、专业机构、专家学者、决策涉及群众、大众媒体等社会各界。

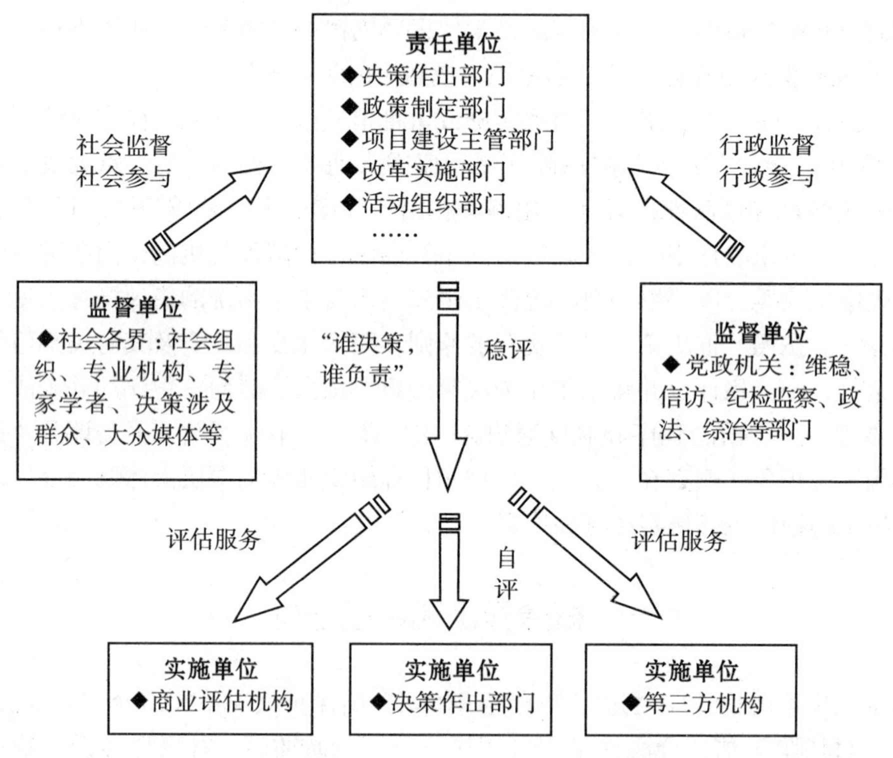

图 13　重大决策社会稳定风险评估的组织体系

资料来源：笔者绘制。

重大决策稳评的组织体系如图 13 所示，按照"谁决策，谁负责"的原则，稳评责任单位作出重大决策前，必须经过风险评估、合法性审查等程序，将风险评估结果作为决策的重要依据。稳评实施单位要采取科学预测方法，对决策实施过程中可能出现的不稳定问题先期作出风险评估，形成评估报告。实施单位可以由责任单位开展自评，也可以委托第三方机构或者商业评估机构，提供评估服务。其中，第三方机构可以是评估小组，由决策作出部门，以及政法、综治、维稳、法制、信访等部门，乃至社会组织、专业机构、专家学者、决策涉及群众代表等组成，或者是社会组织、专业机构等。稳评监督单位包括维稳、信访、纪检监察、政法、综治等部门，及社会组织、专业机构、专家学者、决策涉及群众、大众媒体等，应通过各自渠道对评估报告提出意见，跟踪和监督决策实施，预报不稳定因素。

（二）特征分析：以利益相关者理论为视角

利益相关者（stakeholder）概念最早由美国斯坦福研究中心（现为 SRI 公司）于 1963 年提出。为克服公司治理中“股东至上”的弊端，研究人员使用利益相关者概念以拓宽公司管理人员关注的对象，从原来只关注和满足股东的需要转向关注和满足所有利益相关者（包括股东、顾客、雇员、供应商、债权人和社团）的需要。利益相关者是指“任何能够影响公司目标的实现或受公司目标是否实现影响的团体”。① 按照“多维细分法”将利益相关者分类，可以分为首要的社会性利益相关者、次要的社会性利益相关者、首要的非社会性利益相关者、次要的非社会性利益相关者等四种（陈宏，2011）。利益相关者理论在分析、解决复杂多变环境下组织发展面临的管理困境和问题上具有独到优势，目前已被国内外学者广泛运用于风险管理和应急管理领域。

按照利益相关者理论，重大决策的利益相关者是那些任何能够影响重大决策目标的实现，或受重大决策目标是否实现影响的团体及其个人。那么，重大决策的稳评就是要有针对性地分析利益相关者的利益诉求、期望、心理及其行为表现，对利益相关者之间、利益相关者与组织之间存在矛盾冲突的可能性进行估算和权衡，并拟定相应的解决矛盾冲突的方案，从而将社会稳定风险控制在可接受的范围内。为此，稳评的组织体系就要具有柔性的特征，也即在稳评的全过程中，建立以最重要的利益相关者为中心、以次重要的利益相关者为补充的、动态的开展稳评活动的组织载体，围绕整个重大决策制定和实施的周期，始终关注、发现并尽力满足利益相关者的需求（包括物质需求和心理需求），并通过协商、参与、合作等机制，化解不同利益相关者之间、利益相关者与重大决策之间的利益冲突和风险争论。

从广义的角度看，重大决策的利益相关者主要有企业和投资者、民众、非政府组织（NGO）或媒体、地方政府和司法机关。如果将整个社会划分为私人部门、商业组织和非营利组织，以及政府组织，那么，重大决策的利益相关者就包括：私人部门中的消费者、公民等，重大决策会影响他们的生活和福利；

① R·爱德华·弗里曼：《战略管理：利益相关者的方法》，上海译文出版社 2006 年版。

商业组织中的企业、公共产品的投资者、决策实施的资金提供者等，重大决策会影响他们的盈利和发展前景；NGO 和媒体对重大决策的实施具有监督作用，并以此实现其社会职能；政府组织包括决策作出者、制定者、实施者以及司法机关，重大决策会影响政府各部门的利益，而司法机关制定出台的法律法规，则为重大决策的制定和实施提供一定的约束和原则。

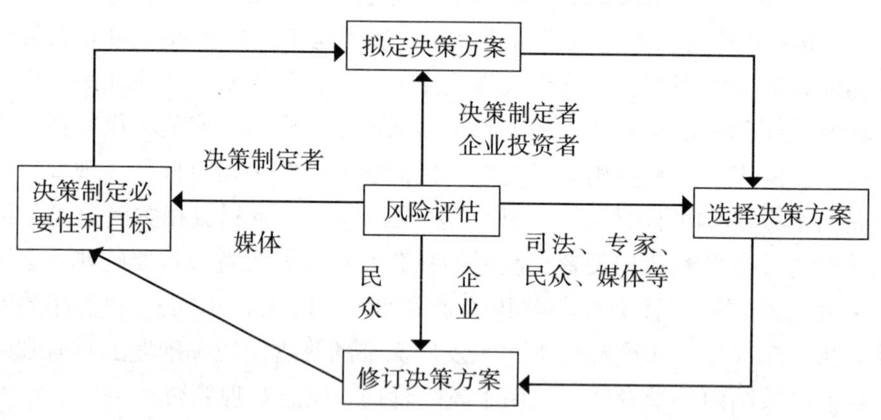

图 14　基于决策过程的最重要的利益相关者变化

资料来源：笔者绘制。

决策过程可分解为四个阶段，即决策目标制定、决策方案拟定、决策选择和决策修订，并分别有不同的最重要的利益相关者发挥主导作用。如图 14 所示，在决策目标制定阶段，决策者要搜集各方面的信息以准确表述决策问题，制定决策的目标，这一阶段的风险主要来源于决策问题的确定、决策制定者、信息和媒体，最重要的利益相关者是决策制定者和媒体。在决策方案拟定阶段，要对所有决策方案的社会风险进行综合评估，决策制定者、决策问题的直接利益集团对决策方案的拟定影响较大，因而是最重要的利益相关者。在决策选择阶段，公众、媒体、司法和专家将全面介入，连同决策制定者，对所有决策方案的社会风险进行全面评估，最重要的利益相关者是公众、媒体、司法和专家。在决策的修订阶段，要针对利益相关者对决策制定后的反响，对决策进行微调和修订，以实现决策目标，这一阶段最重要的利益相关者是决策执行者、决策执行目标人群。

综合各利益相关者权力与权利受到重大决策影响的程度大小，可以将所有的利益相关者进行重要程度的划分，如表 9 所示，总体看，民众和企业投资者等是最重要的利益相关者，因为决策的目的往往是为了实现民众生活福利的提升和经济的发展，NGO、地方政府和司法机关等是次重要的利益相关者。针对最重要的利益相关者——民众和投资者两个群体，应当确保重大决策制定过程中对其利益影响的综合评估，并将这两个群体纳入决策制定的全部过程中，参与决策方案的制定、选择、评估和实施，以确保其对决策的满意度。针对NGO、媒体和司法机关，其对决策的制定过程起到监督的作用，因而应当在决策的制定评估和实施过程中强调其参与性，并保证其对决策过程的知情权，以实现民众、企业群体与政府决策制定者之间的沟通通畅。

表 9　重大决策的利益相关者及其利益与权力

利益相关者	利益	权利
民众	1. 生活水平提升 2. 收入和福利提升	1. 拒绝、抵制　2. 检举违法 3. 法律维权　4. 上访追责
企业和投资者	1. 资金投入与收益 2. 市场规模的增加	1. 减少投资 2. 向政府进行商法追溯
地方政府	1. 地方经济发展 2. 政绩提升 3. 民意支持率提升	1. 对决策进行支持或否决 2. 对决策进行论证和调查 3. 对决策进行实施
媒体	1. 发掘新闻、政令传达 2. 收听或收视率 3. 社会正义	1. 掌握传播媒介　2. 挖掘真相、报道事实　3. 影响大众观念 4. 引起监管部门重视
NGO、行业协会	1. 保护环境　2. 维护公民的利益 3. 保持与政府联系，及时获得政策信息　4. 与政府部门沟通以妥善处理决策风险	1. 披露决策制定过程中可能的风险 2. 协助政府制定实施决策 3. 披露信息给民众
司法机构	1. 改善重大决策制定法律法规 2. 对决策过程进行监督	1. 对决策过程中的违法行为进行处罚 2. 对公民、企业和媒体等的投诉进行处理

资料来源：梁昀、薛耀文，2012，笔者进行了整理和补充。

二、地方实践和主要问题

（一）四种地方实践模式

2010 年 11 月，《国务院关于加强法治政府建设的意见》要求，要完善行政决策风险评估机制，重大决策要经政府常务会议或者部门领导班子会议集体讨论决定。在做决策前要把公众参与、专家论证、风险评估、合法性审查和集体讨论决定作为重大决策的必经程序。要把风险评估结果作为决策的重要依据，未经风险评估的，一律不得作出决策。同时还要加强重大决策跟踪反馈和责任追究，要全面推进依法行政，进一步提高政府公信力和执行力。2012年，中办和国办印发了《关于建立健全重大决策社会稳定风险评估机制的指导意见（试行）》，为建立完善稳评机制提供了权威性的指导意见。目前，重大决策稳评工作已经在全国展开，作为新生事物，其在各地的实践与探索中初成体系，在化解社会矛盾、实现社会稳定中已取得了一定实效，发挥出日益重要的作用。

综合考察我国各地重大决策稳评组织体系状况，可以归纳为四种模式如表10所示，四种模式的责任单位基本一致，包括决策提出部门、项目保健部门、改革组织部门和活动主办部门，但实施单位和监督单位都存在差异，前者的差异集中在是由责任单位自行实施评估，还是组建专门的评估小组，除责任单位外，组织相关部门和专家或委托有资质的第三方机构参与实施评估；后者的差

表10　当前我国各地重大决策稳评组织体系的主要模式

模式	重大决策稳评组织体系			主要特点	代表地区
	责任单位	实施单位	监督单位		
I	决策提出部门、政策起草部门、改革牵头部门、项目申报审批部门、工作实施部门	评估工作小组，包括党委政府、决策部门、项目报建部门、维稳办、信访办、政法委、市民群众、相关利益群体、专家学者、中介机构、新闻媒介	地方党委政府牵头，由本级纪委监察、督查、维稳办、信访、法制、安监、人事、审计等单位和部门组成	优点：强化党政领导责任，整合相关部门力量，共同组织实施行政过错责任调查和责任追究工作。缺点：容易产生“条条”与“块块”之间的问责处置不到位问题。	浙江省①、广东省②、河南省③、江苏省④

① 政策依据：《浙江省县级重大事项社会稳定风险评估办法（试行）》（浙委办〔2009〕29号），2009年4月27日起实施。

② 政策依据：《关于对重大事项进行社会稳定风险评估的实施意见》，2012年1月1日起施行。

③ 政策依据：《关于深入推进社会稳定风险评估工作的意见》，2011年4月印发。

④ 政策依据：《江苏省社会稳定风险评估办法》，2010年4月印发。

续表

模式	重大决策稳评组织体系			主要特点	代表地区
	责任单位	实施单位	监督单位		
Ⅱ	决策方案提出部门、政策草案拟制部门、项目报建部门、改革牵头部门、活动主办部门	决策方案提出部门、政策草案拟制部门、项目报建部门、改革牵头部门、活动主办部门，可以组织相关部门、社会各方代表、专家学者（单位）审查评估报告（草案）	党委维稳办牵头，人大、政协、纪检、监察、组织、宣传、政策研究、法制、信访等部门和新闻媒体	优点：强调制度体系健全，各项工作落实，多个单位配合，多种渠道、全程监督，严肃责任追究。缺点：主要责任主体不明确，未纳入党委政府工作目标管理和社会治安综合治理目标管理责任制考核内容，容易出现“拍脑袋”评估。	四川省①、上海市②、吉林省③、江西省④、内蒙古自治区⑤
Ⅲ	制定出台重大政策和实施重大改革的组织单位、重大建设项目的主管部门、重大活动举办单位或主管部门	对一般评估，由评估责任主体实施评估。对重点评估，由党委维稳领导小组确定牵头单位，成立专门评估小组，组织相关部门和专家或委托有资质的第三方机构实施。	各级党委维稳办	优点：属地管理，主要领导和协调责任明确，注重评估方法客观、科学和专业。缺点：评估责任单位决定实施单位，可自行评估和形成报告，监督问责机制薄弱。	福建省⑥、黑龙江省⑦、海南省⑧

① 政策依据：《四川省社会稳定风险评估暂行办法》（省政府第 246 号令），2010 年 12 月 1 日起施行。

② 政策依据：《关于建立重大事项社会稳定风险分析和评估机制的意见（试行）》，2009 年 3 月通过。

③ 政策依据：《吉林省关于在全省推行社会稳定风险评估工作的意见》，2009 年 3 月 1 日起施行。

④ 政策依据：《关于进一步建立健全维护和保障群众利益决策机制的意见（试行）》，2011 年 8 月出台。

⑤ 政策依据：《关于建立和完善重大事项社会稳定风险评估机制的指导意见（试行）》（内党办发〔2010〕15 号），2010 年 6 月印发。

⑥ 政策依据：《福建省社会治安综合治理条例》，2011 年 8 月 1 日起施行。

⑦ 政策依据：《关于实施重大事项社会稳定风险评估的指导意见》，2009 年 11 月下发。

⑧ 政策依据：《关于预防和处置农村群体性事件的意见》，2008 年 4 月下发。

续表

模式	重大决策稳评组织体系			主要特点	代表地区
	责任单位	实施单位	监督单位		
Ⅳ	制定出台重大政策和实施重大改革的组织单位、重点项目报建单位	制定出台重大政策和实施重大改革的组织单位、重点项目报建单位的上级主管部门，可以听取群众及专家特别是利益相关方的意见	纪检监察、组织人事等部门	优点：明确党政领导干部负责制，强调主管部门在决策、项目审批环节分析、评估社会稳定风险，严格行政问责。 缺点：评估、监督责任“错位”，弱化决策提出、项目报建部门风险源头治理责任，弱化主管部门监督职能，陷于“刚性维稳”或“越维越不稳”的怪圈。	北京市①

资料来源：笔者整理。

异集中在是由维稳部门独立承担监督职责，还是拓宽监督单位范畴，形成党政机关相互配合、社会各界积极参与的多渠道、全过程监督机制。

重大决策稳评旨在从源头上化解社会矛盾，突出特点是要把维护社会稳定的重点放在预防上，防止在决策、审批等前端环节人为引发社会矛盾，变“被动维稳”为“主动创平安”。经过几年探索，我国各地开展社会稳定风险评估都形成许多有特色的组织体系和工作机制，并积累了经验，主要有以下四个：

一是党委政府高度重视、大力支持和统一领导。从源头上预防化解各类社会矛盾和不稳定因素，正确运用科学评估手段有效控制社会稳定风险，引起各级领导的高度重视，已成为各级党委政府和各部门的共识。从各地实践情况看，重大事项社会稳定风险评估机制的建立、施行，进而真正起到影响政府相关部门决策的积极作用，都需要在党委和政府的统一领导下进行。这项评估机制在制定过程中涉及内容多、牵扯的部门复杂，关系到政府行政管理的各个部门、各个环节，绝非是政法机关一家的事情，影响面极广。因此，从制度出台

① 政策依据：《北京市建立重大事项社会稳定风险评估机制的实施办法（试行）》，2010年11月公布施行。

背景考虑、深入基层实践调研，到评估主体确定、评估内容及程序设计、评估方式选择，直至最后形成规范性评估文件，事后的责任倒查机制等，都需要在党委和政府的统一领导下完成。

二是明确责任主体，落实行政问责机制。当前社会安全隐患大量存在，既有客观原因，也有主观原因，但更多的是主观原因。比如一些领导思想认识不到位，责任心不强。为杜绝和行政领导“拍脑袋”决策，在不少地区行政决策过程中都建立了问责机制，明确决策实施前各个环节的现任单位和责任人以及需承担的相应责任。特别是对未经认真调查研究、未经充分论证、未经领导集体讨论而造成重大损失的重大决策，要追究决策人的行政过错责任，造成严重后果和恶劣影响的，要追究主要负责人和直接责任人的责任。

三是建立评估工作组，规范民主参与主体。各级党委、政府建立健全评估工作组织，细化职责分工，落实工作保障；党委维稳办承担本地区社会稳定风险评估工作的组织、协调、督导工作；评估工作责任部门成立评估组织，确定责任领导。评估工作相关部门和单位树立“一盘棋”思想，统筹兼顾，正确处理好现任部门和相关部门的关系。社会稳定风险评估是一项“民心工程”，多种主体参与政策评估有利于重大政策、重大决策、重大项目的出台，重大改革措施的实施及涉及社会敏感问题的处理获得广大群众的理解和支持。为此，对“四重一敏感”问题[①]进行稳评时，各地在巩固政府为主体的风险评估基础上，融入多元的风险评估实施主体，一方面把相关利益群体和第三方纳入，另一方面还把专家学者、法律人士、专业资质机构、直接的利益相关群体代表乃至媒体等纳入。

四是拓宽参与领域，将评估和监督有机结合。政府重大决策涵盖本行政区全局性、战略性和基础性的经济调节、市场监管、社会管理、公共服务等政务事项。重大决策相关参与主体根据决策程序参与决策的主要领域是：政府社会事务、政府应急管理、政府基层民主政治建设等政务事项。在对重大决策进行稳评的过程中，对争议较大、专业性较强的评估政策，建立综合类专家库，组成评标委员会，按照有关法律法规，组织群众代表和专家进行听证、论证，为评估提供科学客观、全面的第一手资料。对可能出现的不稳定因素进行逐项分

① “四重一敏感”问题指在本地区经济社会发展中，事关人员群众根本利益的重大决策、重大政策；涉及较多群众切身利益并被国家、省、市拟定为重点工程的重大项目；涉及相当数量群众切身利益的重大改革以及涉及社会敏感问题。

析预测，必要时邀请相关专家和各方人士召开稳评座谈会、听证会，采取问卷调查、民意测验、重点走访等形式，广泛征求人民群众和相关利益方的意见。对重大决策由决策拟订部门开展风险分析和评估工作，同时组织相关部门全面审查评价；对重点项目进行评估时，由项目报建单位自行或委托第三方中介机构开展社会稳定风险分析和评估，由项目审批部门牵头组织相关部门和地区对风险分析和评估内容进行联合审查评价，保障公民有序的政治参与，将其的利益表达纳入体制内。

（二）存在的主要问题

当前，我国重大决策稳评总体处于起步阶段，在运行过程中还存在一些问题，在组织体系方面，主要存在三类单位或部门权责不明确，责能不匹配，责罚不统一等问题，主要表现为以下三个方面：

1. 党委政府“缺位”、“越位”、“强位”现象严重

党委政府既是责任主体，又是监督主体，对稳评的开展起决定性作用，但是却存在不履职、乱履职的问题。

一是不履行稳评的责任。决策时没走稳评程序，没有社会稳定风险评估结论；接到评估单位报送的评估报告，需要多级党政机关决策的，没有逐级上报，不抄送决策实施部门和政法、综治、维稳、法制、信访等有关部门；作出决策后，不将评估报告送同级维稳部门。少数部门和单位对决策、项目稳评工作重视不够。有的认为发展是第一位的，稳定是次要的；有的单位主要领导很少过问维稳工作，不了解情况，不研究办法，得过且过。

二是不跟踪决策实施情况。对重大决策实施过程中出现了社会不稳定因素的，没有及时组织决策实施部门有针对性地做好宣传解释和说服工作，没能采取措施预防和化解社会矛盾。一些单位工作不深入，作风漂浮。有的单位处理矛盾纠纷，抓不住要害，虽处理多次，但没有找准解决问题的关键点，导致群众反复上访；个别单位甚至要等群众越级上访或重访多次，才开始下决心解决，增加了解决问题的时间和成本。

三是对决策实施缺乏监督管理。对决策实施中出现的不稳定因素、矛盾纠纷视而不见，不能及时帮扶困难群众、耐心解释疑问、解决问题，不履行监督的责任。对群众合理诉求不能妥善处理，对确实存在困难的群众不能及时给予帮扶，对不明真相的群众不能耐心解释，甚至随意动用警力、武力。对出现影响社会稳定重大问题的，不暂停实施；需要对决策进行调整的，不调整决策。

有的部门对本辖区、本单位的维稳工作情况不明，措施不力，一旦发生社会稳定风险事件如上访案件、群体性事件，缺乏有效的解决措施。

四是稳评思路不活、办法不多。党委政府“既当运动员又当裁判员”，存在“自己评自己”的怪圈。一些地方政府代替指定的评估机构进行稳评，出现政策获益、获利方“自评”现象。对于一些科学性、技术性的决策，行政官员对此并不具备足够的专业知识，比如大量可能对公众健康造成危害、社会影响大的项目，如PX项目、核电站、垃圾填埋场等，往往由地方政府与企业合谋决策，没有进行稳评，不能充分考虑邻近居民的心理感受和经济补偿，造成社会问题。

五是干涉、影响维稳部门和政法、综治、信访等有关部门行使监督职能。一些政策制定单位、项目报建单位自行实施稳评，具有信息优势，政法、综治、信访等部门往往处于被动的地位，即使发现风险问题，对方的配合意识也不强。在需要多个单位共同参与处理问题时，一些单位不是积极参与、主动配合，而是能推则推、能躲则躲，互相“踢皮球”，给预防、化解矛盾造成很大的被动。

2. 参与评估的主体相对单一，专业水平参差不齐

目前，稳评的主要参与主体仍是以政府为主导，以内部评估为主体，缺乏广泛的外部评估主体的参与，缺乏社会组织和社会公众的参与。由于法律规定的模糊性，在实践中，公众参与的公众选择范围、具体人数和人选完全由稳评责任单位确定，以致经常出现两种极端，要么是调查对象太泛，冲淡受影响主体的声音，要么是调查人数过少，人选不具有代表性，甚至绕开受影响的公众，剥夺了有意愿参与稳评的公众的参与资格。这使得在大多数政策评估实践过程中，只是根据总体安排或以部门为单位，通过自上而下的报告形式对本阶段政策执行的工作情况进行汇报，因此，在此基础上形成的评估报告，缺乏对所评估对象的客观认识，忽视了作为政府相对人的社会组织或相关利益群体意愿的真实充分地表达，容易导致评估过程中主体的单一化，使评估结果主观化、片面化。

此外，对于一项科学性、技术性的重大政策的稳评，行政官员往往对此并不具备足够的专业知识和科学的评估方法，只能沿袭老办法、旧思路，按照惯例行事，而不是积极想新办法、出新思路，创造性地开展工作，导致一些比较复杂的问题被简单化处理，加大了社会稳定风险发生几率，也为解决问题加大了难度。而简单地引入公众参与也有一定的先天不足。公众提供的事实信息和知识未

必完全准确和全面，也会极力夸大自身利益的重要性，贬低其他具有利益竞争关系的相关人的利益。大量的、分散的、相互冲突的利益主张还给分析和处理工作增加了难度。

最后，决策主体对于决策事项都存在先入为主的印象，容易影响风险评估的议程设定和方案选择，由其来进行风险评估易失公正性和客观性。尽管决策者是根据过去和当前的情况做出政策选择，也会对政策的未来变动和后果进行预期，但是政策的影响仍然会滞后与人们的反应和行动。决策者很难预知决策涉及的群体的真实反应，“失实”的评估结果也就增加了决策实施发生风险事件的可能。

3. 参与评估的体制机制不完善，监督渠道不畅通

稳评的参与和监督的体制机制不完善，运转不顺畅，特别是一些具体工作环节可操作性不强，致使维稳、政法、综治、信访等部门，以及公众、第三方参与地方政府政策评估的路径缺乏。

目前，我国地方政府开展的稳评工作基本上还处于自发状态，基本上还是自己制定政策，自己评估政策，缺乏相应的、明确的法律和制度保障，存在一定的盲目性。有地方既要负责编制风险评估报告，也要会同有关部门审查风险评估报告，出具审查结论，存在“既当运动员，又当裁判员”的情形。

基层政府进行政策评估存在体制上的问题，这就难以保证政策评估的客观性。由于基层政府拥有的公共资源相对不足（资源、人员、组织体系），社会力量在社会稳定风险评估机制中的地位及作用不明显。虽然在政策评估方案中提到公民的参与，重视公民听取目标群体的意见，但是并没有具体的、可操作性的方案提出公民如何参与到这一过程中。事实上，近年来一些环境公共政策评价的案例就已揭示，当建设项目可能造成大范围社会公众的利益受到影响时，如果这些利益受到影响的居民没有自发组织起来成立临时性利益诉求表达组织，并推举代表人表达他们共同的意愿的话，那么建设单位或环保部门就有可能利用公众个体参与的弱点，有意识地“甄选”公众代表，致使获取的“民意”失真，从而规避法律。由于公众和第三方机构缺乏参与的路径和平台，即使有高度的政策评估热情，但苦于找不到合理、合法的渠道去参加或介入政策评估，致使多元化评估主体参与政策评估的愿望难以实现，导致评估工作很难落实到实处。

此外，我国社会稳定的状况还是典型的以压和堵为主的静态稳定，公众的权利意识虽然正在逐渐觉醒，但缺乏真正代表他们的利益表达机制，民众的

谈判能力弱小，还经常受到权力、资本拥有者等强势群体的侵害，在这种情况下，公众的不公正感和被剥夺感可能成为诱发社会不稳定的因素。

三、相关对策建议

社会经济转型使我国政策治理对象复杂化，从而客观上加深了治理的难度，而稳评体制机制不健全，经验不足，又使制度的规范性、可操作性不强，政府及社会力量互动意愿不强，再加上社会力量尚未形成规模，导致互动基础的不牢靠。上述问题为我国形成科学、有序的稳评组织体系提出了难题。

发达国家政府公共政策绩效评估，在评价组织上业已形成了组建专门的政策评估主管部门、推动评估活动走向专业化和职业化、促进评价主体参与的多元化、注重保障民意的表达等特点。为此，按照透明公开、合规合法、充分参与和权责统一的原则，建立健全稳评组织实施的深层次体制机制，明确相关主体责任，形成稳评工作和责任监督的主体联动机制，夯实各方主体民主参与基础，拓宽参与领域，形成稳评的组织合力。

（一）完善稳评法律法规，明确相关主体责任

重大责任社会稳定风险评估工作要重视强化责任，按照稳评组织实施的一般性流程及相关主体分工，厘清责任主体同实施主体、监督主体之间的关系和对应的责任，并纳入法制化轨道。

提升风险评估程序的法律地位，将重大决策社会稳定风险评估从“必经程序”提升为“法定程序”。以地方立法的方式或者从国家层面，将这一稳评上升为法律。未履行此法定程序，成为行政复议和行政诉讼撤销重大决策或确认违法的法定理由。对容易引发社会稳定问题的重大决策事项，涉及征地拆迁、农民负担、国有企业改制、环境影响、社会保障、公益事业等方面的重大工程项目建设、重大政策制定，必须采取规则进行评估，评估规则要准确、清晰、简洁，不会造成语义理解的含混和差异，保证任何一个评估者在同样的规则约束下，对同一类决策问题，能够做出完全相同程序的评估。

推动决策主体与评估主体适度分离。决策主体的责任在于，以风险评估报告为基础，综合政治、经济、文化、社会等多方面的要求，审慎做出风险管理决策；而评估主体的责任，主要从科学性、社会性的角度，对评估事项所存在的风险进行理性分析和评测。为此，重大政策的提出部门和重大项目单位只宜

作为风险评估的组织主体，从程序上组织社会稳定风险评估。评估实施主体应通过专门的程序机制遴选相关专家（包括行政管理专家和科学专家）、专业机构、公众等组成，主要从科学性、社会性、参与性的角度，对评估政策、事项存在的社会稳定风险进行理性分析和评测。监督主体则是根据宪法和组织法的授权，依照法定程序，以评议、审查风险评估报告为基础，综合政治、经济、文化、社会等多方面的要求，全程监督稳评工作以及跟踪决策实施、项目建设全过程。

表 11　重大决策的类型及其稳评的实施

重大决策的类型			稳评的实施	重大决策的典型例子
社会性	技术性	矛盾性		
高	高	高	需要专家和公民参与	可能造成环境严重恶化或加大污染物排放的重大建设项目，如垃圾处理厂、核电厂等设施建设
高	高	低	简易的稳评	涉及养老、医疗等社会保险制度及促进就业政策等重大调整；社会救助政策重大调整等；经济适用住房、廉租住房等住房保障政策重大调整
高	低	高	需要公民参与	水、电、燃气、粮食、公共交通①、教育、医疗、药品等关系群众切身利益的商品、服务价格和收费标准重大调整；旧城改造中的拆迁补偿、居民安置、物业服务管理等政策重大调整；涉及农村土地经营权流转及农民土地征收征用、拆迁、补偿、安置和移民安置等方面重大政策和改革措施；精神病院、传染病防治中心、殡仪馆、城市流浪人员救助中心等设施的兴建
高	低	低	简易的稳评	重大自然灾害和重大疫情的预警防控方案；食品、药品安全预警防控监测方案；重大安全、质量事故处置；洪水、干旱、地震等重大自然灾害后的重要恢复重建项目建设；涉及人员多、敏感性强，可能对社会稳定产生影响的重大活动；有关民生问题的行政规范性文件的制定

① 失败案例：广州市公交地铁交通免费开放。作为迎接广州亚运会的一项惠民举措，广州市政府决定 2010 年 11 月全市公交地铁交通均免费开放，然而 11 月 1 日实施当天，全市公交地铁就不堪重负，原本得到实惠的广大市民也怨声载道，在勉强坚持了 5 天之后，这项惠民举措不得不叫停。

续表

重大决策的类型			稳评的实施	重大决策的典型例子
社会性	技术性	矛盾性		
低	高	高	需要专家参与	涉及职工分流或职工利益变动的国有企业（国有控股企业）改制、重组、上市、拆迁等；事业单位机构改革；国有企业（国有控股企业）职工收入分配制度改革
低	高	低	可不做稳评	——
低	低	高	简易的稳评	涉及职工权益变动的企事业单位劳动用工制度调整，如工作时间和休息休假、劳动安全卫生、职业培训等；可能引发历史遗留问题的重大事项
低	低	低	可不做稳评	——

注：社会性是指公共决策涉及的人群数量多少，社会性低则涉及的人群数量比较少，反之亦然；技术性是指公共决策的专业方面的要求，技术性低则所要求的专业知识比较少，反之亦然；矛盾性是指公共决策引发的社会矛盾激烈程度，矛盾性低则激烈程度低，反之亦然。在我国当前的众多社会风险中，“社会不公”是最不可接受的。[①] 因此，对于矛盾性高的理解，可以是公共决策加剧了社会不公，乃至抵消实施该政策后可能的任何收益。本表系笔者整理。

在实践上，并非所有的公共决策都必须进行社会稳定风险评估。许多地方政府规定“重大事项”（重大政策和重大项目）进行社会稳定风险评估，有的地方（如浙江省、四川省等）政府采取了列举法，明确规定评估的对象。但是列举法仍然难以明确和穷尽评估的具体事项。为此，要对公共决策进行分类，确立类型化的决策领域，如表 11 所示，利用社会性、技术性和矛盾性等三个维度将公共决策分类，对于社会性高、技术性高、矛盾性高的决策，强调多方主体参与的方式，而对于三个维度都偏低的决策，可以不做稳评或是进行简易的稳评。

（二）建立风险管理体系，形成各主体联动机制

将风险评估拓展为风险管理，建立风险评估领导小组，实现重大决策制定、实施全过程风险监控。具体而言，重大决策稳评及管理制度的实施包括六个步骤，即确定评估对象、分析评估风险、制定维稳预案、编制评估报告、实

① 有统计数据显示，全国有 91% 的人关注收入差距扩大和社会分配不公问题，比例居所有供选问题之首（童星，《学习与实践》2010 年第 9 期）。

施风险调控、后续跟踪督查。

第一步：确定评估对象，全面掌握情况。由牵头和协助部门如决策提出部门、政策制定部门、改革实施部门、项目报建部门、活动组织部门、工作实施部门等风险评估责任主体向风险评估领导小组办公室提交评估申请，对拟制定和实施的每个重大决策，都要通过深入细致的调查研究，广泛听取社会各界意见，全面了解评估对象—重大决策的基本情况，掌握社情民意，广泛征求基层群众和社会各界的意见和建议，掌握评估对象的基本情况，为评估提供准确可靠的第一手资料。同时按照“四重一敏感”评估范围确定评估对象并上报，由风险评估领导小组办公室确定是否列入评估范围。

第二步：缜密分析预测，准确评估风险。根据了解掌握的有关重大决策的第一手资料，经评估领导小组办公室同意后由发改、法制、维稳等风险评估责任主体部门牵头，按照确定的“四重一敏感”的范围（重大决策作出、重大政策出台、重大工程项目上马、重大改革措施实施、社会敏感问题），采取召开座谈会、问卷调查、重点走访等形式，对拟订的每个重大决策开展深入细致的调查，对可能出现的不稳定因素进行逐项分析预测，准确把握评估重点，制定评估方案，严格划分风险等级，按照四级预防体系要求，起草《社会稳定风险评估工作方案》报领导小组同意后，适时组织评估。必要时，可采取舆情民意调查，邀请相关专家、学者、有关党政领导、相关利益群体、新闻媒体等召开社会稳定风险评估会和听证会。①

第三步：制定维稳预案，落实维稳措施。针对预测评估出来的较大涉稳隐患，研究预防和处置工作预案。预案应当周密、具体、可靠，内容包括：组织领导、职责分工及其联络方式；预防和处置工作的具体措施；维稳工作考评细则和对因重视不够、工作不力而发生影响社会稳定重大问题的责任追究办法。

第四步：编制评估报告，主动化解矛盾。根据一、二、三步的工作结果，相关部门根据自身职能涉及的内容，编制重大决策社会稳定风险评估报告。内容包括：主要围绕“两可两合”（即评估事项的合法性、合理性、可行性、可控性）及其他相关问题进行全面分析评估，如该重大决策涉及的相关情况；预测评估情况；预防和化解涉稳较大问题的工作预案；对该重大决策社会稳定风险的综合评价或建议、意见及主动化解的情况等。

第五步：审查评估报告，严格报告审定。重大决策的主管部门负责组织

① 童星：《对重大政策项目开展社会稳定风险评估》，载《探索与争鸣》2011 年第 2 期。

对重大决策社会稳定风险进行预测评估，并报分管该事项的党委、政府领导初审。分管领导对报告评估出的涉稳重大问题进行分析判断，提出对策建议提交维稳领导小组审定，并将审定意见报党委、政府同意后方可组织实施该重大决策。每个重大决策实施的主管部门都必须设立涉稳信息直报点和直报员，及时准确报送信息，确保信息渠道灵敏、快捷、畅通。要调控风险、跟踪完善，一旦出现风险情况能够迅速、有效防范和处理。

第六步：后续跟踪督查，掌握风险动态。经社会稳定风险评估后付诸实施的重大决策、重大项目和重大事项，有关责任部门、单位要有后续跟进措施，要全程跟踪掌握稳定风险化解和维稳预案落实情况，并针对评估事项在实施过程中出现的新矛盾、新问题，主管责任部门要及时具体研究，并能及时调整完善维稳措施，确保将各类不稳定隐患消除在萌芽状态和初始阶段。

（三）健全第三方参与机制，加强评估能力建设

评估实施主体实则包括了组织者和参与者，在党委政府的领导下，有关各方都能参与政策评估，形成了政府与社会力量良性互动的状态。

根据决策的专业性、技术性、事务性或影响范围确定第三方主体，如专家、专业机构、公众等。专家以个人或委员会的形式参与稳评。以正式制度的方式对专家委员会的决策事项、程序、投票规则等做出明确规定，但专家个人仍是独立地做出判断，并共同对最终决定负责。公众以利益组织化的形式，通过决策的信息公开和流程透明参与稳评。公众的利益表达通过非营利机构、志愿者团体、社区互动组织等社会团体的支持和体现，形成公众参与的合理的组织机制，保证公众可以稳定、有序地介入重大决策的稳评过程，并与稳评机构、战略决策提出者、政策草案拟定者、项目提议者、改革牵头者、活动主办者、咨询专家等形成良好的互动。

决策涉及的影响或风险完全由特定地区和群体的公众来承担，并且这个地区或涉及群体规模不算太大，公众可以直接参与稳评。① 如国企改制方案必须经过民主程序，提交企业职工代表大会或职工大会审议，及时向全体职工公布职工安置方案（包括职工安置费用、劳动关系接续等事项），及原企业财务审计、资产评估结果（包括企业总资产、总负债、净资产、净利润等主要财务指

① 朱德米:《“重大决策社会稳定风险评估”不能走样》，载《北京日报》2013年1月28日，第018版。

标），前者须经职工代表大会或职工大会审议通过，后者接受职工民主监督。

在一些对公众利益影响大、受影响公众范围广的重大决策社会稳定风险评估程序中，临时性的公众利益维护组织及其中的代表人更具有现实意义。如大型工程项目报建公示，由社区业主权益代表人表达他们共同的意愿，比任由业主个体反映权益诉求，更能够为项目审批部门重视和采纳。但需要注意的是，在选择公众利益代表人时，要求代表人必须具有广泛的代表性和合作性，他们的参与资格必须得到当地所有受决策影响的居民的认可，并且能够负责任地代表委托方的利益参与到重大决策的稳评程序中去。对于科学性、技术性较高的重大决策，或者决策的影响对象、涉及地区、结果都不确定，应该引入非政府的专业性社会组织参与稳评，并将评估结果纳入决策审议、项目审批标准。非政府的专业性社会组织通常是介于个体和政府之间的自愿性组织，不仅对于实现具有某些共同利益的公众的特定目的而言是重要的，更是对于实现真正意义上的社会公共目的而言也是十分重要的①。如环境影响和治理的公共政策，应引入全国乃至地方性的非政府环境保护组织作为公众利益诉求代言者，参与稳评。由于重大决策稳评包含一些科学技术性比较高的政策、项目影响评价，其中的专业术语等往往令普通公众十分困惑，一般性公众参与收效不高，此时知情式、咨询式、反馈意见式或者调整政策结果式参与是更好的选择，可采取舆情民意调查、听证会、相关利益群体协商、充分利用各类媒体特别是互联网作为载体等方式。相比之下，专业性社会组织结构灵活多样，拥有充裕的时间、扎实的专业基础、分散而独立的信息渠道和大量的各类资源②，对专业领域问题敏感，可以开展深入的调查研究，他们的参与可以更加有效地促进稳评结果的科学性、客观性。

（四）完善落实社会问责，建立责任主体倒查机制

无论是行政官员、专家还是公众，实施或参与稳评的全过程均要受到相应制度的约束。改进评估的组织体系和方法，关键是改进组织制度，包括对党政机构行政官员的激励和问责制度、对专家参与稳评的咨询制度和委员会投票制度、对公众参与稳评的听证会制度、利益代言人制度、非政府的专业性社会组

① 张红显：《非政府组织与社会稳定风险评估机制研究》，载《法政探索（理论月刊）》2012年第9期。

② 非政府组织在申请同类型国际组织的物质、技术、经验和人力资源等支持方面，有时候比本国政府更合适、效率更高。

织和基层治理体制等的一系列社会和政治制度的改进。

对党政机构行政官员，要严肃追究决策单位主要负责人和相关人员的责任。一是坚决实行一票否决制。凡发生重大群体性事件的，取消责任部门、市（区、县级市）及主要领导当年评优、评先、提拔资格，由组织处理。二是发生重大不稳定事件，并造成严重后果的，主要领导应引咎辞职。三是对构成违纪的，要按照有关规定给予党纪、政纪处分。四是没有履行稳评程序，做出“错误”评估，玩忽职守、涉嫌犯罪的，要移送司法机关依法处理，追究其刑事责任。对专家、委员会及专业机构等，做出“错误”评估的，取消专业咨询资格或资质，社会公示，损失专业声誉乃至社会声誉。

重大决策稳评的有效实施，关键是建立和落实责任主体倒查机制，着眼于稳评各主体的联动机制，包括同级纪委监察、督查、维稳办、信访、法制、安监、人事、审计等单位和部门组成的工作机构，履行沟通行政过错信息，整合相关部门力量，共同组织实施行政过错责任调查和责任追究工作等基本职责，以“条条”来倒查“块块”，消除阻碍稳评的“地方保护主义”。一是实现问责主体多元化，健全异体问责机制。推行和构建以人大为主导，司法机关、民主党派、公民团体、新闻媒体、公民等多方有序参与、相互协调的异体问责体系。二是加强行政问责制法制建设。进一步强化人民代表及各级人民代表大会对各级政府及官员的监督制约职能；完善人大的质询、特别问题调查等程序，受质询机关必须作出答复；健全主要官员引咎辞职机制，依据宪法启动罢免程序；通过立法实现从“官员问责”到“问责官员”转变；积极推行政务公开和监督，建立健全地方政府公共事业管理的公众参与机制。三是明确问责客体，即向各级政府及其公务人员问责。必须明确界定党政官员的责任，使每一个行使公共权力的公务人员都有责可查，出了问题都有追究责任的机制。四是确定问责标准。将涉及重点领域，如征地拆迁、社会保障、环境保护与治理、国有企业改制、公益事业、治理贪腐等的重大决策稳评纳入政府公共政策绩效评估的范围，将稳评过程、评估实施单位能力、是否发生社会不稳定事件及其人员规模、经济损失、社会影响等内容细化为具体的评估指标。① 建构稳评的制度化、系统化的责任划分坐标体系，使领导机关和公众对政府和官员行为的性质、依据以及后果一目了然，从而明确是否需要追究责任、直接和间接责任人，应该追究何

① 中国行政管理学会课题组：《政府公共政策绩效评估研究》，载《中国行政管理》2013年第3期。

种责任。规范官员引咎辞职，防止让真正负有重要责任的官员一辞了之，逃脱应有的惩罚。五是健全问责救助机制。对责任事故的揭发者和受到处分的官员，可以通过正常的行政途径进行申诉。尽快健全纠偏保障机制，强化保护公民权益的公益诉讼制度和加强官员保障机制建设，对于行政机关的违法和不当行政行为依法，公民包括问责处理不当的官员可提起诉讼。建立公民权利保障机制，防止公民因监督政府及其工作人员而遭遇到公权力的无情打压和报复。

王阳

参考文献：

付翠莲：《重大事项社会稳定风险评估机制研究》，中国社会科学出版社 2011 年 10 月版。

朱谦：《环境公共决策中个体参与之缺陷及其克服——以近年来环境影响评价公众参与个案为参照》，载《法学》2009 年第 2 期。

王少波：《国企改制过程中职工利益保护机制探讨——由河南平顶山棉纺织集团职工罢工引起的思考》，载《中国人力资源开发》2011 年第 1 期。

童星：《公共政策的社会稳定风险评估》，载《学习与实践》2010 年第 9 期。

陈宏：《国内外利益相关者理论研究进展》，载《经济研究导刊》2011 年第 14 期。

梁昀、薛耀文：《基于利益相关者视角的重大决策社会风险评估研究》，载《经济问题》2012 年第 9 期。

成协中：《风险社会中的决策科学与民主——以重大决策社会稳定风险评估为例的分析》，载《法学论坛》2013 年第 1 期。

朱德米：《开发社会稳定风险评估的民主功能》，载《探索》2012 年第 4 期。

许传玺、成协中：《重大决策社会稳定风险评估的制度反思与理论建构》，载《北京社会科学》2013 年第 3 期。

中共浙江省委政法委员会课题组：《重大事项社会稳定风险评估机制的实践探索与研究》，载《公安学刊——浙江警察学院学报》2010 年第 1 期。

专题报告之四

国外重大决策社会稳定风险监测与评估的实践

社会稳定风险评估具有鲜明的中国特色，但从评估的内涵和程序来看，社会稳定风险评估是一般意义上的社会影响评估在中国当前的社会经济环境和政治生态背景下的具体映射性反映，因此可以选择社会影响评估作为我国稳评的可比较对象。社会影响评估至今已经经历了四代，分别是测量性评估、实验性评估、判断性评估和构建性评估。目前的第四代评估强调评估者和各种利益相关者共同参与和互动，关注利益相关者的反馈对政策设计的修正和政策结果的改善。在国外社会影响评估实践中，有很多值得我国稳评学习的地方，包括完善法律和制度基础建设，建立健全评估组织框架，提高评估工作的社会参与度，完善评估流程，强化技术基础建设等。

一、可比较对象选择

（一）社会稳定风险评估的中国特色

“社会稳定风险”是我国公共政策话语范式下的独特概念，与我国的政治体制，公共政策生成机制，和政府最优目标密切相关。由此产生的“社会稳定风险评估”，也具有显著的中国特色和中国风格。

对于民主政体下的政府和政党而言，执政的优先目的在于获得竞选连任，政策的制定者会更加关注是否因为重大公共政策决策，导致部分选民的利益显著受损，发生选票流失，进而对竞选连任形成负面影响。因此公共政策风险聚焦重心并不在于诸如游行、示威、罢工等各类社会稳定事件。相应的，社会稳定风险也不是公共政策评估的主要评估内容。

同时，在西方国家普遍采用的议会民主代议政治下，政策产生会经过公开博弈和较为透明形成流程，本身也是重大决策社会稳定风险的耗散过程。为了做出一项重大决策，不同政党会提出竞争性的政策议案，并根据政策目标状态和所代表选民期望之间的差距对议案进行不断的讨价还价，完善议案文本，最终提出的政策将是社会价值的最大共识集合。在此过程中可能会发生一些激烈的对抗性事件，但事件的本身目标不在于破坏社会稳定，而在于表达自身利益诉求。当选民的利益需求得到传递，并内化到决策结果中，那么短期的震荡实际是在发散社会的不稳定情绪，使社会更加趋向长期均衡。

由于政策评估的重心差异和政治生态环境的不同，从其他国家和国际组织的公共政策评估实践来看，很难找到与“社会稳定风险评估”完全对应的概念，但在国际公共政策评估领域存在一些相似的评估实践，如“社会影响评估”。下文将对社会稳定风险评估和社会影响评估进行辨析，以考察后者是否可以作为前者的国际比较分析对象。

（二）社会影响评估与社会稳定风险评估的辨析

根据国际影响评价协会（IAIA）的定义，社会影响评估（Social Impact Assessment，SIA）是在重大的行动，如重大工程、活动、政策开始之前，对预计项目或政策影响做出评估的知识体系，它着重于关注政策行动将会引发的社会变化过程和社会影响，包括对因政策环境变化进而导致的对社区和个人日常生活品质产生的影响进行分析，并在政策实施过程中进行检测和管理的活动，其目标是促进建立一个可持续的、公平的人类环境。

我国政策语域下的社会稳定风险评估，是指与人民群众利益密切相关的重大决策、重要政策、重大改革措施、重大工程建设项目、与社会公共时序相关的重大活动等重大事项，在制定出台、组织实施或者审批审核前，对可能影响社会稳定的因素开展系统的调查，科学的预测、分析和评估，制定风险应对策略和预案的政策管理活动。

从评估对象的范围来看，社会影响评估中所说的“社会影响”包含内容较为广泛，包括因为政策行为对社会成员个人、社区产生的社会、经济和文化的后果，以及人们生活方式、健康和适应状态、私人和财产权利以及他们的需求、行为准则、价值观的改变。而社会稳定评估的对象范围较为狭窄，仅对政策行为是否会引发社会不稳定后果进行衡量。在政策实践中，虽然因为项目性质和经济社会发展水平的不同，各地区、各行业对于社会稳定风险承受程度和社会稳定风险的确定标准存在较大差异，但总结来看，社会不稳定后果一般都被操作化的定义为群众大规模的集体上访、群体性事件和媒体负面宣传（如表12所示）。

表12　我国部分地区社会稳定风险确定标准

地区	社会稳定风险确定标准		
	低	中	高
湖南长沙	有30人以下干部群众有意见，不超过5人提出上访，通过做工作可以化解	有30人以上、50人以下干部群众有不同意见，可能引发5至10人上访，化解难度很大	有50人以上、100人以下干部群众意见较大，可能引发集体越级上访和群体性事件，无法化解隐患
江苏南通物价系统	群众反对意见10%以下，媒体上没有负面宣传，5人以上上访或者3人以上联名写信	群众反对意见20%以下，网络有负面帖，20人以上集访或5人以上联名写信反映情况	群众反对意见30%以下，省内媒体出现负面宣传、网络炒作，50人以上集访或10人以上联名写信反映情况
河南新乡	不会引发上访事件	可能引发少数人员上访	导致100人以上赴市集访，50人以上赴省集访，30人以上赴京集访
四川德阳	相关利益群体中10%以下不满意，基本排除发生群体性事件和上访隐患，或者可能引发50人以下的群体性事件	相关利益群体中30%以下不满意，或可能引发50人以上100人以下的群体性事件	相关利益群体中30%以上不满意，或可能引发100人以上群体事件
内蒙古工业和信息化领域	部分人民群众有意见分歧的，可能引发个体矛盾纠纷的（10人以上）	人民群众反映较大，可能引发一般群体性事件的（50人以上）	人民群众反映强烈，可能引发重大群体性事件的（100人以上）

资料来源：根据各地社会稳定风险评估实施办法总结。

从评估时限来看，一般意义上的社会影响评估是对公共政策事件发生、执行以及结果进行全面的监测，既包含政策实施前的预评估，也包含政策实施中情况的执行中评估和对政策运行结果的后评估。我国的社会稳定风险评估是对重大事项出台前的分析预测，仅包含事先预评估环节。

从上面的辨析可以看出，社会影响评估与社会稳定风险评估呈现出包含与被包含的关系，各类社会稳定事件可以被视为因政策产生的社会影响的一部分，而社会稳定风险评估就是对这类特殊社会影响进行的事前预测和分析，是一般意义上的社会影响评估在中国当前的社会经济环境和政治生态背景下的具体映射性反映。因此可以以国外的社会影响评估实践作为社会稳定风险评估的可比较对象，进行研究分析。

二、社会影响评估发展脉络概述

（一）第一代评估：测量性评估

第一代社会影响评估方法应用于 20 世纪初至二战前，基于实证范式理论，通过小范围实验室测量的方式，以及其个别的资料来测量公共政策行为的社会影响效果。评估主体为少数技术专家，主要评估活动为测量。评估工具一般为标准化的科学量表。

现在我们熟悉的人类智商测试、体能测试、标准化考试等可比较量表都是是测量性评估时期发展、成熟起来的政策评估工具。第一代社会影响评估遵循以下实施路径：首先在小范围内构建对照实验组，分别加以不同的政策干预，进而运用标准化量表对对照组观测指标进行测量，根据量表计算结果的判断政策干预社会影响的效果。例如，某地希望推行一项教育改革政策，打破性别歧视，将原来男女分校办学，改为男女合校办学。为了了解这项男女平权的政策改革是否会对学生成绩产生外部影响，可以选择生源类似，师资水平相同，硬件基础一致的若干所学校，分为两组，一组作为实验组，进行男女合校招生教学，另外一组作为对照组继续坚持原有的按性别分校政策。在若干学期后，从两组各遴选出若干学生，运用标准化试卷对两组学校学生主要教学科目成绩进行测试，如果实验组成绩在统计上显著高于或者低于对照组，那么可以说明男女合校政策对学生成绩产生了积极或者消极的社会影响，如果实验组与对照组成绩差异没有统计学意义，说明合校政策不会在学生成绩方面产生外部效应。

第一代的测量性社会影响评估的弊端突出表现在适用范围狭窄。由于评估过程依赖于先期实验，因此需要评估时限较长，只有少数利益调整涉及范围较广的公共政策才能承受这样的时间成本。对于那些无法进行政策试点的单项重大项目是无法应用的。同时，第一代评估的工具局限于标准化的量表，这就要求量表是成熟、可靠的，政策影响结果是可测量的。事实上，就复杂的公共政策社会影响而言，目前开发出来的科学测量量表极其有限，仅能适用于智商、满意度、成绩等少数可量化的政策效果，对于大部分因政策行为产生的社会影响，第一代评估无能为力。

（二）第二代评估：实验性评估

第二代社会影响方法产生于二战后至60年代。和第一代的测量评估一样，实验性评估的理论基础也是实证主义范式，也是通过政策实验对照的流程进行评估活动。不过将评估活动范围由有限的实验室扩大到政策实施片区，评估工具也不仅依赖于少数科学量表，更多的采用描述方式，对于重大决策和重大项目的可能社会影响和对利益相关群体可能发生的权益关联进行叙述，以供决策参考。

实验性社会影响评估一般遵循以下实施路径：为考察一项公共政策行为的社会影响，对一个或者若干个具有典型代表意义的政策目标地区或者群体施加政策干预，在政策周期完成之后，描述该项政策对于目标群体所产生的各类影响作用，尤其是关注于因为政策原因产生的负面情绪和对抗性举动。通过小范围的实验后果，来预期政策大面积推广后可能面临的社会影响和问题，进而调整完善政策，或者做出防范应对措施。

改革开放以来，实验性评估在我国广泛应用，在各类改革全面推行之前所进行的政策试点，都是实验性评估的典型案例。例如，在我国国有企业改革过程中，为了加快用工制度改革步伐，自1999年开始在煤炭、森工、有色金属、石油、铁路等部分行业推行有偿解除劳动关系的改革试点，即所谓的“买断工龄”。试点实践表明，“买断工龄”是一种比较彻底的解除企业对职工无限责任的改革手段，但是会极大地损害被买断职工的利益，并使他们产生较为严重的未来负面预期，引发了猛烈的社会情绪反弹，在辽宁阜新、抚顺、大庆等地都发生了10万人以上参与的特大规模上访、静坐、罢工、拦车等群体性事件。根据政策的试点效果，2001年后中央有关部门和各地方多次发文，严格禁止了一切形式的买断工龄行为。

实验性评估的局限性也表现在其适用范围方面。由于采用了描述法作为社会影响的主要评估工具，因此评估者不用考虑政策后果是否可以被量化，可以对几乎所有影响效果进行分析。但是公共政策实验是较大范围内和较长时期内的社会干预活动，评估本身会涉及的利益相关者就很多，因此只能应用于少数全国性重大政策调整，并不适用局部性的政策行为和重大建设项目。同时，进行试点的政策方案往往是不完善的，政策实验活动可能会显著影响目标群体的利益而没有进行合理的补偿和调整，进而会引发大规模的社会稳定事件。从社会稳定风险评估的角度来看，实验性评估只能是在小范围稳定事件发生后才能提供预警，避免更大范围影响社会稳定事件的发生，已经有些“后知后觉”。

（三）第三代评估：判断性评估

自20世纪60年代至70年代开始，判断性社会影响评估开始兴起。该种评估制度通过对公共政策等重大决策的后果进行价值评估，进而根据成本收益的原则，做出判断。即依据如下公式对公共政策的社会效果做出评价。

社会净效益＝效益－成本

进而，社会净效益＝现值 *（效益流－成本流）

由于非经济后果往往不能货币化度量，且缺少客观标准化单位，不同非经济后果之间也无法进行比较。因而在这种评估框架下，对社会影响事件可比较的经济后果判断，是评估强调的重要内容。

判断性评估目前是重大决策领域比较普遍采用的评估模式，特别是在一些经济类项目上，由于直接成本和收益比较明确，间接的外部效应也有相当部分可以进行货币化补偿，判断性评估的适用性比较好。比较典型的案例就是对我国长江三峡工程的成本效益评估（如专栏2所示）。

专栏2

判断性评估框架下的长江三峡工程评估

20世纪80年代中期，我国政府组织了400位专家和数千名勘探、调查、实验等专业技术人员，对长江三峡工程的成本收益情况进行了系统的分析。专家组认为，三峡大坝存在如下成本收益效应。

表现形态	直接		间接	
	成本	收益	成本	收益
有形	工程投资	发电收入	库区农产品减少	缓解两地区的能源供应紧张和煤炭运输压力
无形	淹没资源	防洪航运	库区环境破坏、人防、防震	减少两地区环境污染，库区旅游业发展

其中可量化收益项包括：

防洪作用，三峡大坝建成后有防洪库容 221.5 亿 m3，可以抵御千年一遇的洪水。发电效益，三峡水电站装机容量 1768 万千瓦，年发电量 840 亿千瓦时，对煤炭替代 4000 至 5000 万吨；航运方面，提升水运能力由 1000 万吨至 4000 万吨，减低运输成本 35% 至 37%；

可量化成本包括：

直接工程投资，枢纽工程费 500.9 亿元，移民费用 400 亿元，静态总投资 900.9 亿元（1993 年 5 月为基期）。考虑物价变动和利率变化，预估动态总投资 2039 亿元；移民安置成本，库区移民 72.6 万人，需要安置移民总数 113.2 万人；此外还有环境、人防、地震等成本因素。

通过对以量化的成本和收益进行货币化匡算，对于不可量化的环境、人防、地震等影响的预防措施进行成本测算表明，在 10% 的社会折现率下，三峡工程的净现值为 131.2 亿元，内部经济收益率为 14.5%，高于 10% 的投资门槛，因此从国民经济总体角度，兴建三峡工程是有利的。此份评估报告后成为推进三峡工程建设的重要可行性论证依据。

判断性评估的逻辑起点在于通过经济测算实现社会资源配置的最优化和政策实施成本的最小化，其局限性也正是源于此。判断性评估只能衡量政策行为和项目建设所能获得的经济收益，以及为了政策行为启动和安抚利益相关者所消耗的经济成本，然而很多社会影响后果，诸如公平、正义、道德、价值，是无法用货币价格进行测算的。同时，在判断性评估框架下忽视了利益相关者的诉求表达，政策行为的实际影响有多大，利益相关者个人的主观看法会起到了很显著的作用，如果在成本估算中不能内化利益对象的个人偏好，那么即使是一个评估者认为很公允的补偿水平，在利益相关者本人看来，也可能是不充分的。以上文所列举的三峡大坝成本效益评估报告为例，报告中仅从可量化层面估算所需的补偿成本和预防成本，对于自然生态、人文环境、历史遗迹、库区移民生活方式等不可量化且不可逆向的改变，没有纳入成本考量范围。同时，对利益相关者的补偿价格水平是由决策者主观决定，仅包括的实物补偿、生活成本补偿等可估算部分，社区文化、家乡情感、生活方式偏好等主观部分，没有被计算。因此对于这一成本效益分析的有效性颇受质疑。1992 年 4 月，全国人大以 1767 票赞成，177 票反对，664 票弃权的结果，通过批准三峡工程的议案，反对、弃权比例较同期一般议案高，其中相当比例的反对票来自于专家学者。

（四）第四代评估：构建型评估

虽然随着评估模式的演进发展，人们对于公共政策行为社会后果认知的全面性和科学性也不断提升。但总的来看，在前三代评估中普遍存在共性的方法论缺陷：

一是评估者和其他利益相关者的关系失衡。评估的实施者和政策的管理者之间存在关系“内部人化”倾向，对于评估的问题选择、资料收集和解释、评估工具的使用、评估结果的公布和适用性等关键技术性要件，都由评估者和政策管理者协商决定。其他利益相关者仅作为评估方案的被动应用对象，无法参与评估结果的讨论和解决方案的制定，更无权质疑评估方案是否合理。

二是单一价值观导向。由于评估者和政策管理者在评估中居于主导型地位，评估方案和最终结果比较明显的反应了他们的行为偏好和价值取向，其他利益相关者的价值诉求则没有内化到评估活动中，导致了评估结果的客观性不足。

三是过分强调科学方法论。前三代模式普遍依赖于量化的测量工具，试图排除和控制公共政策社会影响后果中不能量化部分对评估结果的影响。事实上，因公共政策产生的自然环境、历史文化、生活习惯、人文特征的不可逆的改变，是社会影响中重要的部分，而科学化的评估工具无法对这些政策后果进行真实测度。

自 20 世纪 70 年代以后，构建型评估模式逐渐兴起。针对前三代社会影响评估所存在的问题，第四代评估模式通过对方法基础的再造，逐步使社会影响评估活动具有更强的包容性、独立性和建设性。在建构型模式下，社会影响评估不再仅是政策结果的客观预测、报告和反映，评估活动开始作为政策形成的基本动力之一，参与政策方案的塑造和完善。

一是坚持建构主义的基本方法论。根据构建主义范式，公共政策并不是一成不变的，政策评估活动和利益相关者接受评估的行为都会内化到公共政策的执行和社会影响结果。因此，在第四代评估中，强调评估者和各种利益相关者的彼此互动，关注利益相关者的反馈对政策设计的修正和政策结果的改善。

二是坚持多元化的价值观和广泛的社会参与。在社会影响评估方案中，要承认存在不同的价值导向和利益偏好，并通过评估互动实现多元化的价值观相互协调。在评估活动中，提倡全面的积极参与，将其他利益相关者视为评估的共同构建主体。

三是多角色参与。评估者既是一代评估中的技术专家，也是二代模式中的描述者，第三代模式中成本效益结构的判断者，同时还是多元价值的调停者，与其他利益主体共同建构的协作者，同时也是利用评估结果推动决策优化的改革者。

三、国外社会影响评估的主要做法

（一）为社会影响评估提供法律保障基础

自 20 世纪 80 年代开始，随着国际影响评价协会的成立，决策者逐渐树立了正确的公共政策程序意识，越来越多的认识到社会影响评估的重要性，并将其上升为公共政策绩效评价的必不可少的内容。法国、日本、德国等发达国通过立法，对社会影响评估评估原则、评估主体、评估类型、评估程序、评估结果的使用和公开等内容给予法律支持，同时法律还赋予了评估机构一定的调查特权，实现评估结果的独立、可靠，为社会影响评估机制的健全完善提供了一个完备的法律环境。

法国是对于社会影响评估立法较早的国家，随着科学技术的发展，科学伦理问题日益凸显。法国科技部门意识到，在进行科学研究项目的资助时需要了解该项目可能产生的社会影响，尤其是对社会伦理和社会价值的冲击。为此，1985 年法国颁行了《研究政策与技术开发的评估》法案，规定所有重大科学研究和技术开发项目，不经过社会影响评估，不得启动。

日本公共政策的社会影响评估始于 20 世纪 90 年代，当时日本政府将该项机制建设作为地方政治制度改革的重要内容引入。这一改革的目标在于：一是彻底履行对于国民的说明责任；二是实现以民为本的优质高效行政；三是重视国民利益，促进政策结果的优化转变。到 21 世纪初，日本各地方府、道、县，都已经建立起了对重大公共政策社会影响的评估机制。

2001 年，伴随着中央省厅的行政改革，日本政府先后颁行了《关于政策评价的标准指针》、《政策评价基本方针》、《关于行政机关实施评价的法律》等一系列法律和规范性文件，在中央层面导入了公共政策社会影响评估制度，并对社会影响评估范畴、实施主体、评估维度和评估方法做了具体的规定。

在日本《关于行政机关实施评价的法律》中规定了社会影响评估的基本事项：一是各级政府必须适时将所管辖政策的社会效果，从必要性、效率性和有效性的维度进行自我评估，并将评估结构反映在相应的政策上；在政府制定的社会影响总体评估的基础上，各部门要对自己每年施政计划中规定的政策行为进行社会影响评估。三是为了保证社会影响评估的综合性、严谨性和客观性，总务省会对各个省厅的评估进行再评估。

德国社会影响评估的主要法律依据是《联邦行政程序法》，通过立法，将公共决策的社会影响评估定义为政策决策的必要环节。根据《联邦行政程序法》的规定，政府公共决策中的一切项目都必须公之于众，并以招标方式委托给咨询机构对政策的社会、环境影响进行预测和评估，咨询结果在由政府部门专家顾问委员会审核通过后，方可以实施。为了保证社会民众对于公共行政社会影响评估由足够的参与程度，防止评估成为政府机构和第三方咨询专家的精英决策，《联邦行政程序法》还规定，在涉及重大公共利益的事项和行政行为，如城市规划建设、立法、政府腐败，必须举行听证会。决策的行政机关需要在报纸等公开媒体发布听证会的时间和地点，公众在事先备案后，可以就社会公共利益和个人切身利益，在听证会上表达看法。其中一部分被广泛支持响应的意见，将最终纳入决策方案中。

韩国也是较早开展公共政策社会影响评估的国家，20 世纪 60 年代早期，韩国有关部门已经探索对于政策的外部性效果进行测量，但当时主要集中在投入 / 产出的测量上。20 世纪 80 年代至 90 年代中期，韩国进入了判断性评估阶段，侧重于政策的经济产出效率和社会效益的测定，尚未形成综合性的政策评估框架。20 世纪 90 年代末，金大中政府上台后，对于传统的社会影响评估机制进行了重构，建立起一套被称为“制度评估”的综合评估机制。2001 年韩国正式通过了《政策评估框架法案》，对社会影响评估原则、评估主体、评估类型、评估程序、评估结果的使用和公开等内容都做了明确、详细的规定。2006 年 4 月，韩国政府实施《政府业务评估基本法》，将原来依据不同法令实施的分散、局部、片面的社会影响评价整合起来，纳入到一个综合、系统的评估框架当中。

（二）建立科学、完善的评估的组织框架

评估组织框架建设关系到不同评估主体间的功能与分工、评估程序和结果应用等关键问题，在社会影响评估中居于核心地位，是保证社会影响评估目标实现的制度基础。为了提高社会影响评估的绩效和科学性，发达国家普遍建立了专门的评估机构，形成较为完备的社会稳定风险评估组织框架，明确了不同主体的责任和参与流程，强调第三方力量和一般民众参与到社会影响评估当中。

根据评估责任主体与决策主体关系，可以大体将现有的社会影响评估实践大体分为两种模式：决策主体与评估主体一致内部估模式和决策主体与评估主体分治的外部评估模式。

1. 内部评估模式

内部评估模式是指将社会影响评估作为行政体系制定执行政策中的基本职责来完成，由官方或者半官方的机构整合各种评估资源，提供评估服务。内部评估模式的代表国家是日本和法国。

（1）日本：政策管理部门自评估模式

日本的社会影响评估是以各个政策发起部门和地方政府的自评估为基础的。1995 年，日本的三重县在地方自治体改革中，最早开始对本县的地方政策进行社会影响分析和预测。此后，其他的郡、道、府、县也借鉴了其做法，在行政改革中引入了社会影响评估内容。1997 年 2 月，在桥本龙太郎的倡导下，日本中央与公共事业有关的六个省厅开始对本部门制定的公共政策开展社会影响评估。2001 年颁行的《政府政策评估法案》，正式明确了政府对所管辖政策必须进行社会影响方面的自我评估，为此政府各部门均健全了社会影响评估的领导责任机制，建立起了由大臣或者政务次官为首的政策评估会议机构，并向国会定期提交政策评估报告书。

为了防止政策制定者和评估责任者一致后产生的利益捆绑问题，日本设计了中央政府“再评估”机制。总务省负责对各部门和各地方的自评估加以规范、指导，并进行检查。对于那些跨部门、跨地区、涉及利益广泛的政策议题，由总务省主导完成评估。在领导机制方面，总务省成立了作为总务大臣咨询机构的“政策评估与独立行政法人评估委员会”，其事务局设在行政评估局，委员由总务大臣任命，主要由外部专家、学者和企业家构成，委员长由委员们选任。该委员会负责对政府部门的社会影响评估结果和总务省所实施政策评估的相关重要事项进行调查审议。向总务大臣提出评估政策方针和修改意见，并直接与社会公众进行对话沟通，负责政策宣传。

虽然政府自评估是日本社会影响评估机制的基础，但根据需要，日本有关部门也会组织开展第三方评估或外部评估，以增强评估的客观性、独立性和广泛性。第三方评估或外部评估通常是委托专门的外部评估机构进行。外部评估机构通过与政府合作的方式，主要发挥在政府部门与公众间的桥梁作用。目前，在日本很多地区都有这类外部评估机构，为当地政府提供支撑服务（如图 15 所示）。

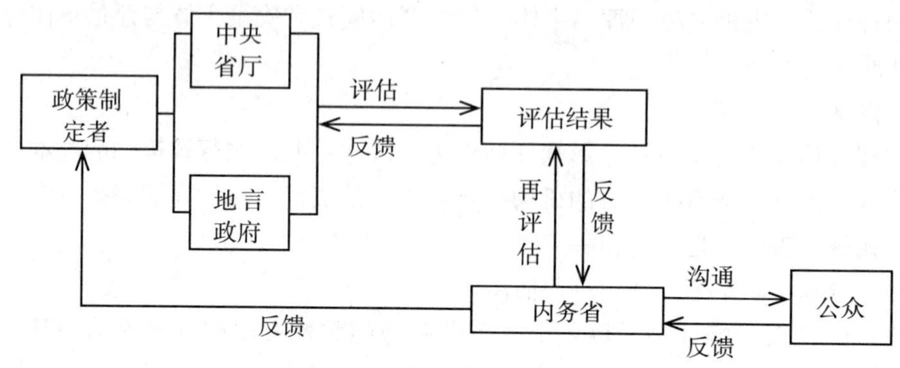

图 15　日本内部评估模式的组织构架

（2）法国：内部专家模式

在法国，为了搞好公共政策评估工作，设有专门的内部专家评估咨询机构和人员。但中央政府和地方政府在社会影响评估方面的机制还是存在一定差异的。中央政府社会影响评估主体是 2002 年成立的全国评估委员会，由该部门负责领导跨地区、跨部门的公共政策社会影响评估工作。全国评估委员会具有相当的独立性，评估过程中委员会成员可以不受行政机构影响发表意见并进行辩论，最终以集体意见作为评估结果。整个过程采用异议制，允许被评估机构阐述其观点甚至对评估结论提出异议。但评估报告一旦确定，被评估机构必须根据评估报告的建议采取措施，并向政府主管部门报告。

在地方根据公共政策施行范围，安排了不同的评估组织机制。在 5 万人以上的城市，一般设有专门的评估专员；在省级政府，建立有专门的政策评估处，公共政策社会影响评估是其重要职能；在全法 26 个行政大区，一般则设立集体评估机构，如大区评估委员会，委员会构成人员报考公务员、民选议员和评估专家。

为了保证社会影响评估公正、有效，法国评估机构如认为有必要，可以组织向社会公众和新闻机构开放的听证会，以收集与问题相关的个人及组织的意见，将听证意见作为报告的附件，并体现在报告中。法律保障评估机构可以进行不危害国防和国家安全的任何检查，以了解公共政策所产生的真实影响。无论中央还是地方，所有法国的政策评估人员需要经过社会影响评估领域专门培训和考核，并进行职业资格认定（如图 16 所示）。

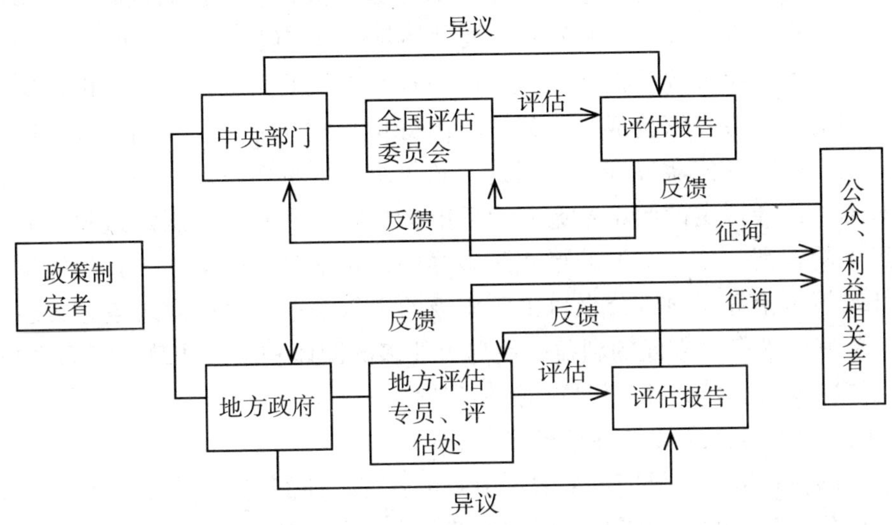

图 16　法国内部评估模式的组织构架

2. 外部评估模式

所谓外部评估模式是指，在坚持内部评估的同时，非官方智库机构、公众作为评估主体，广泛参与到社会影响评估当中，并对评估结果起到了部分主导性作用。外部评估模式的代表是德国、英国和世界银行。

（1）德国：内外部力量合作模式

德国公共政策评估机制建立较早，1975 年当时的联邦德国政府就要求各政府部门、各行业组织和各个研究机构都要建立评估咨询部门，为政府公共决策提供支持。目前，德国社会影响评估工作主要由政府内部的决策咨询机构和政府外部的研究机构共同完成。

在联邦层面，德国的社会影响评估机构为“鉴定总体经济发展的专家委员会”，法律规定年度国家重大决策必须由该委员会进行经济社会影响评估，每年 11 月向联邦政府提交鉴定报告。专家委员会成员由联邦政府提名，总统任命，任期 5 年并可以连任。为了保证评估工作的独立性，专家成员不能属联邦、地方的政府或者立法团体，也不能为公司法人服务。专家委员会还负责向各类公共政策的主管机构提供咨询，并解答社会公众的质询。在地方政府层面，各个州、市也设有类似的具有一定独立性的内部政策咨询委员会。

除了内部决策评估机之外，德国政府还非常重视体制外力量对社会影响评估的支持作用，并建立了较为完善的专家咨询和公众咨询机制。德国的联邦和各个州、市在进行重大公共决策时都要先拟定议案，由一个或多个政府、议会对口部门组成议案制定小组，同时成立咨询委员会。委员会由议案所涉及领域的第三方专家构成，为议案小组分析政策外部影响并制定社会影响评估方案。同时，公众咨询是德国公共政策决策的重要程序，法律规定公众需要对各级议会拟定的政策草案有全面的知情权，并有参与制定过程并发表个人意见的权利。公众咨询的形式是多样的，包括公众听证会、新闻媒体上的公开政策辩论等，通过公众自由、积极的主张表达，可以使政策方案趋于完善，更好的平衡各方面的利益，使尽可能多的团体和个人从政策行为中受益，尽可能减少利益受损者的数量和损失程度。

（2）英国：三方委托评估模式

英国在政策评估早期也采取了由政策管理责任部门进行“自评估”的方式来评估公共政策的社会影响。但在实践中发现，内部评估的主体是政策的制定者和操作者，对于政策的运行机制和绩效了解较多，但是对于政策预期目标之外的外部效应并没有信息上的优势。同时，作为理性经济人，内部评估者在评估过程中会倾向于保护自己的利益，弱化政策的负社会影响，夸张其正外部效应，很难保证客观公正性。

因此，自 20 世纪 70 年代开始，英国着力构建起独立于政策制定者与政策执行者的第三方评估机制，即通过合法程序，以政府购买服务的方式委托专业的咨询公司对于公共政策的社会影响效应进行评估，政府需要根据市场经济原则为评估活动支付费用。目前，英国有一批与环境、公共安全相关的咨询公司，专门从事相关工作，包括 CJC 咨询、Pareto 咨询等。

在具体运作上，遵循如下流程：由公共政策的制定部门和操作部门根据政策发展趋势、议会质询内容和社会舆论的关注焦点，选择需要评估的政策影响项目和基本评估内容。财政部门与政策管理部门会商，核定评估服务项目所需资金情况，并确定政府招标服务价格。组织公开的评估服务项目招标，由合规的咨询公司提出评估方案和价格参与竞标，由委托部门代表、和财政部门的政府采购专家代表审核竞标标书，确定中标机构。政府委托部门需和中标的评估咨询机构签订委托合同，资金纳入财政预算管理，按进度支付。三方机构需按时提交评估报告，并接受财政部门监督资金运行情况，接受政府委托部门监管评估业务工作的质量（如图 17 所示）。

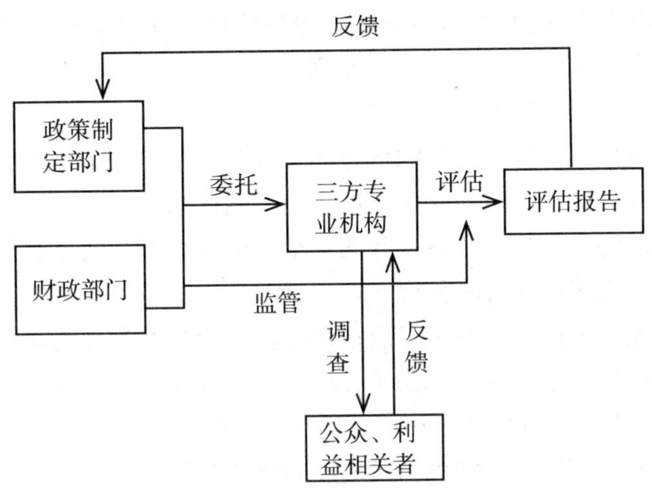

图 17　英国外部评估模式的组织构架

（3）世界银行的多发评估机制

世界银行在项目操作中形成了较为完善的多方评估机制，参与主体包括世行项目部门、所在国对口项目办、第三方评估机构、利益相关者。在评估路径上，也是多渠道评估平行进行。既有世行独立评估，也有与中方项目部门的合作评估、委托三方机构评估、对利益相关者的信息采集、反馈评估（如图 18 所示）。

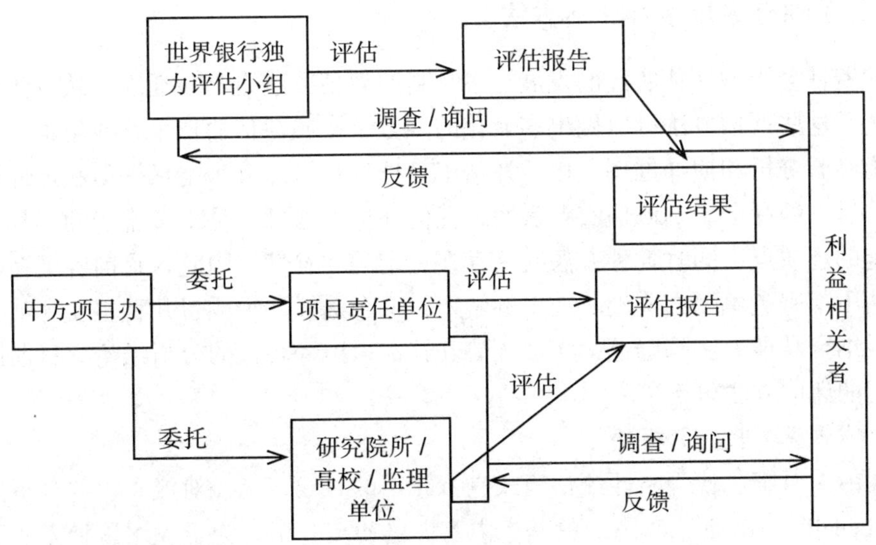

图 18　世界银行外部评估模式的组织架构

一是由世界银行在本地的项目办，委托项目责任单位在项目启动前对所承担项目的社会外部影响进行分析和预测，并出具评估报告。同时，项目责任单位要根据评估结果因地制宜的安排各种支持性措施，确保项目启动后的社会影响是适宜、可控、可持续。根据世界银行的公众参与原则，评估过程需要有广泛和多样的社会参与，包括社区居民、地方团体和其他利益相关者都会被调查、询问，他们的意见将会被纳入到评估结果中，以提高项目的长期回报性和包容性，消除可能存在的负面影响。

二是考虑项目责任单位与项目启动与否存在较强的利益关联，为避免因利益诱导而影响评估结果的客观、公正。对于一些规模较大、涉及人群较多的项目，世界银行会委托本地的第三方评估机构，如高校、科研机构和咨询公司，进行社会影响的平行评估。三方机构所出具的评估报告与项目责任主体的评估报告，共同构成了项目社会影响的前期评估结果，供世行项目部门决策参考。三方机构在评估中同样需要广泛调查项目对于社会公众的短期利益调整和长期影响。

三是世界银行建立的中期评估监测机制。在项目运行过程中，世行专家组成独力评估小组，在充分了解项目启动后对利益相关者所产生的社会后果影响的基础上，出具评估报告。独力评估小组的评估结果是对项目方案实际外部影响效应的动态监测，也是对前期评估的检查、比对，特别是对各项减缓负面影响措施有效性的反馈。

（三）综合采用多种评估方法

随着社会影响评估实践的发展，各种新的评估方法也不断涌现。从方法论的角度，这些评估方法可以做出多元化的划分：按照评估的技术路线逻辑，可以分为经验分析和演绎推理；按照评估工具选择，可以分为定量评估和定性评估等。过去的社会影响评估实践表明，任何评估方法都不是十全十美的，都存在一定的优缺点，同时各种方法间又存在一定的互补性。因此，目前各国在政策评估中都避免单一方法论所产生的偏差，综合选择一种或者几种主要评估方法，在结合其他方法基础上，实现优势互补，得出综合性的分析结论。目前广泛采用的评估方法包括：

1. 成本——收益分析法

在前文对第三代判断性评估模式进行介绍的时候，已经对成本收益分析法（Cost-benefit analysis，CBA）的基本内容做过初步介绍。为了克服该种方法无法覆盖那些不可直接量化项目的弊端，一些国家在实践将“影子价格”的概念引入成本收益分析框架，即通过测量支付意愿（Will to pay，WTP）和接受意愿（Willing to accept，WTA）来度量公共政策对利益相关者产生的实际影响程度，进而对的那些缺少明确市场价格的评估项目进行可比较货币化。所谓支付意愿是指个人为了某项改善愿意支付的货币金额，所谓接受愿意是指个人为了某项利益损失而愿意接受的补偿金额。这两个指标都需要使用实验法来测量个人的偏好水平，针对于那些无法通过市场价格来测量经济后果的项目（如表 13 所示）。

表 13　英国林地产出干预政策的成本效益分析（2004）

单位：英镑 / 公顷

干预政策	干预的收益现值（贴现率 3.5%）	干预的成本	净收益
城市视觉美化	1000000 — 2500000	300000 — 800000	有较大经济潜力
计划外林地准入	>30000（10 年合同期）	1007	边际净收益长期保持较高水平
现有共有林地的休憩价值	5500	950	平均净收益较高
新的生物多样性保护地	29000	3000-80000	具有正的净收益，但仅供参考
森林碳汇	为创造碳汇市场起到积极作用	—	—
水、减少空气污染	收益极小	—	—
城市恢复	可参考 1 和 2 项目的净收益加总，同时兼具恢复废弃土地的效果	如果土地已被污染，投资额巨大	收益水平不确定
乡村美化景观	可参考 1 和 2 项目		
乡村发展	没有可靠的直接收益信息	—	可通过项目 2.4 获得收益

2. 历时比较法

历时性比较法是以世界银行在开展重大项目社会影响评估中所着力推荐的一种评估方法。所谓历时性比较，是指在项目启动前，搜集过去类似项目的资料作为对照，研究对照项目开始时周围利益相关群体、社区、环保等社会环境的状况，对照项目运行中的做法，项目终结后所产生的社会影响后果。然后将当期项目与对照项目的启动起点状况进行比较，当期项目的运行方案和对照项目的实际操作路径进行比较，根据二者的同质性和差异性，预测当期项目方案所造成的社会负面影响源和影响程度，进而修改和矫正项目方案。

3. 抽样统计法

抽样统计法是定量分析法的一种，也是社会影响评估中广泛采用的分析方法。这种方法通过在总体中按照随机原理抽取部分由代表性的样本，在利用数理原理对误差进行控制的基础上，通过样本特征来推算总体特征。

在应用成本效益分析法时，由于相当多的项目不存在明确的市场价格，因此很多国家就采用抽样统计的方式来确定利益相关者行为偏好，进而构造影子价格。在具体操作上，首先构造行为偏好的数理模型，进而对利益相关者进行抽样并问卷调查，应用统计软件对大量数据进行整理并导入数理模型计算，经过假设检验后得到了利益相关者的行为偏好函数。

4. 模糊分析法

模糊分析法是介于定性和定量分析之间的一种方法。在社会影响评估中，很多政策后果的边界都是蘑菇的，很难用经典数学那种准确定量的方法予以衡量。例如，移民搬迁会破坏移民原住地的生活环境和社会支持网络，但同时移民补偿政策和开发性扶持政策也给予移民改变原有生活状态的机会，不同人的立场、观点、标准液不尽一致，因此很难得出好，或者不好的结论。

1965 年，美国加利福尼亚大学的查德（Zadch）教授创立了“模糊集合论”，用它来定量描述边界模糊和性状模糊的实物。在社会影响评估中应用这一评估方法时，首先确定社会影响指标，如 A、B、C、D；然后确定指标评定等级，如 a、b、c、d，从而形成了两个集合：

$$U = (A,\ B,\ C,\ D)$$

$$V = (a,\ b,\ c,\ d)$$

通过构建评估模型，得到各个影响指标和评定等级之间的隶属映射，再运用几何平均法、专家排序法等多种方法，来确定指标权重，从而构造了社会影响评估矩阵。进而通过归一化运算，得出模糊综合评估结论。目前社会影响评估中综合性的指标体系构建，其基础方法论都是模糊分析法，我国“稳评”中广泛采用的社会稳定风险评价体系，也具有模糊分析色彩。

（四）构建科学化的评估工具

为了提高社会影响评估结果的科学性和有效性，各国都普遍构建系统化的评估框架，并开发了多种定量和定性评估工具。通过综合运用先进、实用的评估技术，实现对公共政策行为社会影响真实、可靠的描述，为决策提供坚实的依据。

1. 美国公共政策社会影响评估框架

美国的社会影响评估框架主要包含三个方面的基本内容：一是政策开展的必要性分析，二是政策的合法性分析，三是政策的社会经济效果分析。在评估工具选择上，坚持定性和定量相结合，但以定量为主，定性为辅。美国审核影响评估工具的典型代表是小布什时期提出的《项目评估定级工具》（Performance Assessment Ratings Tool）。该工具共分为四个板块，由 25 个设问型问题作为评估维度。在基本方法上，采用成本收益分析法（CBA）和成本效果分析法（CEA），将可能发生的社会稳定负面影响内化到经济成本计算中。对于那些不能以货币计算的损益情况，则进行定性分析。

2. 英国国家风险评估标准化工程

面对重大决策所可能引发的公共安全性风险和全球战略性风险，英国建立了国家风险评估制度，由内阁国民紧急事务秘书处制定了“国家风险评估”（以下简称 NRA）标准化工作规程，通过确定五年期内的风险和绘制约 80 个危害和威胁到风险矩阵，以促进政府部门决策能力、应急准备和规划。NRA 进程包括风险确定、评估可能发生的风险及其影响、风险比对三个阶段。评估进程需要来自政府部门、机构、委任机构、公众、私人和志愿者组织等方面代表的广泛参与，并规定要建立定期监测机制，及时完善评估机制，充分考虑风险环境的变化。在英国国家风险评估中，风险评级分为非常高（VE）的风险、高（H）风险、中等（M）风险、低（L）风险等四级。高风险以上级别的风险，必须在英国国家、区域和地方层级规划中得到足够重视；非常高（VE）的风险必须被视为政府工作的高度优先事项，必须制订相应的对策，以减少或消弭风险，而且针对这些风险（跨机构）的对策、实施和培训等工作应及时到位，并要进行追踪、反馈、备案和监督检查。

3. 德国的关键领域社会风险预测指标体系

2006 年 9 月，隶属于德国内政部的公民保护与灾难救助局（BBK）开始研发针对所有危害、以风险发生概率和损害规模为主要考虑指标的风险分析方法，并建立了风险分析表，分析表包括人、经济、环境、基础设施、非物质等五个损害领域，各占 20% 权重，设立了 23 项参数，相当比例针对的是社会影响类风险。如，对公共安全和秩序的影响参数，事件对公共安全和秩序的影响的规模（例如公众游行、对人身或物体施暴）；政治影响参数，如对政治管理方面的影响（例如要求国家采取措施、公开要求某人退位）；心理影响参数，对国家机构信任损失的规模（例如对政府 / 公共管理）等方面的影响。根据风险列表设定社会风险场景，比如大规模示威游行发生的时间、地点等方式，根据其发生的概率，结合风险分析评估表，就可以建立相应的风险分析矩阵，为政府加强社会风险管理提供决策支持。德国联邦内政部在全德范围基于该体系内对关键领域的重大危害进行统一方法预测的基础上，制作完成了《全德风险统计册》，收集了所有可能对国家安全、社会、环境和经济带来重大危害的风险。2010 年 10 月，德国联邦政府正式颁布了《公民保护中的风险分析方法》，确定了指导联邦、州及地方政府开展风险分析的统一方法，同时，联邦内政部将每年向德国联邦议院报告风险分析的结果。

4. 世界银行的社会影响评估框架

在长期项目管理实践工作中，世界银行开发出了一整套社会影响评价的工具性框架。该框架包括四方面要素：对社会发展和合作方面的主要事物进行鉴别；对社会制度和组织架构方面的事物进行评价；对参与框架进行界定；监控机制的建立。

这一评估框架类似于标准化的工具包，在每个世行项目运作中，都会根据上述的要素逐步进行评估，从而确保世行的每个项目都能够较为充分的鉴别社会影响并实施监控，同时引导公共制度和利益相关者参与减轻不利社会影响的作用。

（1）对社会发展和合作方面的事物进行甄别

一是利用既有文献、统计数据、专家访谈等多种方式，获取足够的二手信息，对关键性的社会发展事物进行初步鉴别判断。

二是对具有显著影响的利益相关者进行甄别。这些利益相关者包括受到项目运行影响的社会群体、正式和非正式的公共 / 私人代表，以及非政府组织等。

三是结合项目背景，对关键社会发展事物进行筛选。集中关注于受到项目影响的经济脆弱群体的社会参与和可持续发展受到限制的情况。

四是设计专门的情报战略，确定关键利益相关者及其他关注群体的社会经济特征、存在问题、受限制情况、需求信息、解决方案等。

五是设计减缓不利影响的措施。对世界银行控制范围内的不利影响，必须制定有针对性的消除和减缓措施。

（2）对社会制度和组织结构方面的事物进行评估

一是鉴别平等参与障碍。鉴别脆弱群体在获得项目支持方面是否存在障碍，这些障碍包括：正式和非正式的制度限制、风俗习惯、社会机构局限、法律规章限制、信息和通讯系统制约等。

二是如果社会影响评价确认存在系统、结构性的障碍，就应提出克服障碍的机制。

（3）界定参与框架

一是制定社会参与策略。与最广泛的利益相关者和其他参与者分析项目的信息；确保利益相关者在任何情况下都能够参与项目评估；对利益相关者所提供的信息做出积极的响应和反馈。

二是制定实施策略。在充分调研的基础上，确定不同相关群体的利益关联度，并制定相应的激励和补贴机制。确保世行主导的以减轻不利社会影响的措施，都能与相关利益群体达成共识。

（4）建立监控机制

对项目活动的资金投入、执行过程、产出指标、预期社会影响效果进行动态监测。监测过程完全透明。

四、社会影响评估国际经验对我国“稳评”的借鉴意义

经过了近十年的实践，我国有关部门已经认识到了稳评的重要意义和必要性，并初步建立了稳评的制度保障机制，基本实现了重大固定资产投资项目的强制性评估，并在部分地区实现了重大决策的评估。但是以国际经验作为标尺，我国目前的社会稳定风险评估还不完善，与实现真正科学、全面的分析和掌握因政策行为而集聚的社会稳定风险情况还有相当的距离，也无法通过有效整合、改善政策以降低社会稳定事件发生可能。国际比较分析的目的不仅在于跟踪掌握其他国家在这个领域的好成果、好做法，最终目的是实现“洋为中用”，在结合我国实际的基础上，将他国得以实施并证明行之有效的做法加以消化和吸收。总结起来，社会影响评估的国际经验对完善我国稳评机制，可以在以下几个方面提供宝贵的借鉴。

（一）完善制度建设，为稳定风险评估提供有力的制度保障

2012 年中办、国办发布的《关于建立健全重大决策社会稳定风险评估机制的指导意见（试行）》（中办发 [2012]2 号）只是在原则上提出对于涉及人民群众

切身利益的重大决策需要进行稳定风险评估，但对于稳评的包含内容、基本程序没有做出细化的规定，无法成为指导稳评工作的可靠依据。而各个地方的规章制度法律效力不强，对跨地区的重大事项往往没有执行效力。在一些没有做出明确规定的领域，已经发生中央文件、部委文件和地方规章“打架”的问题。

一是要逐步提高社会稳定风险评估的法律位阶。针对目前稳评工作的依据大多属于行政规章范畴，法律位阶不高，效力不足的问题。既不能放任自留，使工作继续低成效的运转，也不能在实践还不成熟的情况下上盲目推动立法。可以通过逐步过渡的方式，将稳评工作纳入法制化轨道。可以在总结各级政府制定“稳评办法”的政策经验基础上，先由省级人大探索制定《社会稳定风险评估实施条例》。适时再由全国人大制定《中华人民共和国社会稳定风险评估法》，将稳评的概念、原则、范围、程序、主体、法律责任和处罚措施予以明确，以法律强制力保障稳评工作能够落到实处。

二是加强专项领域的制度建设和指导。重大事项的涵盖领域较为广泛，其中企业改制、征地拆迁、涉农利益、教育医疗、环境保护、安全生产、食品卫生等领域是社会矛盾和社会问题的聚焦点，任何一点利益格局的重新调整都容易成为稳定风险源。目前，我国遂宁等地方已经开始了专项领域的评估探索，但是由于既有改革经验不足，对于专项事项的评估边界界定、评估内容选择、评估方法和工具开发方面，都还尚不健全。由于对于风险源和风险程度的预测和测量不准确，也很难构建可靠有效的风险化解机制。因此，应由应加强中央各业务管理部门在专项评估领域的业务指导作用，对本领域内可能发生的风险源、风险程度趋势进行充分的研究，判断稳定风险的演进趋势，在此基础上结合专项工作领域的业务特点，选择合适的评估技术，分门别类的制定专项评估指导办法，纠正地方工作中不合理、不科学的地方。

三是要加强稳评工作的监督与考核机制建设，建立责任追究制度。要明确多主体监督的格局，既要有完善的内部监督检查机制，将稳评效果纳入年度指标考核，对于工作中不规范的地方，及时启动追责程序。也要建立起外部评审监督机制，将重大决策的稳评报告定期交由三方机构、人大、政协和群众代表组成的听证委员会进行听证审议，听证会代表可以对报告中的信息和结论进行质疑，以防止因为稳评工作质量不过关而导致评估机制失效。

（二）建立健全独立性强、专业化程度高的稳评组织体系

目前我国稳定风险组织机制建设还在初创阶段，评估主体和政策决策主体

高度同质。在实施过程中，决策者身兼运动员和裁判员的双重角色，非常容易发生“内部人控制”问题。政策决策主体为了维护自身的利益，可能会预设评估结论，干扰评估结果。同时，行政管理部门往往缺乏必要的对口知识和技能储备，由他们进行自评估，也导致了评估效果大打折扣。

一是建立内部专业化的公共稳评机构。社会稳定是一种具有较强公共安全属性的公共物品，其主管责任主体必须是一级政府，被明晰的界定于政府行为边界内。完全将稳定风险评估工作交由三方机构负责会导致权责不相适应。同时，国际经验也表明，单纯将评估者和决策者分离，并不能解决二者在利益一致动机驱动下的“共谋”问题。因此，可以借鉴法国内部专家模式的经验，在公共行政框架内部建立独立且专业化的评估机构。考虑我国政治体系下人大制度和政协制度的具有社会利益的代表性和公共参与的专业性，可在各级人大和政协设立由人大代表、政协委员参加的常设评估委员会，其成员既包括行政官员型的代表委员，也包括专家学者型的代表委员，任何事关人民群众重大利益的事项，在启动前必须在评估委员会的主导下进行稳定风险评估。

二是培育发展三方专家咨询机制。和一般公共政策评估相比，稳评工作具有一定的政治特殊性，三方专家不能作为主导性的评估主体。但考虑到第三方的社会中介组织具有一定的独立性，同时集中了具有较多丰富政策评估经验的专家学者，可以为稳评结果提供必要反馈支持。为了解决三方参与稳评资金来源，确保三方机构忠实履责，应将稳评服务纳入政府购买服务的框架，由评估委员会会同财政部门通过公开招标的方式，将稳评项目委托给三方机构，资金实行财政预算管理，定期考核资金利用情况和项目完成质量。由于稳定风险评估结果对重大决策的顺利实施具有举足轻重的作用，这就要求评估主体不仅需要对我国的公共政策运行机制和社会管理领域有着比较深入的了解，而且还需要有着良好的职业操守，因此在三方机构的选择上需要更加谨慎，应该对具有较强政策分析评估能力和较高诚信度政府机构所属的公益性事业单位、高校、科研机构适当倾斜。

三是提高社会公众的参与程度。在现在的稳评框架下，仍然基于的是前三代评估体系的威权评估模式，利益相关者作为被动的调查者参与评估，不能对评估运行和结果起到建设性的作用。因此，应借鉴国际广泛采用的四代建构主义评估理念，提高社会公众的参与程度。建立起完善的稳定风险评估信息发布机制，通过听证会、媒体政策讨论、居民议事会等基层民主平台，提高公众对于社会稳定风险评估的参与程度。在评估中必须较好的了解利益相关者的基本情况、诉求与利益关联情况，根据利益相关者的信息反馈，不断修正决策方案。对于那些不能获得广泛的理解和支持的事项，坚决不能启动。

（三）完善评估流程，扩大评估结果的应用范围

我国目前稳评实施路径单一，仅在决策开始之前进行预评估，对于决策实施中的风险发展变动缺少监测，无法对决策优化提供信息回馈。因此，应对现有评估流程进行优化重组：进一步明确评估事项和边界；准确识别主要利益相关群体；将从前置预评估拓展至覆盖政策的全流程的评估体系；扩大评估结果的应用范围，基于评估绩效的反馈指导决策机制的改进与完善。

一是要准确界定评估事项。在我国目前的稳评实践中，只是原则性的规定了涉及群众利益的重大决策、重大工程和重大改革必须进行稳评，但对于什么样的事项才算是符合要求的重大事项，普遍没有进行操作化的界定。可由稳评管理部门会同其他政府职能部门，根据各个职能领域的业务，确定本领域内需要评估的事项和评估范围，避免出现“当评不评”和“评不该评”。

二是科学识别主要利益相关方。对于明确需要开展稳评工作的事项，评估主体应该进行充分的基线信息收集，在此基础上识别出与事项存在直接和间接利益关联的主体，为下一步有针对性的开展稳评工作提供前期准备。在此阶段要关注于那些不与项目发生直接利益冲突，但是存在潜在和间接价值关联的社团群体，例如环保组织、文化保护组织，甚至包括一般民众。

三是拓展评估覆盖范围，从事项启动前预评估延伸至全程的风险监控和反馈。风险的源和危害程度并不是一成不变的，会根据环境变化和评估事项本身的运行而动态发展，所以重大事项启动前的稳评报告仅能反映当时评估时点的风险结构和水平，不能为决策实施中是否会发生稳定风险问题“打包票”。因此，应将稳评从目前的静态时点评估延伸为全程的动态风险监测。对于那些预评估表明存在一定风险水平的决策事项，应进行专项的风险动态管理，定期监测稳定风险的变化情况，防止因政策方案调整和嵌入要素的改变导致风险趋势恶化。对于发现的新风险源和新的变化趋势要及时预警，安排有关责任部门化解和处置。

四是提高稳评的结果的应用性，通过评估反馈倒逼决策优化。目前的稳评机制还缺少事项实施后的总结，对于风险源研判是否可靠、风险等级测量是否准确、化解对策是否可行，都没有进行再评估和再考查，仅是以“不出事”为唯一评判标准。由于缺乏绩效反馈，稳评工作对完善决策机制的积极作用并不

显著。因此，可以基于国际普遍采用的历时性比较方法，在政策实施终结后，通过稳评的路径对政策的社会稳定风险进行反馈性评估。查找是否因为决策机制不科学、社会参与民主化不够而发生了风险源扩散或者风险水平加剧，是否因为稳评方案不完善而存在漏评、错评，没有起到很好的风险预警作用，是否因为应对措施不到位而导致风险不能及时有效化解。通过检查既有决策中存在的疏漏，为今后类似事项的决策质量改善提供对照参考。

（四）加强社会稳定风险评估的技术基础建设

国际经验表明，做好社会稳定风险评估工作，不仅需要坚实的法律基础、健全完善的组织机制、全面的评估流程，还需要构建科学的评估工具，并打造一支具有较高专业化水平和业务能力的评估人员队伍。

一是要改善评估工具的质量，加强评估技术建设。。我国部门地方在实践工作中已经开始探索构建社会稳定风险评价体系，作为稳评的主要评估工具。但由于指标选择和量化加权过程中没有经过科学的论证，基于是决策者的主观经验判断，子项目选择和赋值设计都很不合理，计算出来的社会稳定风险系数适用性差，在工作中还不能作为风险水平研判的依据。应在借鉴各国社会影响评估的方法和工具基础上，根据我国社会稳定风险评估需要，综合运用对比分析法、成本效益分析法、抽样统计法、访谈法等，对稳评指标体系做出再设计，科学设置评估项目、合理赋权，使评估出来的风险分值可信、可靠、可应用。

二是加强评估人才队伍建设。目前，稳评工作已经逐步发展为各级政府重大事项公共决策的常设环节，这就对评估人员的能力和专业化水平提出了较高要求。应加强稳评人员的配置，在有评估范围内重大事项决策权的各级政府职能部门，配备稳评专员，专项负责本单位稳评工作。在人员的选拔上，必须做到政治过硬、业务精通。考虑到目前的公务人员配备上强调一般事务性工作，很少具备专业的风险评估和调查统计等方面的人才储备，可在高校和研究机构建立专门的稳评人才培养基地，定期选送业务骨干进行专门的风险管理、政策评估、调查统计等课程的学习，提高评估人员的业务素质和实际工作能力。

关博

参考资料

付翠莲：《重大事项社会稳定风险评估机制研究》，中国社会科学出版社 2011 年版。

胡建一、杨敏、黄玮：《公共项目社会稳定风险分析与评估概论》，上海社会科学院出版社 2011 年版。

李志军：《重大公共政策评估理论、方法与实践》，中国发展出版社 2013 年版。

徐亚文、伍德志：《论社会稳定风险评估机制的局限性及其构建》，《政治与法律》2011 年第 1 期。

常健、许尧、张春颜：《社会稳定风险评估机制中的问题及完善建议》，《中国行政管理》2013 年第 4 期。

金艳荣：《重大决策社会稳定风险评估功能浅析》，《长白学刊》2013 年第 2 期。

杨雄、刘程：《加强重大项目社会稳定风险评估刻不容缓》，《探索与争鸣》2010 年第 10 期。

周红云：《公共财政视角下社会稳定风险防控机制研究》，《财政研究》2013 年第 1 期。

伯基：《社会影响评价的概念、过程和方法》，杨云枫译，中国环境科学出版社 2011 年版。

古贝、林肯：《第四代评估》，秦霖等译，中国人民大学出版社 2008 年版。

专题报告之五

我国重大决策社会稳定风险评估的实践

当前国内重大决策社会稳定风险评估实践的现状是：评估制度普遍建立，具体情况参差不齐；评估典型已经出现，组织体制同中有异；评估范围不断细化，评估内容有所拓展；责任主体相对明确，考核问责制度建立；评估方法更加科学，评估意见执行良好。经过几年的发展，国内风险评估形成了四种主要模式：三级分类、七步评估模式，三方主体、两次评估模式，五步评估、三色预警模式，全程跟踪、动态评估模式。各地评估实践取得了一些经验，但也存在“该评不评”与“评不该评”并存、责任主体与实施主体不分、评估重结果轻程序、公众有效参与不足、风险定级尚未统一、评估问责尚未到位等问题，需要在今后的理论研究与评估实践中重点予以解决。

进入新世纪以来，我国经济持续发展，社会矛盾日益凸显。自遂宁开展重大决策社会稳定风险评估以来，我国各地的风险评估实践迅速发展，形成了“三级分类、七步评估”、“三方主体、两次评估”、“五步评估、三色预警”、“全程跟踪、动态评估”等四种主要模式。国内评估实践既积累了一些经验，也暴露出一些问题，需要在今后的理论研究与评估实践中重点予以解决。

一、国内重大决策社会稳定风险评估的现状

作为新生的制度安排，重大决策社会稳定风险评估（以下简称“风险评估”或者“稳评”）在短短的五六年时间内在全国各地迅速地扩散、传播。各地通过建立长效机制，注重源头预防，实现了从被动保稳定到积极创稳定。就

全国来看，评估实践总体良好，各地做法存在差异。

（一）评估制度普遍建立，具体情况参差不齐

1. 各地区普遍建立了风险评估制度

2004 年汉源事件后，四川省遂宁市开始探索重大事项社会稳定风险评估，针对当时容易引发群体性事件的一些重大建设工程，于 2005 年初在全国率先建立起《重大工程建设项目稳定风险预测评估制度》。2006 年 2 月，遂宁将评估范围扩大到作出决策、制定政策、推进改革和其他事关人民群众切身利益的重大事项，率先出台了《遂宁市重大事项社会稳定风险评估化解制度》。

此后，各地纷纷学习遂宁经验，开展风险评估，并参考遂宁稳评制度，撰写本地区的风险评估办法。2007 年，吉林省开展了社会稳定风险评估试点工作。2009 年，中央要求在全国推广社会稳定风险评估。2009 年 3 月，吉林省委、省政府下发了《关于在全省推行社会稳定风险评估工作的意见》，在全省全面展开、强力推行这项工作。四川省在总结遂宁经验的基础上，于 2010 年 10 月出台了《四川省社会稳定风险评估暂行办法》，率先以政府令的形式，明确了社会稳定风险评估的对象、原则、范围、内容、主体及方式等。到 2011 年 12 月，湖北省省、市、县三级党委、政府全部出台了社会稳定风险评估制度。在中共中央办公厅、国务院办公厅下发了《关于建立健全重大决策社会稳定风险评估机制的指导意见（试行）》（中办发〔2012〕2 号）之后，各省（市、自治区）纷纷参照该意见，完善本地区风险评估细则。在此基础上，各省（市、自治区）直各部门和各市（州）、县（市、区）党委、政府也开始出台具体的实施意见和配套制度。截至 2012 年 9 月，全国所有省、区、市和地市州盟普遍建立了社会稳定风险评估机制。

2. 各地区综合性风险评估制度的法律效力不尽一致

一般地说，综合性的重大决策社会稳定风险评估制度的制定者应当是各地区的党委、政府，实践中却有少数地区例外，这就使其法律效力受到影响。如山西省太原市维稳办通过制定出台《太原市建立重大社会决策、重大工程项目社会稳定风险评估机制实施意见（试行）》（并办发〔2010〕30 号）和《太原市维稳办建立重大社会决策、重大工程项目社会稳定风险评估机制实施细则（试行）》（并办发〔2010〕45 号），初步建立了社会稳定风险评估机制。辽宁省大连市由处理信访突出问题及群体性事件联席会议办公室出台了相关制度。山西省则由发展改革委制定了《山西省发展改革委关于对重大社会决策、重大工程

项目开展社会稳定风险评估的实施意见》(晋发改办室发〔2010〕47号)。

3. 各行业风险评估制度的建立情况参差不齐

除了综合性的重大决策社会稳定风险评估制度（可称为“大制度”）外，国务院有关部委还根据不同事项，制定了本行业、本系统的社会稳定风险评估办法（可称为“小制度”）。如国家发展改革委出台了《关于印发重大固定资产投资项目社会稳定风险评估暂行办法》(发改投资〔2012〕2492号)。

全国大部分地区有关部门参照国务院有关部委及本地政府出台的社会稳定风险评估制度，制定了本行业、本系统的社会稳定风险评估实施细则（办法），使该地区建立起完整的稳评制度体系。但还有山西省等少数地区的行业主管部门、职能部门尚未建立健全有关实施细则（办法），影响了完整的稳评制度框架的形成，使整个稳评制度很难落到实处。

（二）评估典型已经出现，组织体制同中有异

重大决策社会稳定风险评估机制自形成以来，已经出现了四川遂宁、浙江衢州、贵州铜仁、江苏淮安、浙江定海等先进典型。四川遂宁做法的主要特点是“六个五”：评估“五类重大事项”，围绕“五项重点评估内容”，采取“五步工作法”，落实“五种责任追究措施”，拓宽“五条监督渠道”，严明“五项铁规”。浙江衢州积极探索建立由情报信息主导的重大群体性事件隐患专案管理制度，其做法的主要特点是“五个机制”：隐患排查机制、分析研判机制、风险评估机制、矛盾化解机制、责任分工与追究机制。贵州铜仁做法的主要特点是风险评估先行、防范化解联动、建设与调解并进、发展与稳定统筹。

在组织体制上，大部分地区比较重视党委、政府对风险评估工作的领导。如四川省由各级人民政府领导和管理本行政区域内社会稳定风险评估工作。北京市由市委、市政府领导牵头，成立了社会稳定风险评估调研工作领导小组。四川遂宁、江苏淮安、浙江定海三地则坚持党委统一领导，成立了维护社会稳定工作或者社会稳定风险评估工作领导小组及其办公室。淮安建立了“党委统一领导、党政齐抓共管、各职能部门纵向垂直领导、横向分工协作”的组织领导体制。定海建立了“党委统一领导、政府组织实施、主管部门具体负责、综治维稳部门指导考核”的组织领导体制，将重大事项社会稳定风险评估工作领导小组办公室设在区委维稳办，主要负责对评估项目进行指导、协调、监督。

（三）评估范围不断细化，评估内容有所拓展

1. 各地区界定了风险评估有关概念，使评估对象范围更加细化

四川遂宁刚开始推行社会稳定风险评估时，笼统地将"四重 — 敏感"列入重大决策范围，即"事关群众切身利益的重大决策；关系较大范围群众切身利益调整的重大政策；涉及较多群众切身利益，并被国家、省、市、县（区）确定为重点工程的重大项目；涉及相当数量群众切身利益的重大改革；关系广大群众切身利益的社会就业、企业排污、行政性收费调整等敏感问题"。此后，大多数地区以遂宁的"五类重大事项"为蓝本，将"凡是需要党委、政府研究决定的事关群众切身利益的重大决策、重大政策、重大项目、重大改革与敏感问题"作为风险评估对象。

经过几年的探索，有的地区在评估制度中界定了"社会稳定风险"、"群众"、"重大事项"等概念，细化了评估对象的范围。按照辽宁省大连市《对涉及群众利益重大决策事项进行社会稳定风险评估的暂行办法》规定，社会稳定风险是指 100 人以上的大规模群体性上访和社会突发事件，群众是指与重大决策事项有利害关系的公民、法人和其他组织。山西省太原市新修改后的实施细则将评估范围规定为十项，并进一步明确了单项决策涉及利益相关人 500 人以上、单项工程项目涉及房屋征收 50 户以上必须实施社会稳定风险评估。重大社会决策指本地党政机关出台有关经济社会发展和人民群众利益密切相关的法规、政策、文件；重大工程项目指本地立项实施涉及的利益关系人较多，或利益关系人较少，但社会影响重大，可能影响社会稳定的各类工程项目。从评估对象所涉及的重点领域看，主要包括企事业单位改革、就业与社会保障政策调整、价格调整、重点项目建设、涉及"三农"的重大决策事项、征地拆迁、环境保护等领域。

专栏 3

各地对重大决策社会稳定风险评估范围的规定

山西省太原市应当评估的重大事项范围：

1. 涉及职工分流或职工利益变动的国有企业（国有控股企业）改制、重组、上市等事项；事业单位机构改革事项；国有企业（国有控股企业）职工收入分配制度重大改革事项。

2. 涉及养老、医疗等社会保险制度及促进就业政策等重大调整；社会救助政策重大调整等。

3. 经济适用住房、公共租赁房、廉租房等住房保障政策重大调整；城市基础设施建设、旧城改造中的房屋征收补偿、居民安置等政策重大调整，房地产市场、物业服务管理等政策重大调整。

4. 水、电、燃气、粮食、公共交通、教育、医疗、药品等关系群众切身利益的商品、服务价格和收费标准进行重大调整。

5. 涉及农村土地经营权流转及土地、房屋征收征用、补偿、安置和移民安置等方面重大政策和改革措施。

6. 可能造成环境严重恶化或加大污染物排放的重大建设项目等。

7. 重大自然灾害和重大疫情的预警防控方案；食品、药品安全预警防控监测方案；重大安全、质量事故处置；洪水、干旱、地震等重大自然灾害后的重要恢复重建项目建设。

8. 涉及人员多、敏感性强，可能对社会稳定产生影响的重大活动。

9. 企业军转干部、退伍军人、重点优抚对象等涉军群体在安置、医保和其他生活待遇、社会保障等方面政策的重大调整。

10. 各级党委、人大、政府或维护稳定工作领导小组认为应当进行社会稳定风险评估的其他重大事项。

辽宁省大连市应当评估的重大事项范围：

1. 集体土地的征占及补偿；

2. 农村土地、滩涂、水域承包流转等；

3. 重大建设项目选址；

4. 房屋拆迁及补偿；

5. 国有企事业单位改制及职工分流安置；

6. 环境保护与治理；

7. 社会福利和社会保障政策调整；

8. 其他涉及群众利益的重大决策事项。

2. 各地区拓展了风险评估的内容，使风险评估更加全面科学

从评估内容看，各地区主要评估重大事项的合法性、合理性、可行性和安全性。尽管天津、淮安与定海评估重大事项的可控性，但其含义能够被安

全性所覆盖。湖北省与大部分地区的评估内容有所差别，实际上拓展了风险评估的内容，涵盖了廉洁性、程序性等内容。如湖北省主要评估决策事项的合法性、科学性、廉洁性和可行性，湖北远安主要评估合法性、合理性、程序性和稳定性。

专栏 4

风险评估的主要内容及其含义

合法性：重大决策是否符合党和国家的方针政策；是否符合法律、法规、规章的规定；是否符合党委和政府的重大决策部署；是否保持政策的连续性、一致性和严密性；其所涉政策调整、利益调节的对象和范围是否界定准确，调整、调节的依据是否合法。

合理性（科学性）：是否符合经济社会发展规律，是否符合本地经济社会发展的总体水平；是否符合以人为本的科学发展观，是否符合构建社会主义和谐社会的总体要求；是否符合本地区、本系统近期和长远发展规划；实施方案是否具体、翔实、具有可操作性，配套措施是否完善、责任是否明确。

可行性：重大决策出台的时机是否合适，条件是否成熟；是否代表大多数群众的根本利益，是否兼顾了广大群众的现实利益和长远利益；改革力度、发展速度和社会可承受程度是否有机统一，是否超出绝大多数人民群众的承受能力；群众利益是否得到保障，是否兼顾各利益群体的不同诉求，人民群众特殊困难是否得到解决；是否征求广大人民群众特别是相关利益群体意见，社会各界和广大人民群众的反映如何，是否得到大多数群众的理解和支持；是否开展宣传解释工作，是否有人力、物力、财力等方面的保障。

安全性（稳定性）：重大决策的实施是否会造成其他地区、其他行业、其他群众的相互攀比或不满情绪，是否可能引发不良连锁反应或对相关利益群体造成影响；是否会引发较大规模群体性事件、较大规模上访，重大社会治安问题、负面舆论过激过热以及其他影响社会稳定的问题；对生态环境等有何重大影响；是否存在其他不稳定隐患。

可控性：对可能引发不稳定因素和群体性事件的苗头性、倾向性问题以及影响稳定的其他隐患，是否有完善的风险化解措施；对可能出现的影响社会治安、社会稳定和社会和谐的问题，是否有相应的预防预警措施和应急处置预案；对可能产生环境污染、生态环境影响的项目，是否有科学的治理、环保配套措施；是否在可控范围之内。

程序性：重大决策的出台是否符合规定的议事决策程序；是否经过严谨科学的可行性研究论证；是否经过专业的、严格的报批和审查审批程序。

廉洁性：重大决策有无涉及不公、不廉问题。

（四）责任主体相对明确，考核问责制度建立

1. 风险评估的责任主体逐步明确

各地区在评估主体上的共同点是，基本上采用以政府为主体、主导的稳评模式，遵循“属地管理，分级负责”、“谁主管、谁负责”、“谁主管、谁评估”、“谁建设、谁评估”、“谁审批，谁评估”的原则，确定重大事项决策的提出部门、政策的起草部门、项目的申报审批部门、改革的牵头部门、工作的实施部门为负责组织实施风险评估的责任主体。涉及多部门职能交叉难以界定评估直接责任部门的重大事项，由党委、政府（或者重大事项社会稳定风险评估工作领导小组）指定评估责任部门；如未指定，则以本级政府办公厅（室）为责任主体。

山西省太原市为了避免部门推诿现象，在《太原市维稳办建立重大社会决策、重大工程项目社会稳定风险评估机制实施细则（试行）》（并办发〔2010〕45号）中，直接明确重大社会决策责任主体为发布社会决策的机关，重大工程项目社会稳定风险评估责任主体为项目的批准立项机关。这样，就解决了谁负责开展评估及谁负有相关责任的问题，为不开展风险评估工作导致重大事件发生的责任追究提供了依据。

2. 风险评估的考核及问责制度奖惩分明

各地区风险评估的考核及问责制度不断完善，各有侧重。具体可分为四类：

一是一票否决制。主要是把风险评估工作实绩与领导干部的政绩考核直接挂钩，对责任主体实施社会治安综合治理一票否决。实行这一制度的有山西省发展改革委、山东省肥城市和云南省等。

二是“一刀切”追责制。主要是针对不评估、不合规评估、不实评估、不

执行评估意见或者不落实化解措施等引发社会不稳定问题的，一律追究责任主体的责任，但在具体规定中未按照情节与后果对责任进行轻重分级。如《内蒙古自治区重大项目建设社会稳定风险评估暂行办法》的规定。

三是轻重追责制。主要是对针对不评估、不合规评估、不实评估、不执行评估意见或者不落实化解措施等引发社会不稳定问题的，按照情节轻重程度与后果严重程度，对责任主体责令限期改正、进行批评教育、予以党纪政纪处分直至追究刑事责任。实行这一制度的有四川省、辽宁省大连市。

四是奖惩结合制。主要是对风险评估成绩突出的单位和个人，依照有关规定给予表彰奖励；对风险评估工作不力的单位和个人，依据有关问责制的规定进行问责。广东省、吉林省及云南省昆明市五华区实行了这一制度。广东省把开展风险评估工作纳入党政领导干部阶段考核、年终考核的重要内容，把考核结果作为领导干部晋级升职、评先受奖的重要依据之一。吉林省 2010 年出台了《吉林省社会稳定风险评估工作考评办法》，将社会稳定风险评估纳入社会治安综合治理考评体系，由各级综治维稳办在每年年底前综合评定出优秀、良好、合格、不合格四个档次。

专栏 5

各地区对于风险评估考核及问责的规定

1. 一票否决制

重大社会决策、重大工程项目社会稳定风险评估工作将纳入干部绩效考评范畴，实行一票否决制。由于下列原因，引发群体性上访与群体性事件，对社会稳定造成严重影响的，进行责任追究。情节恶劣、后果严重的，依纪依法追究党纪、政纪和法律责任。

（一）应当进行稳定风险评估的事项，责任主体不组织评估的；

（二）拟决策事项经过评估被否决，或要求对决策方案修改后实施，责任主体和实施单位擅自实施或方案未经修改即实施的；

（三）拟决策事项在实施过程中，责任主体拒不接受评估机构合理建议并造成损失的；

（四）责任主体不认真开展评估工作，流于形式，草率施行，没有客观地预测到拟决策事项实施后可能出现突出社会矛盾而最后引发群体性上访和群体性事件的；

（五）决策事项在实施过程中，责任主体没有有效跟踪监督，对问题处理不及时而引发群体性上访和群体性事件的；

（六）经有关部门认定应当追究责任的。

——摘自《山西省发展改革委关于对重大社会决策、重大工程项目开展社会稳定风险评估的实施意见》（晋发改办室发〔2010〕47号）

把风险评估工作实绩与领导干部的政绩考核、评先树优直接挂钩。对应评估而未评估，或在评估工作中搞形式主义、弄虚作假，造成评估失实，或防范化解工作不落实、不到位，引发不稳定问题或群体性事件，影响社会和谐稳定的，一律实行社会治安综合治理"一票否决"，并严肃追究有关单位领导和相关人员的责任；对构成违纪的，由组织、人事、纪检监察部门依照党纪政纪，给予处分；对涉嫌违法犯罪的，移交司法机关，依法追究法律责任。

——摘自《肥城市社会稳定风险评估办法》

对重大事项应进行社会稳定风险评估而未进行，未按照有关程序进行充分评估，未严格执行评估审查意见落实相应防范、化解和处置措施，引发不稳定问题和群体性事件的，追究相关责任人员的责任，并对责任地区、部门和单位实施社会综合治理"一票否决"。

——摘自《云南省重大事项社会稳定风险评估制度》（云办发〔2010〕31号）

2."一刀切"追责制

第九条　自治区发展改革委对于需要进行评估的重大事项，应做到无评估不上会、不研究。对于未按照本办法规定，对项目可行性研究报告或项目申请报告给予批复，造成较大或重大损失等后果的，应依法依纪追究有关处室、单位和责任人的责任。

第十条　评估主体不按规定的程序和要求进行评估导致决策失误，或者故意隐瞒事实、弄虚作假，造成较大或重大损失等后果的，应依法依纪追究有关责任人的责任。

第十一条　项目建设单位未认真落实评估意见提出的应对措施，或项目审批后擅自改变建设地点、调整建设内容等引发社会不稳定问题的，要依法依纪追究项目建设单位主要负责人及相关责任人员的责任。

——摘自《内蒙古自治区重大项目建设社会稳定风险评估暂行办法》

3. 轻重追责制

有下列行为之一，情节较轻的，责令限期改正和批评教育；情节较重引发大规模集体上访或影响社会稳定的群体性事件的，对行政机关实施问责，对非行政机关，按照有关法律法规处理：

（一）应当进行社会稳定风险评估的事项而未实施评估的；

（二）在评估过程中弄虚作假的；

（三）未按照本办法进行评估的；

（四）对符合本办法第十一条规定的情形，未按照化解方案和应急预案开展工作的。

——摘自《四川省社会稳定风险评估暂行办法》

（2010 年 10 月 12 日四川省人民政府第 68 次常务会议通过，

四川省人民政府令第 246 号发布）

由于下列原因，发生大规模群众上访事件，造成严重社会后果，影响社会稳定和决策实施的，将依据有关规定对决策机关的主管人员和直接责任人员予以党纪政纪处分；构成犯罪的，移送司法机关追究刑事责任：

（一）应当进行社会稳定风险评估的事项，决策机关不组织评估的；

（二）拟决策事项经过评估被否决，或要求对决策方案修改后实施，决策机关和实施单位擅自实施或方案未经修改即实施的；

（三）拟决策事项在实施过程中，决策机关拒不接受评估机构合理建议并造成损失的；

（四）评估机构由于不负责任，没有客观地预测到拟决策事项实施后可能出现突出社会矛盾的；

（五）决策事项在实施过程中，决策机关指定的行业（事项）监督部门没有全程跟踪监督，对问题处理不及时而引发群体性矛盾纠纷的。

——摘自辽宁大连《对涉及群众利益重大决策事项

进行社会稳定风险评估的暂行办法》

4、奖惩结合制

第十四条　社会稳定风险评估纳入党政领导干部工作目标管理责任制和综治维稳目标管理责任年度考核内容。对成绩突出的单位和个人，要依照有关规定给予表彰奖励。

第十五条　对应进行社会稳定风险评估而不组织评估，或虽组织评估但预防、化解和处置措施不落实、不到位，或在评估工作中有弄虚作假，不认真履职尽责、失职渎职等行为，引发不稳定问题或群体性事件的，对有关单位及其主要负责人和直接责任人进行问责，依法追究相关责任人的法律责任。

第十六条　区维护社会稳定工作办公室负责指导、检查、监督社会稳定风险评估工作，依据有关问责制的规定，向区纪检、监察部门提出问责建议。

——摘自云南省昆明市《五华区重大事项社会稳定风险评估实施办法（试行）》

（五）评估方法更加科学，评估意见执行良好

从评估方法看，各地区已经开始从建立之初的定性分析相关群体接受程度，向综合运用定量与定性分析方法发展。目前的定量方法主要通过投票、听证会、问卷调查、专家意见征询等渠道，量化统计反映相关群体的认可、接受程度。在地方实践中，四川遂宁积极完善评估社会稳定风险等级的技术指标体系，重庆市发改委还制定了重大项目社会稳定风险评估指标体系参考表。各地社会稳定风险评估的发展趋势是，借鉴与吸收项目社会评价理论的思路，探索重大项目涉及社会稳定风险的评估，逐步将后置评估转为前置评估。①

全国各地通过使用科学的方法评估社会稳定风险，严格执行评估意见，叫停了一批风险较大的重大决策、重大项目，使社会稳定风险明显减少。2010年，吉林省共进行社会稳定风险评估的重大事项有1503项，其中1209项顺利实施，246项暂缓实施，48项不予实施，暂缓和不予实施的事项占风险评估总数的19.6%，从源头上预防和减少了不稳定问题的发生。自2010年以来，河南省共有1016件决策事项进行了风险评估，经评估不予实施的有105件，占风险评估总数的11%，从源头上减少了一大批社会矛盾的发生。2011年以来，全国共评估直接关系人民群众切身利益的重大决策事项5万余件，②通过执行

① 杨雄、刘程：《加强重大项目社会稳定风险评估刻不容缓》，《探索与争鸣》2010年第10期。

②《全国社会稳定风险评估工作座谈会在江苏省无锡市召开》，《人民日报》2012年9月14日。

评估审查意见，落实相应防范、化解和处置措施，预防和减少了社会不稳定因素，取得了促进社会和谐的良好效果。

二、国内重大决策社会稳定风险评估的主要模式

我国重大决策社会稳定风险评估经过近几年的发展，已经形成了“五步评估、颜色预警”、“三级分类、七步评估”、“全程动态跟踪评估”与“三方主体、两次评估”等四种模式，但真正成熟的评估模式远未形成。“三级分类、七步评估”模式、“三方主体、两次评估”模式、“五步评估、三色预警”模式和“全程跟踪、动态评估”模式，在评估对象、评估主体、风险分级和评估程序方面各有特色，分别探索了评什么、谁来评、风险怎么分级和维稳措施怎么落实的问题。

（一）三级分类、七步评估模式

“三级分类、七步评估”模式的产生，是基于风险评估对象繁杂，以有限的人力、财力、物力，不可能做到事事评估，于是一些地方创造性地将风险评估事项分级，由不同主体按照不同程序进行评估。典型代表是山东肥城和广东深圳。

山东肥城以涉稳必评为原则，对每一个评估事项，都严把“七道”关口（见图 19），将评估项目按性质分为三个等级进行评估。关系国计民生、经济社会发展的重大项目为“一级评估项目”（涉及“三农”、重点项目、民生工程、改革改制、城镇建设、环保、公共安全等十大类事项），全部列为“一级”评估内容，由市社会风险评估办负责评估；关系一个方面经济社会发展的项目为“二级评估项目”，由系统社会风险评估办负责评估；正常开展的单项工作为“三级评估项目”，由主管部门或单位社会风险评估办负责评估。

与肥城类似，深圳在风险评估程序上也创造性地规定了一般评估和重点评估。对经初步预测社会风险不大的重大事项，只由评估责任主体在本系统、本部门内部组织进行评估，评估报告报维稳部门审查备案后即可实施；对风险较大的重大事项，则由责任主体严格按照《深圳市重大事项社会稳定风险评估办法》规定的六个必经程序进行评估。

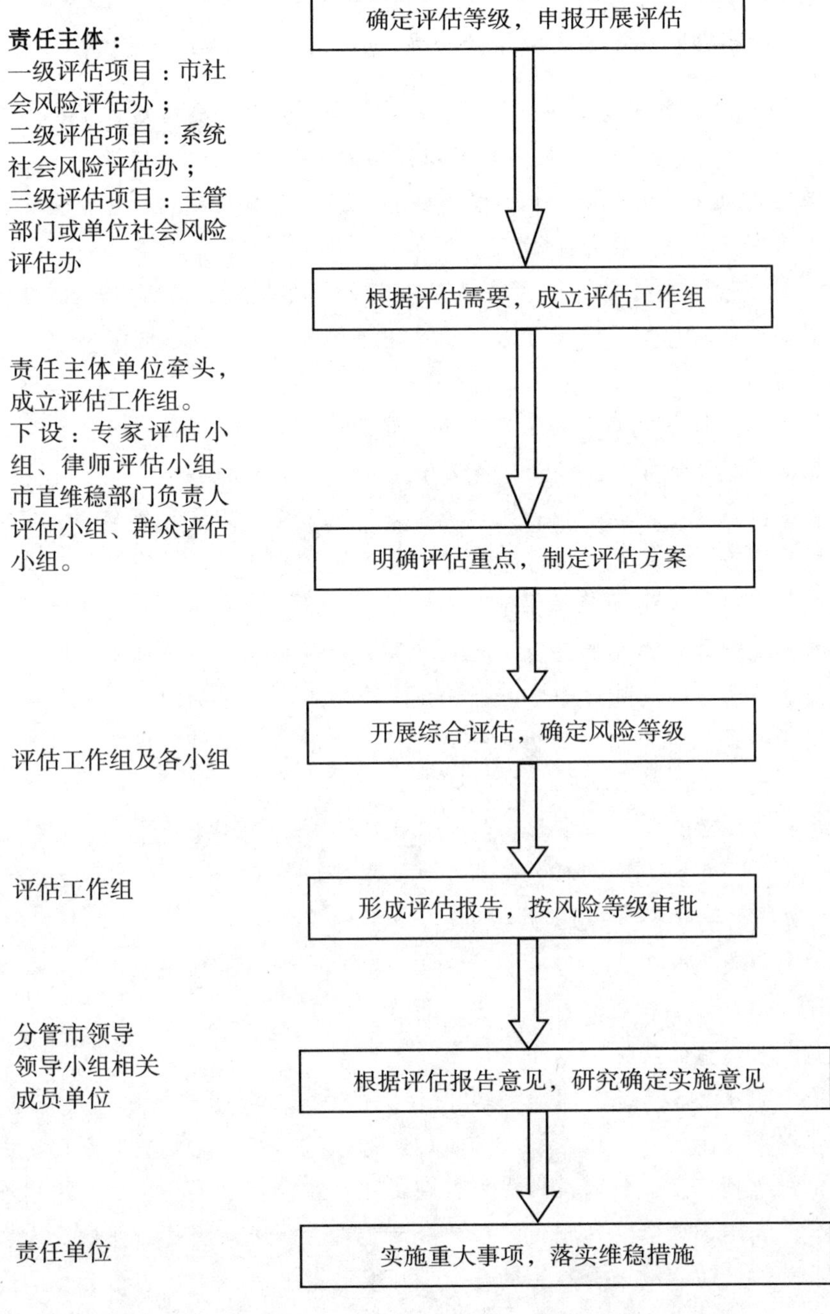

图 19　肥城“三级分类、七步评估”模式的评估程序

专栏 6

山东省肥城市重大决策社会稳定风险评估的“七道”关口

一是科学确定评估等级。“一级评估项目”由市社会风险评估办负责评估，“二级评估项目”由系统社会风险评估办负责评估，“三级评估项目”由主管部门或单位社会风险评估办负责评估。评估项目确定后，由责任主体按评估等级进行申报，展开评估工作。

二是成立评估工作组。根据评估项目的评估需要，由责任主体单位牵头，成立评估工作组，下设专家评估小组、律师评估小组、市直维稳部门负责人评估小组、群众评估小组。

三是制定评估方案。评估工作组召开工作会议，安排评估任务，明确评估重点，制定评估方案，展开评估工作。

四是开展综合评估。评前，广泛征求意见。各小组通过座谈会、重点走访、民意调查、行风热线、绿色信箱、社情民意联络员、民安直通车、检察民生热线等多种渠道，深入实地、深入基层、深入群众，了解真实情况，征求直接利益群体的意见和建议；对重大复杂疑难事项，视情征求上级主管部门的意见和建议。评中，科学分析论证。评估事项如果实施，对可能出现的不稳定因素逐项进行定性分析、综合评价。评后，界定社会风险等级（共分三级：重大风险、较大风险、一般风险）。

五是形成评估报告。综合评估结束后，工作组要形成评估报告，报市社会风险评估领导小组办公室。重大风险由市委、市政府审批，较大风险由市委、市政府分管领导审批，一般风险由市社会风险评估办审批。

六是确定实施意见。分管被评估项目的市领导召集领导小组相关成员单位会议，根据评估报告的意见，再进行专题研究，作出实施、部分实施、暂缓实施、不实施的意见。

七是落实维稳措施。重大事项出台实施后，责任单位要根据实施意见，落实化解不稳定因素、维护社会稳定的具体措施，对可能出现的不稳定因素要制定应急预案，有针对性地做好群众工作。在重大事项实施过程中出现新的重大不稳定因素，责任单位及时研究新情况、解决新问题，并对重大事项作出调整，严防影响社会稳定的重大问题发生。一旦发生影响社会稳定的重大事件，要立即启动应急预案，及时妥善处置，把影响、损失降到最低限度。

（二）三方主体、两次评估模式

综合性社会稳定风险评估的评估主体较多，程序较复杂，随着定海模式发展到河南做法，这一问题逐步得以解决，形成了“三方主体、两次评估”模式。开展社会稳定风险评估比较早的定海，在风险评估中涉及很多参与者，包括重大事项社会稳定风险评估工作领导小组、决策者、责任主体（部门）、主管部门、牵头部门五方，以及评估小组（评估的实施主体）、直接利益相关群体和职能部门（评估的建议者）。其中，重大事项社会稳定风险评估工作领导小组办公室设在区委维稳办，评估的牵头部门为区发展改革局、法制办、维稳办或有关职能部门。责任主体组织评估小组进行初次评估，牵头部门组织再次评估。由于参与者众多，导致评估程序繁杂，行政效率低下，责任追究困难，很多地方都在探索减少评估参与者，简化评估程序的方法。

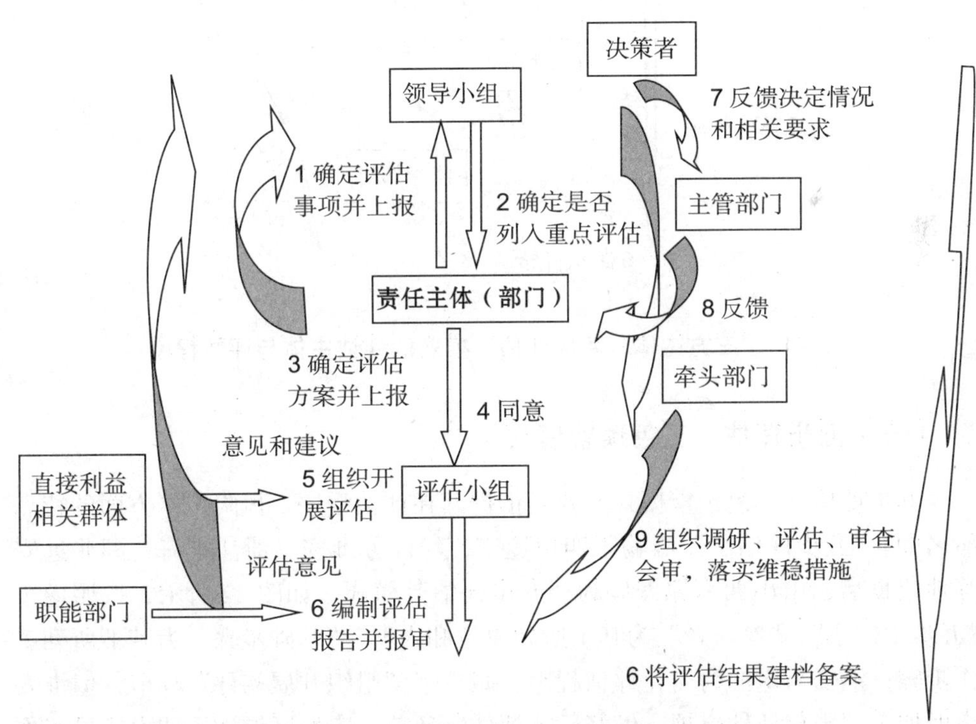

图 20　定海模式的评估主体与评估程序

河南省通过将评估参与者简化为责任部门、主管部门与维稳部门，将定海模式简化为三方主体，通过将责任部门自行评估和主管部门综合评估两次评估，贯穿于责任部门先期自行评估、主管部门进行审查、主管部门确定实施意见、维稳部门进行备案、责任部门落实措施、维稳部门和主管部门进行跟踪督导六个程序，开创了“三方主体、两次评估”模式。

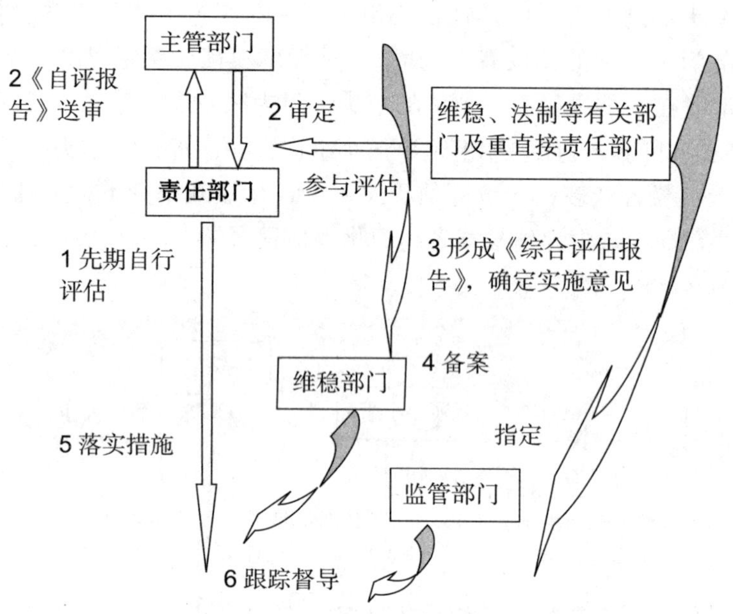

图 21 “三方主体、两次评估”模式的评估主体与评估程序

（三）五步评估、三色预警模式

五步评估、三色预警模式主要是依据其在评估程序、风险定级方面的特点命名的。“五步评估法”滥觞于四川遂宁，经江苏淮安、浙江定海、湖北远安等地改良后，由山西太原发展为“五步评估”模式。如图 22 所示，按照遂宁“五步工作法”，“参与者”为其下所列单位和人群、“基础步骤”为其下所列工作步骤。淮安与定海为简化评估程序，减少了“组织开展初评”环节，但淮安市增加了“跟踪评估事项，做好后续评估”环节，定海区增加了“由领导工作小组将评估结果建档备案”环节，两地都实现了决策前风险评估与决策后跟踪风险评估相结合。湖北远安要求风险评估形成文字，设置了“制定维稳预案，编制评估报告”环节。

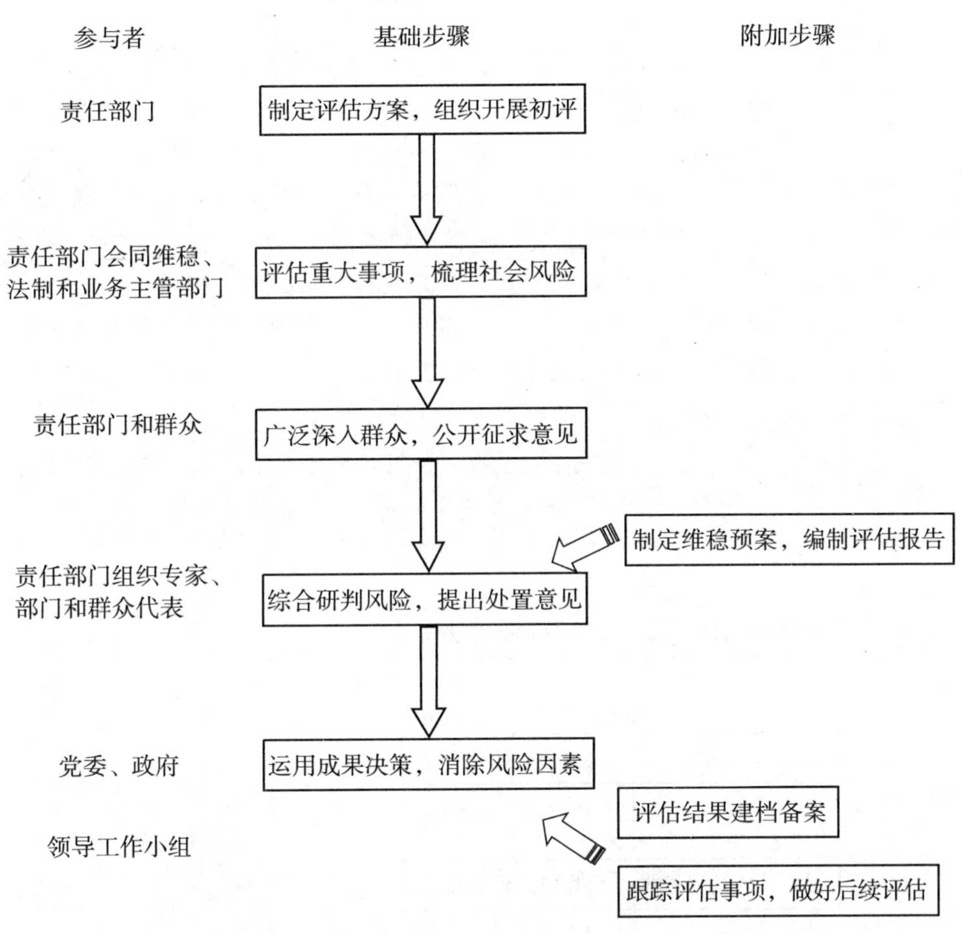

图 22　遂宁“五步工作法”评估程序及其改良

注：红字部分为遂宁做法具有而在其他模式中舍去的步骤，绿字部分为其他地区做法增加的步骤及其参与者。

山西太原将风险评估工作纳入决策和项目的审批和立项程序中，作为其中一个必需的环节，其“五步评估”模式与改良后的“五步工作法”实质相同，只是表述方法不同。在风险分级方面，太原没有采用遂宁最初使用的四级预警方法，而是将社会稳定风险分为三级，开创了三色预警方法，从而将“五步工作法”发展为“五步评估、三色预警”模式。

专栏 7

三色预警的实施机制

【红色等级】即准备实施的事项有引发大规模群体性事件风险；决策、立项、审批部门应做出暂缓实施或不实施的决定。暂缓实施的，待矛盾化解，时机成熟后再行实施；不准实施的，如果通过工作仍不能得到绝大多数利益关系人理解支持的事项，坚决终止实施，并迅速启动应急预案，做好利益群体的稳控工作，待风险等级降低后再申请实施。

【橙色等级】即准备实施的事项有引发一般群体性事件的风险。对符合有关政策法律规定、急需实施但又容易引发矛盾冲突的事项，在制定应急预案的基础上，针对性地做好利益相关者的工作，可以先部分实施，并及时发现和化解遇到的矛盾和问题，根据矛盾化解的程度再全面推进。

【绿色等级】即准备实施的事项没有风险或只有引发个体矛盾冲突的风险。针对性地做好个别群众的工作，防止极端事件发生，可以实施。

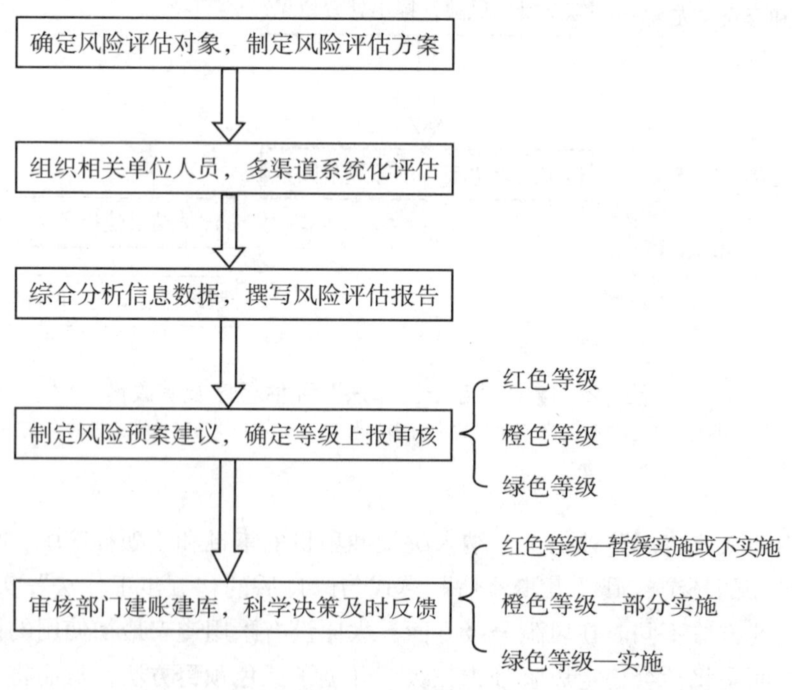

图 23　太原“五步评估、三色预警”模式的评估程序

（四）全程跟踪、动态评估模式

随着地方风险评估实践的发展，针对风险因素随着决策、项目的实施而变动的情况，一些地方推出了“捆绑式”工作方法和全程跟踪、动态评估模式。最具代表性的是吉林省，采取类似做法的还有北京市、山西省、辽宁省大连市和云南省昆明市五华区。

吉林省的主要创新在于：实行了风险评估跟着项目走、项目根据风险评估定的“捆绑式”工作方法，并全程动态跟踪评估；每年组成联合督导组，对全省社会稳定风险评估工作进行全面检查、督导、跟踪问效；出台《吉林省社会稳定风险评估工作考评办法》，将社会稳定风险评估纳入社会治安综合治理考评体系，使社会稳定风险评估工作从启动到实施、考评、问责，形成了一套比较完整的操作体系。北京对确定实施的重大决策，也采取了全程跟进、化解风险因素的做法。

山西省、辽宁大连、云南五华对全程跟踪、动态评估作出了详细规定，但在跟踪主体、跟踪对象方面有所区别。山西省在其五步评估程序（见图23）的最后，要求对批准实施的重大社会决策、重大工程项目，责任主体应全程跟踪并做好后续维稳工作。大连市要求对已经过社会稳定风险评估并同意实施的重

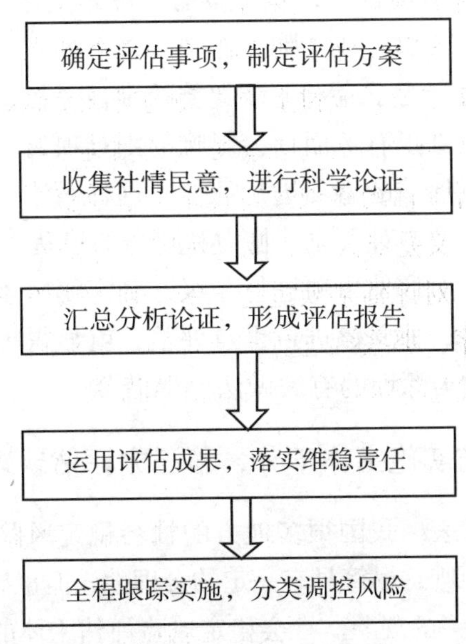

图24　“全程跟踪、动态评估”模式的评估程序

大决策事项，决策机关要指定行业（事项）监管部门全程跟踪了解情况，监督重大决策事项的实施情况。对有关单位在实施过程中违反社会稳定风险评估意见的行为，要及时予以纠正。五华区要求对风险较大（III 级）和风险一般的（IV 级）重大决策，经决策机关决定慎重（部分）实施或实施的，评估责任主体及相关部门应当全程跟踪做好后续化解稳定风险工作。

三、对国内重大决策社会稳定风险评估的评价

由于我国重大决策社会稳定风险评估实践尚未形成真正成熟的模式，现有的地方评估实践在作出有益尝试的同时，还存在一系列问题，需要在今后的理论研究与评估实践中重点予以解决。

（一）“该评不评”与“评不该评”并存，评估事项亟需分级分类

风险评估应该具有一定的强制性，凡属于评估范围的重大事项必须进入评估程序，这就是所谓的“应评尽评”。从遂宁开始，我国进行风险评估的部分地区将风险评估作为重大决策制定实施的前置条件和刚性程序，在评估办法中界定了“重大事项”的概念，明确了评估对象的范围，大部分做到了“应评尽评”。

但是，部分地区评估实践中，由于政府一味地追求经济发展与政绩目标，也出现了“该评不评”现象，在实际工作中，真正列入风险评估的事项还比较少。与此同时，有的地方为了应付上级党委的维稳考核，在风险评估方面多报数字，又不想触动那些真正有负面社会影响的困难项目，于是就对明显没有负面社会影响、不该进行评估的事项进行评估。这种做法，既不能有效叫停社会稳定风险较大的决策，又是对人力、物力和财力的浪费。

从这个意义上说，对评估事项进行分级，确定哪些该评、哪些不该评，哪些该使用简易评估程序，那些该进行重点评估，就显得十分重要。肥城“三级分类、七步评估”模式与深圳的有关做法值得借鉴。

（二）责任主体与实施主体不分，第三方评估缺乏强制性

过去，以遂宁为代表，我国很多地方的社会稳定风险评估以“属地管理”、“谁主管、谁负责”为原则，尽管具有一定的合理性，但也导致了评估的责任主体与实施主体存在合二为一的现象。社会稳定风险评估主体的独立性不够，影响评估结论的客观性，容易导致评估流于形式，导致一些风险较大的决策得以实施。

为了解决上述问题，国内一些地方开始探索如何增强风险评估主体的独立性，重视发挥专业评估机构和专家评估的作用，尝试引进了第三方参与机制。如江苏淮安于 2007 年聘请组织了全市首批“稳评”工作专家组，同时充分发挥专业评估机构的作用；重庆九龙坡区等地委托具有资质的第三方机构进行风险评估；广东深圳在重点评估工作中通过“自评、委托、招标”三种方式引入第三方机构或社会组织，提升了决策的科学性、透明度和公信力。

但总起来说，大部分地方关于可委托社会中介机构开展评估的规定，缺乏强制性和约束力。如山西省评估办法中规定：社会稳定风险评估责任主体直接组织评估，也可以委托第三方进行评估。云南省评估办法规定：评估责任主体也可委托有资质的第三方机构，承担评估工作。这种或有选择降低了第三方评估的强制性，进而使整个风险评估的客观中立性受到影响。今后的思路应该是，在稳评制度中将“可以”改为“必须”，使第三方评估成为刚性门槛。

（三）评估重结果轻程序，信息公开渠道不畅

尽管我国大多数地方在风险评估制度中规定了严格的评估程序与收集社情民意环节。但在评估实践中，有些地方的政府职能部门为保证重大项目建设进度，在项目论证、审批、推进等环节操作程序不规范、不透明，社会稳定风险评估事项走“简易程序”，存在重结果轻程序、走过场现象。

还有一些地方评估实践中，重大事项社会稳定风险沟通与信息公开环节缺失，渠道不畅通，导致某些利益相关群体对重大事项的了解不充分，群众的合理利益诉求无法得到表达。

（四）公众有效参与不足，有关制度亟待健全

经过几年的风险评估实践，我国有些地方在扩大公众参与方面取得了一系列经验。如四川遂宁市邀请人大、政协和社会各界代表参加，对重大事项社会稳定风险程度进行集体会审。浙江定海引入了以政府为主体、社会力量参与的多元评估主体，评估的实施主体除了作为组织者的重大事项决策部门及相关部门外，还包括作为参与者的市民群众、相关利益群体、专家学者、中介机构、法律人士和新闻媒体。

但在大部分地区，社会稳定风险评估基本上是政府的自我评价，距离公民和社会组织有效参与的要求仍然较远。在一些地方，社会稳定风险评估基本上是政府的自我评价，存在“一面倒”现象，出现形象工程、政绩工程的苗头。

而公民和社会组织的有效参与不足，代表广泛性不够，对具体事项的认知度不高，存在民主参与中的形式主义。

这种现象的存在，与政府重视程度不够有关，也与有关制度不健全有关。如《山西省发展改革委关于对重大社会决策、重大工程项目开展社会稳定风险评估的实施意见》（晋发改办室发〔2010〕47号）中规定，“责任主体可以视实际情况和需要，采取召开有维稳部门负责人、相关专家和公众代表参加的座谈会、论证会、听证会等形式征求意见。”在这里，“相关专家和公众代表参加”只是选择性规定，而非强制性规定。该意见还规定，“被征求意见的公众必须包括受重大社会决策、重大项目影响的公民、法人或者其他组织的代表。”但未规定公民、法人或者其他组织的代表所占的权重，而公众权重太小有可能使评估主体得出对其不利的评估结论。有些地方抓住评估办法的漏洞，在风险评估中故意使公众和社会组织不参与或少参与。

健全这方面稳评制度的思路应当是，在公众与社会组织参与评估方面做出强制性规定，适当增加公众在听证会参与者中的比例，在风险定量分析中，为公众与社会组织的意见赋予较高的权重。

（五）风险定级尚未统一，量化标准亟待建立

由于对社会稳定风险的大小缺乏客观的量化标准，加之影响社会稳定因素的不确定性和复杂性，目前对社会稳定风险等级的划分还没有统一的标准，各地甚至在风险级数方面也有较大的区别（见表14）。社会稳定风险评估标准大多采用语言评价等方式，导致随意性较大，权威性不足。划分风险等级是提出实施意见的前提，风险分级不合理，也有可能导致不合理的决策，为社会稳定带来负面影响。因此，统一的风险等级划分与对社会稳定风险大小的量化标准，是今后风险评估理论与实践中要重点探索的方向之一。

表14　部分地区对社会稳定风险的分级

级数	地方	分级
三级	天津、重庆	高风险、中风险、低风险
四级	吉林	严重稳定风险、较大稳定风险、一般稳定风险、较小稳定风险
	四川	无风险、有较小风险、有较大风险、有重大风险
	云南省昆明市五华区	风险特别重大（Ⅰ级）、风险重大（Ⅱ级）、风险较大（Ⅲ级）、风险一般（Ⅳ级）

（六）责任主体不够明确，评估问责尚未到位

在一些地方，社会稳定风险评估的牵头部门不统一，导致责任主体不明确。虽然一些地方建立了行政过错责任调查和责任追究联动机制，但工作机构都由本级部门组成，容易产生“条条”与“块块”之间的问责处置不到位。

而从各地评估办法对评估责任主体的规定来看，大多追究相关责任人员的责任，体现了较强的“人治”色彩，问责也容易因人事变动而流于形式。为此，山东肥城规定，风险评估的责任主体单位主要负责人为“第一责任人”，无论职务变迁、岗位变动都要终身负责、一责到底。这种做法有效地避免了责任人员责任难追究的问题，也是值得其他地区在风险评估实践中加以借鉴的。

孔伟艳、张小明

参考资料

董立人：《完善社会稳定风险评估机制》，《人民日报》2011 年 04 月 22 日，第 07 版。

陈伟、马帅、朱洁、黄有亮：《各地社会稳定风险评估制度的比较分析与建议》，《现代经济信息》2011 年刊。

董韦：《重大事项社会风险评估机制实证分析——以贵州省铜仁地区社会稳定风险评估为例》，《中共贵州省委党校学报》2012 年第 5 期。

廉如鉴、黄家亮：《关于“遂宁模式”的反思——探索重大事项社会稳定风险评估工作的新思路》，《长春市委党校学报》2012 年第 1 期。

天津市：《天津市发展改革委重大建设项目社会稳定风险评估暂行办法》2013 年 08 月 12 日。

山西省：《山西省发展改革委关于对重大社会决策、重大工程项目开展社会稳定风险评估的实施意见》（晋发改办室发〔2010〕47 号）。

山东省：《肥城市社会稳定风险评估办法》。

内蒙古：《内蒙古自治区重大项目建设社会稳定风险评估暂行办法》。

四川省：《四川省社会稳定风险评估暂行办法》（四川省人民政府令第 246 号），2010 年 10 月 12 日。

辽宁大连：《对涉及群众利益重大决策事项进行社会稳定风险评估的暂行办法》。

云南省 :《云南省重大事项社会稳定风险评估制度》(云办发〔2010〕31 号)。

云南昆明 :《五华区重大事项社会稳定风险评估实施办法 (试行)》。

中共深圳市委办公厅、深圳市人民政府办公厅 :《关于印发〈深圳市重大事项社会稳定风险评估办法〉的通知》, 深办 [2008]6 号, 2008 年 2 月 4 日。

《社会稳定风险评估的 "淮安模式"》,《领导决策信息》2011 年第 32 期。

专题报告之六

社会稳定风险的成因分析

本报告围绕社会稳定风险成因这一主题开展研究，本报告论述了社会稳定风险评估的相关问题，对社会稳定风险的概念、社会稳定风险评估的内涵、社会稳定风险评估重要领域、评估程序和风险等级划分进行了详细论述。然后从发展轨迹、形成机制从宏观角度探讨社会稳定风险的形成，接着用数理经济学模型分析社会稳定风险形成的核心要素及其扩散爆发的机理，并用E市开发区建设的大样本调研实证分析了社会稳定的影响因素，最后提出了社会稳定风险的应对措施。

在经济社会快速转轨的过程中，中国处于社会稳定风险高发期，这里的社会稳定风险除了自然灾害外，更多的包括重大政策等政策性因素造成的社会风险。随着经济改革和社会转轨进程的深入，中国的经济体制发生了深刻的变革，社会结构剧烈变动，各阶层的利益格局和思想观念深刻变化，深层次矛盾进一步显现，社会稳定风险因素明显增多。改革能够推动经济社会的全面发展，但也可能激化固有的社会矛盾，甚至伴生出新的社会矛盾，诱发出新的社会问题。特别是改革已经从个别领域突破发展到经济、政治、文化等各个领域整体推进的新阶段。

社会稳定风险在不同的社会发展阶段有不同的表现，当前我国社会稳定风险主要有以下几个特征：(1) 社会稳定风险广布于各个领域，如经济领域中的金融风险、供需失衡等，政治领域中的民族矛盾、腐败等，社会领域中的失业、贫富分化等等。(2) 当前我国社会稳定风险的发生率极高，人们已无法掌握自己的生活，因为总会有各种因素打乱他们的计划，甚至彻底改变他们的命运。（3）某一社会稳定风险的发生往往会引发其它社会稳定风险，形成多种社会稳定风险共发的局面。

在目前社会稳定风险事件增多和社会矛盾冲突加剧的形势下，对社会稳定风险的评估和管理能力直接关系到经济发展和社会稳定。如果不能科学应对，将社会稳定的风险降到最低，如果不能正视社会各群体的利益诉求，缺乏对社会公平应有的关注，而出台事关广泛群体利益的重大决策，将在客观上积累社会风险爆发的能量。如何处理不同阶层的利益差别，如何对社会稳定风险进行有效评估，将成为公共治理和社会管理的一项重要任务。

虽然社会稳定风险评估和管理具有极其重要的战略意义，但现有的研究无论理论还是在实践上都与现实需求存在较大差距。在理论研究方面，较早涉及风险管理事务研究的领域是来自于专业部门对特定灾难的专业研究，但是中国在社会稳定风险管理领域依然存在非常明显的缺陷：首先，决策部门对社会稳定风险关注不够，中国的政府风险管理主要集中在自然灾害、安全生产事故、意外事故、和公共卫生事件等传统领域，而且就事论事，对这些传统风险事件所蕴藏的社会稳定风险关注不够。其次，社会稳定风险监测预警相对落后，社会稳定风险管理是一个系统工程，目前我国的社会稳定风险管理较多侧重于风险事故发生后的应急处理，而在风险的分析、识别、评估和预警等方面则相对落后。最后，社会稳定风险管理体系不够健全，政府管理部门长期以来过于注重经济发展，对于社会稳定风险管理问题的关注不够，没有建立起统一协调的社会稳定风险管理体系。

本报告围绕社会稳定风险管理这一主题开展研究，全文结构安排如下：在文章的第一部分主要论述社会稳定风险评估的相关问题，社会稳定风险的概念、社会稳定风险评估的内涵、社会稳定风险评估重要领域、评估程序和风险等级划分是该部分的重要内容；社会稳定风险的成因是第二部分核心内容，本报告从发展轨迹、形成机制从宏观角度探讨社会稳定风险的形成，最后用数理经济学模型分析社会稳定风险形成的核心要素及其扩散爆发的机理；文章的地方部分首先论述了社会稳定风险管理的理论基础，然后对三个发达国家的管理经验进行了总结借鉴，最后提出了社会稳定风险的应对措施；最后一部分对文章进行了小结，并对未来研究进行了展望。

一、社会稳定风险的概念及评估

（一）社会稳定风险的概念

社会稳定风险本质上讲是一种风险，风险最核心的两个特征是不确定性和损失性，风险和危机具有本质性的区别。现代社会的风险主要是自然界和人类制造的不确定性，从另一视角看，风险是一种损失，在风险的不确定性和损失性这两个特征中，损失性是更为根本的特征，而不确定性则主要指损失的不确定性。危机则是风险中的一种，危机与风险相比，不论是从危害性还是从影响的程度来讲，都远远地超过了风险，风险是危机的诱因，只有当风险造成的危害达到一定程度时才会爆发危机。除此以外，风险是一种可以用概率来描述的随机事件，是可以进行有效评估和管理的，而危机的爆发往往是很难评估和预测的，其更具隐秘性和不确定性。

社会风险在广义和狭义角度具有截然不同的含义。广义的社会是相对于自然界而言的人类社会，包括政治、经济和文化等子系统的复杂系统，而狭义的社会是相对于个体和家庭而言，指与政治、经济和文化等子系统平行的系统。可以相应地把社会风险理解为社会损失的不确定性。从广义的社会出发，除个人风险以外的任何风险都可以称之为社会风险。狭义的社会风险是指与政治风险、经济风险、文化风险等相并列的一种风险，上述各种损失在一定条件下可能转化为社会损失，作为社会大系统中的一部分，任何一个子系统遭受损失，都会直接或间接影响其他子系统。社会风险是指社会心理、资源、价值、结构以及秩序遭到破坏的不确定性，这种不确定性因素可能来源于自然与科学技术领域，也可能来源于社会的经济、政治、文化等各个领域。

社会稳定风险，广义上是指一种导致社会冲突，危及社会稳定和社会秩序的可能性，是一类基础性、深层次、结构性的潜在危害因素，对社会的安全运行和健康发展会构成严重的威胁。一旦这种可能性变成现实性，社会风险就会转变成公共危机。广义的社会风险是一个抽象的概念，它涵盖了生态环境领域、政治领域、经济领域、社会领域和文化领域的各种风险因素。在狭义上，社会风险是指由于所得分配不均、发生天灾、政府施政对抗、结社群斗、失业人口增加造成社会不安、宗教纠纷、社会各阶级对立、社会发生内争等社会因素引起的风险，仅指社会领域的风险。

社会稳定风险是全社会难于承受的损失，社会稳定风险研究集中于社会稳定风险的评估，如重大公共政策和政府投资决策对社会稳定的影响等。社会风险指危及社会稳定、平衡与持续发展的不确定性，社会稳定风险是所得分配不均、自然灾害、结社群斗等可能造成社会不安、各阶级对立、发生内争影响社会稳定的风险。社会稳定风险研究的社会理论范式则着重研究社会风险对社会结构和社会运行的影响，社会稳定风险管理是在全面系统的社会风险分析基础上，强调综合运用各种风险控制手段，合理分配政府、市场、民间机构及个人的风险管理责任，强调通过系统的、动态调节的制度框架和政策思路，有效处置社会稳定风险。

（二）社会稳定风险的特点

社会稳定风险的形成与利益因素存在高度关联。从社会稳定风险的整个形成过程来看，无论是社会稳定风险本身，还是与社会风险相关联的事物，都涉及利益这个因素。从内容上看，社会稳定风险都是牵涉到人们的切身利益问题，从对象上看，大多是因为利益受损而引发的。从制度性风险来看，它根源于利益的保护和调整问题。制度设立之处的目的在于维护社会公正，而社会公正的基本立足点应当是以维护每一个社会成员或社会群体的合理利益为出发点，不管这个人是穷人，还是富人，只要属于基本权利范围内的事情都应当得到一视同仁的保护。但在现实生活中，制度的制定和执行并未能贯彻这一原初设置的宗旨。而制度层面的风险就在于它既无法有效保护人们的合理利益，同时对于日益出现的贫富分化问题也难以调整。相反的是，却还常以牺牲一部分人的利益来满足另一部分人的利益，或是剥夺弱者利益来满足强者需求。从社会阶层结构层面来看，阶层性风险的最初根源也是在于利益的分化。社会阶层分化的背后是利益的分化。

政府在社会稳定风险中的角色尤为重要。在社会风险的形成过程中，政府扮演者多种角色，它既是社会稳定风险的化解力量，又是引发社会稳定风险的重要根源；还可能是社会风险的助推者。而政府的这种多重角色在社会风险中所起的作用对于社会风险的化解及演化，是具有很重要的意义。一方面，政府是代表公众行使公共权力。而人却是公权的最终载体，另一方面，政府的立场和态度对社会风险会产生至关重要的影响。如若政府能够站在公正的立场，不断满足公众的各种公共需求，着眼于社会和谐的宗旨来进行调整社会利益，就可以不断使得社会风险得以化解，社会的稳定就得以维持。而如若政府不能有效地维护社会公正，使得社会公众的合理正当利益得不到有效保护，同时又庇护那些社会强势群体，就会造成社会阶层之间的分化和隔阂加深，导致社会矛盾和冲突的增多，从而致使社会风险的增加。

社会稳定风险具有很强的连锁扩散效应。社会稳定风险的生成与传导具有很强的连锁扩散效应，即某一社会风险的产生和传导可能会产生一连串的社会风险，一旦其中一种社会风险爆发时导致其他社会风险按一定顺序互为因果依次发生。当某一事件发生后没有得到及时有效的处理，那么就会给民众一种心理暗示，结果将是同类的事件还会发生并且后果更加严重。在这些风险的扩散过程中，彼此间还可能产生互动关系，产生新的风险，加剧了风险的后果。通常情况下，社会风险最初源于经济领域，经济风险导致社会风险，社会风险又会波及政治领域，引发政治风险。在受到内部和外部等不确定因素的干扰和影响，会使得社会风险的某一节点上的偏差就会导致社会风险的放大和增强，并以各种途径被传递和扩散到社会风险的形成各个点和面，进而社会的发展偏离轨道或引发混乱。

（三）社会稳定风险评估的内涵

社会稳定风险评估，是指与人民群众利益密切相关的重大决策、重要政策、重大改革措施、重大工程建设项目、与社会公共秩序相关的重大活动等重大事项在制定出台、组织实施或审批审核前，对可能影响社会稳定的因素开展系统的调查，科学的预测、分析和评估，制定风险应对策略和预案。为有效规避、预防、控制重大事项实施过程中可能产生的社会稳定风险，为更好地确保重大事项顺利实施。中国正处于社会转型和经济转轨的关键时期，诸多社会稳定风险的存在和爆发一直阻碍着我国构建和谐社会的前进步伐，社会稳定风险评估对于推动和谐社会的建设有着重要的意义。

首先，社会稳定风险评估旨在在社会稳定风险转换为公共危机之前对其进行识别、监测、预警和化解。过去我国一直采用分类别分部门的单一救援体制和应急管理模式应对公共危机（陈秋玲，2010)，这种管理模式主要侧重于事后处理，忽视事前预防，导致政府部门将过多的注意力集中在危机爆发之后如何应对危机、维护社会稳定、重建社会秩序等环节上，忽视了在社会稳定风险转化成公共危机之前对社会风险进行识别、监测和预警，使得风险因素在人们毫无防备的情况下不断积累进而转化成公共危机，错失了将危机消灭在萌芽阶段的大好机会。这种应急管理模式即使再善于补救，也只能尽最大可能地减少损失，却无法避免损失。要避免损失的发生，那么就应将社会风险消除在其形成和孕育的过程当中，这就要求社会必须具有在社会稳定风险形成和孕育的过程中识别、预警、防控和化解。社会稳定风险评估对于监测和控制风险因素，减少公共危机爆发及其损失有着重要的意义。

其次，社会稳定风险评估能为政府部门调整政策、制定风险管理决策和实施风险管理行为提供参考依据。政府部门通过社会稳定风险评估能够追踪和监测社会运行中存在的不和谐与不安全因素，并以此分析导致不和谐与不安全因素存在的源头所在，据此一方面可以制定相应的风险处理预案，及时控制风险的发展态势。另一方面可以调整相关政策，制定新的决策从根本上消除风险源，将社会发展控制在稳定运行轨道上来。因此，社会稳定风险评估机制的建立，能准确衡量中国现阶段社会风险的整体水平，动态反映社会发展的变化趋势，为政府部门调整政策、制定风险管理决策和实施风险管理行为提供参考依据，对我国构建和谐社会具有重要的理论价值和实践意义。

最后，社会稳定风险评估机制的建立对于提升我国政府社会风险管理能力有着重要意义。我国已经进入了风险社会时代，处于社会风险的高发期，急需加强我国政府的社会风险管理能力。社会稳定风险评估机制作为社会风险管理系统的一个重要组成部分，它的建立一方面能够检测政府和社会管理部门已经采取的社会风险管理政策的科学性和适用性。另一方面可以为政府和社会管理部门制定新的社会风险管理决策提供信息支持和理论依据，这势必在很大程度上提升我国政府的社会风险管理能力(于咏华，2010)。

（四）社会稳定风险评估的重点领域

从表现形式和轻重缓急程度看，社会稳定风险可以分为显性和隐性两类。显性社会稳定风险属于与民众生活密切相关，为公众所熟知并密切关注的风险类型，这类风险通常存在已久并时而显现，社会已有一定的制度安排来应对这类风险，比如生产事故、自然灾害、劳资冲突和恐怖犯罪等。隐性社会稳定风险虽然也与公众生活相关，但是并不一定被感知为风险，因为其对目前社会安全的威胁尚未充分显现出来，社会应对此类风险的准备也还不足，但是这类风险确实存在，并且正在对社会运行安全构成越来越大的，更为基础性的和结构性的威胁，例如政府经济社会政策的变动、社会结构变动、信任危机等。重大决策对显性和隐性社会稳定风险都可能产生重大影响，既可能加剧也可能缓解上述两类风险，在当前社会稳定风险种类纷繁复杂的情况下，需要抓住主要矛盾，对重点领域的社会稳定风险进行科学评估和有效管理。

在中国经济社会结构转型的大背景下，社会利益机构的多元化凸显，贫富差距和地区差距不断扩大，各级政府的重大决策对特殊群体利益和社会自然环境的影响程度不断加深，社会矛盾错综复杂使风险日益现实化且呈不断升级的趋势，总体看来，当前比较突出的社会风险主要有：

——贫富差距不断扩大，收入分配结构失衡。在我国经济建设取得快速发展的同时，贫富差距也在迅速扩大，已成为社会稳定的风险因素，收入差距还具体地反映在城乡之间、地区之间、阶层之间和行业之间。与此相对应的是在经济生活中富者极尽豪华奢侈，而部分困难群体连基本的生活、医疗和子女的教育费用都难以承担。短时间内形成过大的贫富差距则会严重影响社会的稳定与和谐，增加群体内部矛盾激化与不同群体间的碰撞几率和摩擦系数，也易于导致贫富阶层之间的对立，引发群体性事件，从而使人们对现有各项重大政策缺乏认同感。

——就业与失业问题。在经济发展模式和产业机构的调整过程中，我国局部出现了较为严重的就业与失业问题。随着经济结构、产业结构的调整相应带来劳动力结构的调整，城市面临新的就业需求。随着农村经营方式的改变和农业产业结构的调整，工业化和城镇化进程加快，大量耕地被征用，失地农民的就业问题非常严峻，相当一部分农业人口已经成为种田无地、上班无岗、社会保障无份的新“三无人员”，就业与失业问题已成为影响我国社会稳定的最突出问题之一。

——教育、医疗与住房问题。以教育、医疗与住房为代表的民生问题日益成为民众关注的热点问题，在体制转轨和社会转型的过程中，与人们生活关系紧密的教育、医疗和住房领域的市场化改革侵蚀了民众最基本的社会权益，教育、医疗和住房资源常因人们的经济社会地位差异得不到理想的配置，这会给社会稳定带来潜在的风险，与此相关的政策调整有可能进一步加剧这类风险。

——征地拆迁引发尖锐的社会矛盾。征地拆迁事件受关注度高，极易成为网络舆论热点事件，激化征地矛盾，征地拆迁形成的社会潜在隐患越来越突出。一些地方因制度设计的缺陷与不合理，造成补偿标准低、安置方式简单、救济渠道不畅，被征地农民未能实现生产生活的同步快速发展，甚至因征地致贫。随着土地价值大幅上涨，被征地农民提高补偿安置的诉求日益强烈。

——工业项目尤其是污染项目易引发群体性事件。我国项目审批基本依靠政府。当企业要上一个建设项目时，必须首先编制环评报告书，然后向政府有关部门上报环评报告书，同时附有当地居民的民意调查结果。政府部门收到环评报告书，经初步审核后将部分信息对外公示，再依据情况作出审批决定。杨朝飞说，目前该审批过程存在两个薄弱环节：一是企业为了上项目，可能在民意调查结果上作假，而当地居民对上不上项目没有最终决策权；二是企业为了上项目，会以保密为名，尽量减少信息公开内容。结果企业上项目，主要做政府工作而不是做群众工作。民意调查流于形式，调查结果并不能反映真实民意，如此做法为群体性事件爆发埋下隐患。

（五）社会稳定风险的评估程序

社会稳定风险的主要评估流程见图 25，在整个程序中，社会稳定风险的识别是整个评估流程的前提条件，然后选取一些关键指标来反映识别出的社会稳定风险，并构建社会稳定风险评估指标体系，紧接着针对社会稳定风险的特点，设计社会稳定风险的度量模型，最后对指标体系中各指标进行评分，然后通过模型计算得出社会稳定风险程度，并将得出的社会稳定风险程度与社会稳定风险的临界阀值相比较，最后对社会稳定风险等级进行划分。

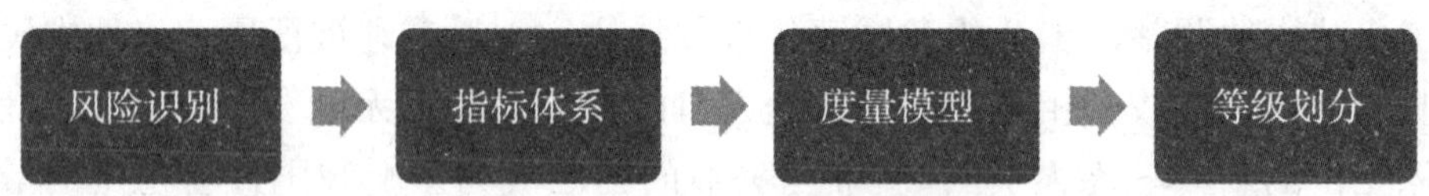

图 25　社稳定风险的评估流程

社会稳定风险的识别是社会稳定风险评估的基础，没有对社会稳定风险的识别，没有找出重大决策实施过程中中所存在的风险，处于社会转型和经济转轨关键时期的中国社会面临诸多社会稳定风险，社会风险因素来源于社会运行的各个领域，自然领域、政治领域、经济领域和社会领域都蕴藏着危及社会稳定运行的风险因素。自然领域中主要是自然环境的恶化以及自然灾害带来的风险，政治领域中主要是部分民族分裂分子和政府反对派的存在，以及腐败问题所产生的风险，经济领域中主要是经济全球化带来的金融风险，经济发展失衡和市场机制波动带来的风险，社会领域中主要是突发性的公共安全事件以及一些社会分子的不法行为带来的风险。

对于识别出的社会稳定风险还需与一定的参照物相比较，才能判断出风险水平的高低，判断社会风险水平高低的过程即为社会风险的度量，作为参照物的就是风险指标的临界水平或临界阈值，亦即社会稳定风险警戒线，如果给社会稳定风险警戒线或临界阈值下一个定义，那就是衡量社会稳定风险程度的一个基准，当风险指标突破该基准后，社会稳定风险发生的概率将增长到不可接受的水平。

社会稳定风险评估就是通过建立社会稳定风险指标体系，对社会稳定风险的水平和未来发展趋势进行及时的监测和评估，并依据评估结果对当前社会安全运行的稳定性程度作出判断，为政府部门制定决策提供参考依据。社会稳定风险指标体系是社会风险评估的工具，也是社会风险预警机制的核心组成部分，指标体系构建的合理性直接关乎到评价结果的准确性。社会稳定风险指标体系一方面应该能够反映当下社会稳定风险程度的功能，另一方面应具有预测社会稳定风险动态发展趋势的功能。

社会稳定风险的等级划分模型一般可分为线性模型和非线性模型两种，线性模型一般用于变量之间具有明确的数量对应关系时，非线性模型一般用于处理复杂的非线性系统，主要方法包括线性函数法、阈值信号分析法和基于人工神经网络的 ANN 模型。线性函数法又称为常规方法，它把社会稳定风险指标体系中所选取的指标作为自变量，把社会稳定风险水平作为因变量，然后采取适当的数量分析，得出自变量和因变量之间的线性计算式，再通过设定临界值(阈值)和划定预警段的方法来判断社会稳定风险水平的高低。阈值信号分析法作为一种重要的社会稳定风险等级划分方法，它选择一系列指标并根据其历史数据确定其阈值，当某个指标在某个时点或某段时间偏离均值的程度超过其阈值时，就意味着该指标发出了一个危机信号，危机信号发出的越多，表示社会稳定风险爆发的可能性越大(陈秋玲，2010)。基于人工神经网络的 ANN 模型可以实现输入与输出间的任意非线性映射，在模式识别、风险评价、自适应控制等方面有着广泛的应用。

二、社会稳定风险的形成与传导

（一）社会稳定风险的发展轨迹

社会稳定风险根据其发展流程，可以将其动态轨迹总结如图 26 所示。社会稳定风险的发展包括潜伏期、显露期、积聚期和爆发期，社会稳定风险在各个时期有各自不同的发展特点。

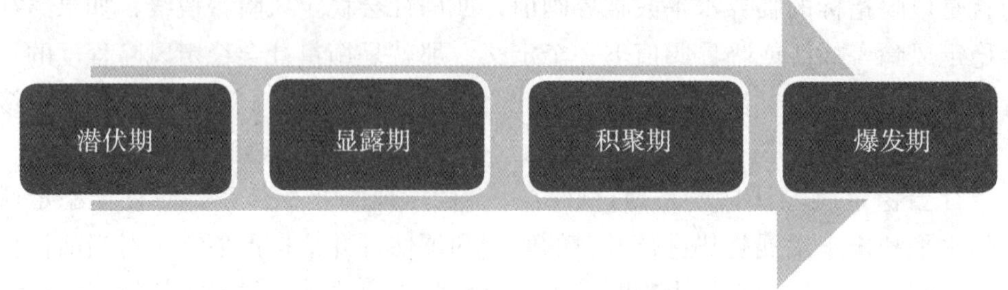

图 26　社会稳定风险的发展轨迹

在社会稳定风险的潜伏期，各种外部因素有可能使一些利益群体在后来成为社会稳定风险源，政策制定者和民众在该萌芽状态很难发现潜在的社会稳定风险，对于社会稳定风险潜伏期的判断高度依赖于历史经验和逻辑分析。中国正处于迅速的经济社会转型期，处于潜伏状态的社会稳定风险非常多，一系列主观和客观因素都潜移默化地使一些利益群体成为社会稳定风险源，一方面是客观风险源的大量存在，根源于利益结构的分化和社会结构的紧张，它主要包括制度层面、阶层结构层面和社会组织层面三个方面。具体表现为贫富悬殊问题、就业问题、社会治安和诚信危机等，这些问题中潜藏着巨大的社会风险。另一方面，主观风险源的增多，主要是公正失衡意识的加剧，也称之为相对剥夺感、社会挫折感或社会焦虑等增多。通常情况下，社会风险源处在萌芽状态，常常不为人关注。在这种阶段，社会风险及时偶有发生，也仅为个案情况，对社会稳定的影响并不大，解决的难度也较低。

社会稳定风险的显露实际上就是社会稳定风险经历一个隐性到显性的发展过程，也是社会风险源出现质的变化，从虚拟的社会风险演变成为现实的社会风险。而更为主要的是从个案化的社会问题逐渐向整体化的社会问题发展，从而成为引发社会失序或混乱，造成社会损失的可能性出现。具体而言，社会风险的显露主要表现在以下几个方面：从风险的存在状态来看，社会风险源由潜伏状态成为显性实然的社会风险状态；从社会成员的行为状态来看，个案化的个体行为时有发生，而且有演化成整体化社会行为的可能；从社会的关注度来看，所涉及的社会问题都是社会的热点和人们关心的问题；从社会危害来看，它已可能对社会造成一定的损失，出现社会危机的可能性增多；从心理层面来看，人们对此不满情绪日益增多，非理性情绪越来越明显。

社会稳定风险积聚期是社会风险逐步放大和演变的过程。在这一个阶段，社会的冲突与矛盾不断增加，社会压力得不到有效释放，导致风险的严重程度不断增大，且各种社会风险之间相互加重，导致爆发社会危机的可能性大大增加。在一定程度上可以说，社会危机就是社会风险不断放大和演化的结果。社会风险不断积聚的表现有以下几个方面：社会风险所涉及的范围不断扩大，这种范围扩大包括两个方面：涉入社会群体不断增多和涉及的社会领域不断扩大；社会风险所造成的影响不断增强，特别是其负面影响不断出现和恶化；社会风险间的共振和联动性增强，往往某一层面的社会风险常引发其他层面社会风险的出现；四是小范围、小规模的越轨行为偶有发生，其爆发的兆头开始出现。这一阶段最大特征是各要素量的积累已经初步完成，诱发社会风险质变的临界条件已经满足，只是还没有导火索或相关诱发因素。

社会稳定风险在各种条件具备的情况下，一旦遇到某种突发事件就会引爆，也即出现和爆发社会危机。简言之，风险的爆发意味着社会风险发生了质变，由社会风险状态演变到社会危机状态。这一个阶段是社会风险的质变阶段，也是关键性的环节，常常带有突发性，迅速演变、升级，更会带来严重的社会后果。在社会风险的爆发期，这个阶段时间最短感觉却最长，也是社会风险急速发展、社会危机严峻态势出现的时期。从群体性事件的爆发就可见社会风险爆发的特征：强度上事态逐渐升级，会引起越来越多媒体注意，烦扰之事不断干扰正常活动；事态容易影响党和政府正面形象、声誉；对社会冲击危害最大，马上会引起社会普遍关注，产生很强震撼力。

（二）社会稳定风险的形成机制

社会稳定风险的形成和传导是一个循序渐进的过程。任何社会稳定风险都有一个起源，所谓无风不起浪，有了社会稳定风险源以后，社会稳定风险才有可能得以形成，也只有社会稳定风险出现之后才会有可能开始对外进行传导，形成更大、严重程度更高的社会风险，并进而导致社会稳定风险的爆发。社会稳定风险的形成和传导机制见图 27，重大决策首先对直接利益群体产生影响，使得这类人群成为风险源头。直接利益群体的行为会影响脆弱的非直接利益群体，他们所受的影响直接决定了社会稳定风险的传播路径和传播范围，经过这一步骤后，社会稳定风险便会扩散乃至加剧，如果政策措施处理不当，则会导致社会稳定风险的全面爆发，甚至有可能产生社会危机。

社会稳定风险的形成机制是由一系列要素和环节所组成的，这些要素和环节包括风险源、风险的节点、场域等。传导过程中，需要一个传导载体，风险在真空状态下无法传播。在风险传播载体内，既可以减少风险，也可以放大风险。在传导体内，存在大量的节点，这些节点与外界联系较多，呈现开放状态，风险在此积聚或释放。风险的积聚是外界风险进入系统，风险的释放是系统内部风险向外界放出，或部分风险转嫁出去，而没有释放出去的风险则仍然在体内积聚，最终传播到风险接受者。当风险的接受者无法承受或化解时，风险变成巨大损失释放出来，风险又可通过其接受者进一步向其他接受体传导，从而引发更广泛的风险，乃至社会的风险（石友蓉，2006)。

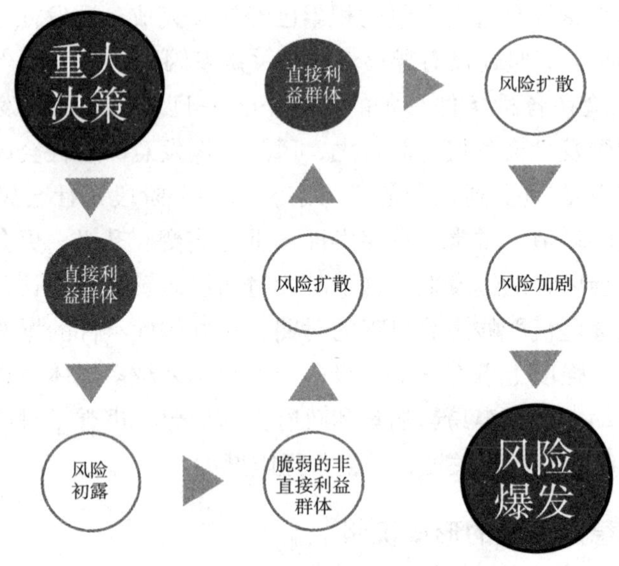

图 27　社会稳定风险的形成和传播机制

风险源是一个与社会稳定风险直接相关，并由社会稳定风险概念直接派生出的一个新概念。所谓风险源，就是指社会稳定风险的源头和来源，即社会稳定风险源自何处，是由哪些因素所引起的。社会稳定风险源具有客观性、依附性、渐显性、可控性和危害性等特征。尽管所有的社会稳定风险源并非都能直接转化为具体的社会稳定风险和社会危机，但任何一种社会稳定风险源相对于社会的良性运行与和谐发展来说，它们都是一种社会隐患之所在，它们都有可能导致现实社会中社会风险的增大，甚至引起社会危机的发生。社会风险源的隐患性特征表明，任何社会风险源都可能对现实社会造成危害。当今社会中的各种社会风险源，也并非都能直接造成社会的解体，但它们却是我们社会中的严重隐患（拉尔夫，2000)。社会稳定风险的类型上看，社会风险源既有显性的风险源，又有潜在的风险源；既有来自城市的风险源，又有来自农村的风险源。从社会结构层面来看，社会风险源主要包括：一是利益风险源，二是制度风险源，三是阶层结构风险源，四是文化心理风险源，五是网络风险源。

社会稳定风险的节点是一个很抽象和应用很广泛的概念，就是指社会稳定风险在形成过程中，存在一些社会能量转换的环节和空间，其承载的社会功能就是社会压力的积聚和释放。就前者而言，社会风险在形成的过程中，如果在这些节点上不能有效地释放一些社会压力，就会使得社会风险的内部能量不断积聚，造成社会风险的放大和演化，以致打破社会风险系统内的平衡，一旦出现什么意外突发事件，这种能量就有可能爆发，促使社会危机的出现。就后者而言，如若在社会风险的形成过程中，这些节点能够有效地释放出社会压力和能量，这些社会风险难以放大，难以形成严重程度更大的社会风险，也不会出现严重的社会危机。

在社会稳定风险的传导中，场域因素会对社会风险起加速和加重作用。社会风险的传导和爆发总是会在一定的场域中进行的。而在特定的场域中，人们的行为不但会受自身的情绪所影响，更会受到场域中其他行为体的情绪所感染，特别是“意见领袖”的言行对其他参与者行为的影响。且在这种场域中，即使是有着理性的利益诉求和心理准备的个体人也可能会采取非理性的行为。“一呼百应”的情形也就在情理之中，原本是一件非常渺小的事件，都有可能促发大规模的社会集群行为。

（三）社会稳定风险的演化机理

重大决策是否会对社会稳定风险产生影响，除了取决于决策本身的性质外，更多地取决于复杂的外部经济社会因素。为了从逻辑上把握重大决策形成社会稳定风险的机理，同时也为了能够明晰社会稳定风险的传播和扩散机理，进而为预防和管理社会稳定风险提供理论支撑，本报告通过下述三个系统模型解释重大决策对社会稳定风险的影响：

首先，影响人群越多的决策可能越易引发社会稳定风险，但这不是其导致社会稳定风险的充分条件。如方程（1）所示，社会稳定风险 R 是一系列复杂变量的函数（用抽象函数 G 反映），某项重大社会决策 d 会对特定人群（这类人群的比例用 θ 表示）的利益构成危害 f(d)，该决策同时会给剩余的（$1-\theta$）比例的人群带来正向收益 g(d)，这两项的和表示重大决策给全社会带来的损失，这些损失带来的社会稳定风险由参数 a（反映社会整体损失对社会稳定风险的影响）决定；利益受损群体的利益损失之和 $\theta f(d)$ 是社会稳定风险另外一个重要影响因素，它由参数 β 决定，该参数反映利益受损群体在利益受损时表达不满和反抗情绪的激烈程度；除了利益直接受损群体外，脆弱的其他人群可能不受该重大决策的影响，但这类人群在其他时期可能受到政策的损害，他们受到此次比例为 θ 的直接利益群体的影响，也可能表达不满情绪 $h(\theta)$，这类人群的反应对社会稳定风险的影响程度由参数 γ 决定；除上述关键因素外，随机扰动因素（比如新闻报道、网络传播的某个微乎其微的细节）也会给社会稳定风险带来难以预测的影响。

$$R = G\{[\theta f(d) - (1-\theta)g(d)]^{a}[\theta f(d)]^{\beta}[h(\theta)]^{\gamma}\in^{\sigma}\} \tag{1}$$

对于潜在的利益受损群体而言，重大决策也会给他们带来其他群体普遍拥有的正向收益，但该决策会给他们的既有理由带来重大的负面冲击。利益受损群体的收益函数如方程（2）所示，重大决策对这类人群的收益由决策的强度 d 和影响范围 r 共同决定，而决策对对于他们自身利益 Y 的损害与决策强度 d 呈线性比例关系。该类人群的利益损失越大，他们产生过激反应的概率也就越大，社会稳定风险会变高。

$$f(d) = dr^{2} - dY \tag{2}$$

整体看来，某项特定重大决策本意旨在提高多数人的福利水平，同时又可能危害少数人的直接利益，但是在社会交流日益密切的情况下，其他看似非直接利益相关体的情绪也会受到本次利益受损者的影响，这些脆弱的非直接利益相关体会受到影响，他们在其他时间受到的不良影响有可能被诱发出来，进而产生激烈反应，从而使得社会稳定风险扩散爆发。上述逻辑关系见方程（3），非相关利益群体的反应由 $h(\theta)$ 表示，它由非相关群体的比例（$1-\theta$），不良情绪的传染强度 ρ 等因素决定，$k(d)$ 表示配合政策 d 的其他干预政策，该政策旨在消除不良情绪的传染，进而降低社会稳定风险扩散爆发的概率。

$$h(\theta) = (1-\theta)\rho\theta f(d) - k(d) \tag{3}$$

通过社会稳定风险的演化模型，本报告主要可以得出以下主要结论：（1）即使重大决策能普遍提高绝大多数人的福利，但当少数群体的利益受到极大损害时，社会稳定风险会因此加大；（2）如果重大决策只能提高少数特定人群的社会福利，同时又会给大多数人带来损害，那么社会稳定风险将在所难免；（3）重大决策正向影响的范围越大，社会稳定风险越低；（4）脆弱的非直接利益群体是社会稳定风险扩散爆发的关键因素，该类群体受不良情绪感染的程度，他们前期未受补偿的损失大小，以及政策干预等因素，都会影响社会稳定风险的传播。

三、社会稳定风险的管理策略

（一）社会稳定风险管理的理论基础

1. 公共危机管理理论

社会稳定风险发展到一定程度就会演变成为社会危机，虽然社会稳定风险管理方面的研究相对较少，但危机管理方面的研究能为社会稳定风险管理提供重要的理论支撑，因为危机管理理论早在20世纪60年代就已成为一门独立学科。其他学科的研究方法能为危机的阶段划分提供参考，从信息管理的角度出发可以将危机划分为信号识别、探测和预防、损失控制、恢复阶段和学习阶段五大阶段(Mitroff，Alpaslan，& Green，2004)，从医学视角出发，可以把危机划分为急性危机与慢性危机(Boin，2004)，或者划分为征兆期、暴发期、延续期和痊愈期四个阶段(Fink，1986)。基于危机影响的领域和危机参与者的态度，研究者归纳了危机管理的流程模型，主要包括缩减、预备、反应、恢复等流程，这些理论主要探讨危机的生命周期、传播机制、管理阶段和发展特征(Janis，1989；Kouzmin & Jarman，2004；Uriel & Charles Michael，1989)。

公共治理理论在社会风险领域体现出越来越重要的作用。1989年世界银行首次提出了治理危机，公共治理是以政府和社会组织为核心的多元主体，通过以服务为核心，以公共为取向的管理理念和管理方式，凝聚公共意志，处理公共问题，实现公共利益，而使人类社会处于平衡和协调的良好状态。社会风险通常对经济社会发展有潜在的威胁，有可能对正常的社会秩序和公共安全形成不良影响等，并最终可能引发社会和政治的不稳定。政府应对社会风险的决策，经常表现出其理性的有限，而实际效果并不能合理地满足公众的诉求，也不能证明其明确的有效性。在这种背景下，政府、社会组织和公民的多元治理主体通过合作，既是提高社会应对风险能力的一种有效途径，也是确保公共政策合法性的重要手段。

2. 社会冲突理论

社会冲突理论是社会稳定风险管理的基础性理论，许多因人为因素产生的社会风险事件，都源于或可以导致社会冲突，因此社会冲突理论对于社会稳定风险的传播和爆发具有一定的借鉴意义。不同类型的社会冲突理论强调冲突的各个方面 (Coser，1956；Simmel，et al.，1971)，虽然具有一定的局限性，但对于社会稳定风险管理具有启示意义 (范和生，2005)。西方的社会冲突理论是在研究第二次世界大战后出现的工人罢工、学生游行和民权运动等社会冲突的基础上发展起来的 (Dahrendorf，1988)。和传统社会冲突理论研究研究社会冲突的起因、形式和解决方法等不同的是，二战后的社会冲突理论则是强调社会冲突对于巩固和发展社会的积极作用。

社会冲突的起因、解决方法和功能长期以来是传统社会冲突理论的焦点问题，大部分学者从财产、权力、声望的三维角度出发分析社会冲突的成因，研究发现稀缺资源的分配不公是引发社会冲突的根本性原因，权力与权威是稀缺资源的典型代表，社会不同群体对稀缺资源开展争夺与搏斗，通过权力与权威的再分配使得社会冲突达到均衡。从不平等的角度看，平等系统中合法性的消失是社会冲突的关键原因，不平等社会系统中的下层成员越怀疑现存的稀缺资源分配方式的合法性，他们就越有可能起来斗争，当疏导不满的渠道不存在时，当被剥夺者向优势地位的社会流动率很低时，合法性撤销更有可能发生 (Dahrendorf，1959)。

西方冲突理论在寻求解决冲突的方式时，把切入点放在对冲突的强度和暴力度的研究上，前者是指社会集团成员的卷入程度，后者是指常规化的暴力程度，在此基础上形成了一系列相关的命题，并对其中的一些变量做了具体规定，分析了各种变量之间的关系，用量化的方法对冲突引起的后果做出测度。西方社会冲突论者认识到了社会冲突的正功能，冲突有助于不同观点和情绪的发泄，同时还有利于建立更进一步的关系，也可以增强一方或多方在关系系统中的地位，从而提高人的尊严和自信心。

3. 群体心理理论

所谓的群体心态是指聚集在一起的人都具有一种相同的心理倾向和趋势，这是一种群体行为形成后的群体心态，只有具有相同的心理倾向的人才能聚集在一起，并形成行为。这种心理状态和倾向是每个个体所拥有的，但平时是处于一种潜在状态的，是被理性所压抑的，但又是充满活力的，只要条件成熟，它就可以冲破理性的控制和压抑而表现在行为中(陈月生，2005)。社会变迁过程中的矛盾和冲突，社会稳定风险不仅是各种具体社会矛盾和问题的反映，也是社会转型时期社会矛盾趋于增多和容易激化的一种现实表现。群体中人与人之间的相互影响，人与人互动是群体性突发事件过程中普遍存在的一种表现形式，因此，借助互动理论、相互影响理论和情境界定等理论，对于全面认识和解释社会风险事件中人们的聚集行为，以及聚集行为与所处的客观环境的关系等问题。群体心理对群体行为的制约作用，从社会风险事件的过程看，由于人群聚集在很大程度上具有相互影响的特征，有时明显的表现出一些人失去理智。

（二）社会稳定风险管理的经验借鉴

1. 保障利益诉求，在潜伏期消除社会稳定风险

在社会稳定风险的潜伏期，决策部门很难准确明晰相关群体的利益诉求或利益损失，因此也就很难直接在源头治理社会稳定风险，在这种情况下，就需要疏通利益疏通利益表达通道，从而尽早对社会稳定风险有所响应，在社会稳定风险的利益表达方面，瑞典的一些做法和经验值得转型期的中国借鉴。作为典型的北欧民主国家，瑞典具有鼓励公民和利益团体表达自身利益的政治传统，从而形成了倡导利益表达的政治文化。瑞典的利益表达传统是在高层提倡下，使得广大的民众和利益集团具备了利益表达的意识，让被压抑的利益表达意识获得了正当的宣泄渠道。而处于这样一种政治文化传统之中的公民和利益团体，也逐渐地将利益表达视为维护和保障自己利益和权利的重要途径(丁建定 & 杨斌，2012)。在利益表达得到正当表达后，社会稳定风险有可能在潜伏期就得到了缓解。

社会影响力大的利益集团是瑞典公民利益诉求的重要基础。稳定的利益集团的形成，有利于合作主义政治的发展。瑞典的利益集团是按照阶级利益组织起来的，每一个阶级都有代表自己经济利益的集团，支持着不同的政党。为保持组织的活力，很多利益集团采取强制成员的方式。瑞典的利益集团具有数量少、规模大、代表性强、组织集中、社会影响力大等特点，在瑞典的政治生活中占据重要地位，并且对立法等活动有很大作用。在立法的第一阶段，立法议案在议会中提出，经过讨论通过，由专家形成报告草案。报告草案和原议案提交议会辩论通过以后，议会提请政府成立该议案的调研委员会

调查讨论该议案并提交调研报告。在第二阶段，政府复查调研报告，然后将其送至行政机构以及与该议案相关的利益集团，征询他们的意见。如果议案涉及重大问题，那么必须征集各大利益集团的意见而且必须是成文的书面意见。专人将意见汇总整理，然后各主管部门起草议案，内阁会议讨论通过后成为政府议案，议会全体会议对政府议案投票表决，相对多数即通过，如果正反方相等则抽签决定。

各利益集团之间的谈判与妥协都与制度的鼓励和政府的协调分不开。在法律方面，瑞典是世界上第一个建立信息公开法律制度的国家，信息公开制度保证了人们对政府信息的知晓权以及在信息知晓基础上的表达自由，向社会通报政府制定决策、大型计划等也是政府的重要工作，在决策之前，政府必定与各党派、各大利益集团协商，经过充分酝酿和修改，由议会做出决议，对于重大决策问题也力争取得各大利益集团的谅解与合作在立法程序上，以政府或者政府的代表为联系人，注重吸纳议会内外、各党派、各利益集团至个人参与立法。不仅集思广益，有利于界定法律的适用范围；多方协调，有利于平衡利益；而且协调利益和取得各方谅解在立法之前进行，保证法律的稳定性以及后期的执行。

2. 通过社会和解，在显露期纾解社会稳定风险

承认不同利益集团的存在，但寻求它们之间的共同利益，按照和解和平共处与合作的方向加以引导，成为一个大家都接受和维护的普遍观念。社会和解成为国家倡导且受法律保护的价值观，使人们接受了在不同利益群体存在基础上来寻求和平共处的现实，从而消除了零和博弈。各利益团体不再是绝对利益冲突的关系，各利益团体承认利益的不同，同时也尊重对方的利益，强调通过协商形成利益平衡，成为社会生活和重大决策的基调 (张世鹏，1990；周建明 & 顾光青，2006)。

在经济和社会的发展进程中，德国社会已经形成了普遍得到认同的基本价值，人的尊严是德国社会的基本价值观；自由也是市场经济能够运作的基本条件；平等对待每一个人；在多元化的民主社会中，为了和平地解决各种不可避免的利益冲突，需要所有相关者自由的认识和同意，以实现个人自由和整体统一的协调；人不能离开一个团结互助的共同体 (徐恒秋，2007)

一个不同于以往的社会的重构，不仅需要新的价值与理念的引导，也需要新的经济社会制度和政治体制的支持。经济层面制度安排的主要目标是确保在竞争基础上的效率，也突出了对社会公正的强调，社会层面的制度安排主要是

社会福利制度，其目标主要有三项：1）保障就业以及推行社会保障体系；2）实现社会公正；3）保障社会和平。即把不同的政治力量都包容到体制内来，通过体制内的政党竞争，来整合不同群体的利益，形成能代表大多数人利益的公共政策。德国在形成社会和解价值共识的同时，通过取缔和吸纳消除政治上的反对力量，德国的基本法规定了各派政治势力自由竞争的限度，不能因民主的手段而毁掉民主制，正是在这样一种政治体制下，德国的社会价值、利益群体虽然不断在发生变化，但合作主义的政治体制始终没有改变，德国的经验表明，只要明确地坚持国家的社会责任和个人的社会义务，个人自由、不同阶级和阶层的存在，并不一定会导致不可调和的社会冲突。

3. 多部门协同的风险应对体系，应对集聚爆发的社会稳定风险

美国危机管理体系主要分为联邦和州两级，州以下又可分为县和市两级。联邦危机管理机制是以总统为核心，以国家安全委员会为决策中枢，国务院、国防部、司法部等有关部委分工负责，中央情报局等跨部委独立机构负责协调，临时性危机决策特别小组发挥关键作用，国会负责监督的综合性、动态组织体系。

美国危机管理体系建设特别注重建立民间社区灾难联防体系，通过各种措施吸纳民间社区参与危机管理：一是制定各级救灾组织、指挥体系、作业标准流程及质量要求与奖惩规定，并善用民间组织及社区救灾力量；二是实施民间人力的调度，通过广播呼吁民间的土木技师、结构技师、建筑师、医师护士等专业人士投入第一线救灾工作；三是动员民间慈善团体参与贩灾工作，结合民间资源力量，成立民间贩灾联盟；四是动员民间宗教系统，由基层民政系统邀集地方教堂的领导人成立服务小组，有效调查灾民需求，并建立发放资源的渠道。

危机很可能波及的是整个社会，危机管理将动用一切可以利用的社会资源，作为私人机构的组织，诸如私立医院、保险公司、银行以及别的商业组织，同样在危机应对网络中发挥重要作用。在当今世界经济一体化、社会信息网络化的背景下，随着危机发生波及的范围愈来愈广，复杂性越来越强，危机管理就需要从更高的层次，以更务实和有效的策略，寻求包括各国政府和国际组织在内的国际资源的大力合作、协助和支持，建立有效的全球危机救治合作机制。在危机的应对中，通过全球合作，一方面全球不同主权国家间可以获得更多的谅解，有效消除危机，恢复社会秩序，重建和平、文明的世界。另一方面可以通过全球资源共享，提高危机救治效率、降低救治成本。

危机管理中信息往往是决定性的关键因素，无论是灾情汇集、灾情研判、求援指挥，乃至个人安危，都是不可或缺的。为了防止危机发生时商业通讯系统的失灵，用最先进的技术确保灾害发生时有关信息充分交流，及时做好与社会及公众的沟通。同时，开发提供各种电脑软件，评估预测灾变损失，并积极运用信息网络等最新科技。在整个危机管理网络中，作为地方应急的州级紧急事务管理办公室的日常行为就体现为对协调响应、警报、预警、紧急事务通讯以及紧急事务信息的公众广播等。

（三）社会稳定风险的应对措施

1. 构建利益诉求机制，从源头消除社会稳定风险

利益需要表达的时候，往往意味着冲突。而如果缺乏有效的多渠道的制度化的利益表达途径，矛盾非但得不到化解，矛盾的累积还会产生严重的危机。但是矛盾又不能是任意地表达，否则，多元的利益矛盾的表达将形成不可控的局面，对社会将产生更大的冲击与破坏。既要保持社会稳定还要形成有效的利益诉求，二者之间必须保持平衡，这个平衡的程度实际上就是制度化的利益表达空间。

2. 完善利益调节机制，努力保障社会稳定的基础条件

由于社会成员的能力不同、面临的风险不同以及机会平等准则难以有效地实施，因此，在初次分配后，社会成员之间的收入差距必定是比较大的。长久以往，这种差距将会更大，并对社会的稳定与和谐造成十分不利的影响。有鉴于此，政府有必要站在社会整体利益的角度，对初次分配后的利益格局进行必要的调节和约束。政府对改革过程中的公正性给予足够的重视，无论是在所有制形式、分配体制、社会管理体制上，还是在生产、流通、交换、分配等重要环节上，要通过改革过程中的统筹兼顾，切实避免部分群体的利益损失过大；保护合法利益，取缔非法利益。

3. 建立合理的社会保障机制

大量社会稳定风险的出现以及爆发，特别是群体性事件的频频发生，都表明了各级政府对收入差距扩大不能掉以轻心，必须认真对待收入差距拉大给社会稳定带来的影响。要在各社会群体之间建立起和谐的利益关系，遏制贫富两极分化，创造“纺锤形”的社会财富结构，避免民众滋生扭曲的“仇富心态”。因此，要加大收入分配的调节力度，完善优抚保障机制和社会救助体系，使失业、残疾、老幼孤寡等弱势群体能得到有效救助，基本生活能够得到保障，是

构建和谐社会的重要措施。建立公正、公平的社会分配制度，畅通乃至扩大社会矛盾的消解管道，提高社会保障水平，切实保障和改善民生，让老百姓共享改革发展的成果，尽可能减少无直接利益的“普遍冲突的参与者”，才能积极化解各种社会稳定风险，从而避免社会危机的爆发。

4. 树立社会稳定风险观念，建立科学决策机制

社会稳定风险随人类社会的产生而产生，随人类社会的发展而发展。社会风险预警系统因人类对社会风险进行管理的需要而产生，随人类对社会风险的认识的不断深入而发展，随着社会科学、自然科学的进步而完善。树立风险观念和预警观念，合理利用人类关于社会风险的研究成果，加强社会风险管理，是任何一个政府的天然职责。而利用社会稳定风险评估系统，建立科学的决策机制，是进行及时、合理、有效、经济的社会风险管理的必不可少的前提。

5. 建立社会稳定风险信息管理系统

一方面，社会稳定风险评估机制离不开社会风险信息、的采集、处理和管理。另一方面，由于我国目前关于社会风险的历史经验信息和数据较少，在运用风险评估方法和建立指标体系的过程中有着很大的局限性，因此应建立社会风险信息、管理系统。社会风险信息管理系统的建立，具体来说，主要分两步：第一步是信息的收集，围绕社会稳定风险评估指标体系中各指标，开展社会调查，广泛收集相关信息和数据。第二步是信息的处理和加工，依托计算机技术，建立信息和数据管理系统，并通过计算机完成对数据的分类、汇总、储存、更新以及复杂数据的计算工作。

四、小结和讨论

在目前社会稳定风险事件增多和社会矛盾冲突加剧的形势下，对社会稳定风险的评估和管理能力直接关系到经济发展和社会稳定。如果不能科学应对，将社会稳定的风险降到最低，如果不能正视社会各群体的利益诉求，缺乏对社会公平应有的关注，而出台事关广泛群体利益的重大决策，将在客观上积累社会风险爆发的能量。如何处理不同阶层的利益差别，如何对社会稳定风险进行有效评估，将成为公共治理和社会管理的一项重要任务。

本报告围绕社会稳定风险管理这一主题开展研究，本报告论述了社会稳定风险评估的相关问题，对社会稳定风险的概念、社会稳定风险评估的内涵、社

会稳定风险评估重要领域、评估程序和风险等级划分进行了详细论述。然后从发展轨迹、形成机制从宏观角度探讨社会稳定风险的形成，最后用经济学模型分析社会稳定风险形成的核心要素及其扩散爆发的机理，研究发现，即使重大决策能普遍提高绝大多数人的福利，但当少数群体的利益受到极大损害时，社会稳定风险会因此加大；如果重大决策只能提高少数特定人群的社会福利，同时又会给大多数人带来损害，那么社会稳定风险将在所难免；重大决策正向影响的范围越大，社会稳定风险越低；脆弱的非直接利益群体是社会稳定风险扩散爆发的关键因素，该类群体受不良情绪感染的程度，他们前期未受补偿的损失大小，以及政策干预等因素，都会影响社会稳定风险的传播。

实证结果表明，面对利益受损和不公正对待，上访并不是首选，但问题久拖不决，选择上访的概率会成倍增加；最能有效替代上访的途径，是通过熟人的帮助来缓冲和化解矛盾，包括求助亲友、社区干部或村干部，甚至是直接找对方或政府内部的熟人；身处体制外的群体，例如非公企业从业人员、下岗失业人员、外来务工人员等，在同等条件和相似的环境下，更倾向于采取更加激烈的行为方式来解决问题；最初的矛盾冲突并不会直接导致上访等激烈行为，但如果不及时解决，后果会越来越严重。

魏国学

参考文献

陈秋玲：《社会风险预警研究》，经济管理出版社 2010 年版。

陈月生：《群体性突发事件与舆情》，天津社会科学院出版社 2005 年版。

丁建定、杨斌：《瑞典现代和谐社会的建立与发展——兼论瑞典福利国家为何受经济危机影响较小》，《当代世界与社会主义》2012 年第 5 期，第 6-12 页。

范和生：《现代社会学》，安徽大学出版社 2005 年版。

石友蓉：《风险传导机理与风险能量理论》，《武汉理工大学学报：信息与管理工程版》2006 年第 28 期，第 48-51 页。

徐恒秋：《社会转型：欧洲的经验和我国面对的挑战》，山东大学，2007 年。

于咏华：《风险社会与政府社会风险管理能力的提升》，《决策探索》2010 年刊，第 33-34 页。

张世鹏：《联邦德国的雇员参与共决制》，《当代世界与社会主义》1990 年第 1 期，第

4-9 页。

周建明、顾光青 :《社会市场经济与社会的重建》,《世界经济研究》2006 年刊，第 77-81 页。

拉尔夫 :《现代社会冲突》，中国社会科学出版社 2000 年版。

Boin, A., 2004. Lessons from crisis research. *International Studies Review* (6),pp.165-194.

Coser, L.A., 1956. Functions of social conflict. Simon and Schuster.

Dahrendorf, R., 1959. Class and class conflict in industrial society. Stanford University Press.

Dahrendorf, R., 1988. The modern social conflict: An essay on the politics of liberty. Univ of California Press.

Fink, S., 1986. Crisis management: Planning for the inevitable. American Management Association New York.

Janis, I.L., 1989. Crucial decisions: Leadership in policymaking and crisis management. SimonandSchuster. com.

Kouzmin, A., Jarman, A.M., 2004. Policy advice as crisis: A political redefinition of crisis management. *International Studies Review* (6),pp.112-131.

Mitroff, I.I., Alpaslan, M.C., Green, S.E., 2004. Crises as Ill - Structured Messes. *International Studies Review* (6),pp.165-194.

Simmel, G., Levine, D.N., Simmel, G., Philosophe, S., Simmel, G., Philosopher, S., 1971. On individuality and social forms:Selected writings. University of Chicago Press Chicago.

Uriel, R., Charles Michael, T., 1989. Coping with Criss: the Management of Disaster, Rids and Terrorism. Sprin eld:Charles C. Thoms.

重大决策社会稳定风险评估观点综述

重大决策社会稳定风险评估的政策思想沿着“稳定压倒一切——正确处理改革发展稳定的关系——构建社会主义和谐社会”的脉络演进，在地方实践的基础上，已经进入中央和国家层面统一部署的阶段。由于是新生事物，目前重大决策社会稳定风险评估在评估主体、评估内容、评估流程和方法、评估体制机制等方面还存在着一些问题和争议。现有研究建议从实际操作、体制机制和战略决策三个层面，进一步健全完善重大决策社会稳定风险评估。

我国当前社会形势基本稳定，但处于矛盾凸显期。这一时期做出的重大决策如果触及到利益相关者的利益，就会引发他们以维权为主要诉求的社会稳定风险事件。做好当前维稳工作的关键就是重视重大决策之前的社会稳定风险评估，从我国各地评估实践中的问题出发，结合理论界在实际操作、体制机制和战略决策三个层面提出的建议，健全完善重大决策社会稳定风险评估。

一、重大决策社会稳定风险评估的政策沿革

改革开放以来，邓小平、江泽民、胡锦涛等党和国家主要领导人的社会稳定思想，基本沿着稳定压倒一切——正确处理改革发展稳定的关系——构建社会主义和谐社会的脉络演进。在这样的顶层设计下，我国部分地方进行了重大决策社会稳定风险评估的实践，我国中央、国家层次上的文件及规定又将地方经验总结提升，形成了中央意见和国家意志。

（一）改革开放以来主要领导人的思想沿革

1."稳定压倒一切"

1989年，邓小平同志在会见美国总统布什时指出："中国的问题，压倒一切的是需要稳定。没有稳定的环境，什么都搞不成，已经取得的成果也会失掉。"[①] 他从党的执政能力的角度出发,认为社会稳定是一种能力而非状态。[②] 邓小平的社会稳定思想是一个全方位、多层次的协调、有序的体系，是经济稳定、政治稳定和思想稳定的有机统一体。主要内容包括：经济稳定是社会主义现代化建设的坚实基础；政治稳定是我国社会主义现代化建设的根本保障；思想稳定是维护我国社会稳定的思想保障；民族关系和谐是维护社会稳定的重要条件（王银梅，2009）。

2.正确处理改革发展稳定的关系

江泽民同志在中共十五届五中全会上强调指出：要正确处理改革、发展、稳定的关系，保持社会的长期稳定，为改革开放和现代化建设创造良好环境。他在"七一讲话"中专门论述了社会发展与社会稳定的关系，提出要始终注意处理好改革、发展、稳定的关系，正确认识和处理人民内部矛盾，始终保持社会的安定团结。在党的十六大报告中进一步指出，完成改革和发展的繁重任务，必须坚持长期和谐稳定的社会环境。概括起来，江泽民的社会稳定思想主要是：稳定是改革和发展的前提；坚持在稳定中推进改革和发展；通过改革和发展促进稳定；正确处理改革发展稳定关系的基本原则，一是坚持稳定压倒一切的方针，二是坚持灵活运用适度的原则，三是把实现和维护人民群众的利益作为重要结合点（王银梅，2009）。

3.社会主义和谐社会

以胡锦涛同志为主要代表的党的第四代领导集体，结合新时期新形势，提出了科学发展观与建设和谐社会的思想，在此框架下提出了新的社会稳定思想。胡锦涛同志在中共十七大报告中论述了社会和谐、社会稳定与科学发展的关系——社会的和谐稳定依赖于科学发展，科学发展是促进社会和谐稳定的根本途径——认为和谐必然稳定，和谐基于稳定，要以发展巩固和谐，以发展促进和谐，以稳定保障和谐。胡锦涛的社会稳定思想主要包括：把以人为本作为

---

①《邓小平文选》第3卷，第284页。

② 曲洪志、朱卫卫：《邓小平的社会稳定思想再认识》,《社会主义研究》2007年第2期。

统摄社会稳定工作的新理念，强调维护稳定要依靠人民，维护稳定要为了人民；把对社会稳定工作发展规律和目标任务的认识提升到了新高度；促进社会公平正义，塑造社会长期稳定的新社会阶层结构；更加注重社会建设和社会管理，拓展和深化社会稳定工作的新领域、新内容；提出新的依法执政方式，强调把社会矛盾冲突纳入制度化、法治化的处理轨道之中，建立健全社会稳定工作新体制新机制。①

（二）近年来中央和国家有关文件的相关表述

我国的重大决策社会稳定风险评估，是在地方经验的基础上总结提升形成中央意见和国家意志的。2010 年 11 月 8 日，国务院《关于加强法治政府建设的意见》（国发 [2010]33 号）提出了重大决策社会稳定风险评估的要求。主要内容包括：建立和完善重大事项集体决策制度、专家咨询和评估制度、决策听证和公示制度、决策责任追究制度；凡是有关经济社会发展和人民群众切身利益的重大政策、重大项目等决策事项，都要进行合法性、合理性、可行性和可控性评估，重点是进行社会稳定、环境、经济等方面的风险评估。要把风险评估结果作为决策的重要依据，未经风险评估的，一律不得作出决策；要把公众参与、专家论证、风险评估、合法性审查和集体讨论决定作为重大决策的必经程序；建立完善部门论证、专家咨询、公众参与、专业机构测评相结合的风险评估工作机制；要加强重大决策跟踪反馈和责任追究。在重大决策执行过程中，决策机关要跟踪决策的实施情况，通过多种途径了解利益相关方和社会公众对决策实施的意见和建议，全面评估决策执行效果，并根据评估结果决定是否对决策予以调整或者停止执行。对违反决策规定、出现重大决策失误、造成重大损失的，要按照谁决策、谁负责的原则严格追究责任。汪玉凯（2008）指出，新的决策机制，不仅明确规定了政府决策的程序、机制等，而且强调了公开、透明以及各方对决策过程的监督。②

2011 年，《中共中央关于制定国民经济和社会发展第十二个五年规划的建议》中明确提到“建立重大工程项目建设和重大政策制定的社会稳定风险评估机制”。2012 年，中央办公厅印发了《关于建立健全重大决策社会稳定风险评估机制的指导意见（试行）》。2012 年 11 月，党的十八大报告进一步提出，要

① 王银梅：《社会稳定及预警机制研究》，法律出版社 2009 年版，第 47–51 页。
② 汪玉凯：《中国政府改革的过去与未来》，《新视野》2008 年第 3 期。

建立健全重大决策社会稳定风险评估机制。

2012 年 2 月 24 日，中国银监会印发了《绿色信贷指引》，规定“银行业金融机构应当制定针对客户的环境和社会风险评估标准，对客户的环境和社会风险进行动态评估与分类”；“在已授信项目的设计、准备、施工、竣工、运营、关停等各环节，均应当设置环境和社会风险评估关卡，对出现重大风险隐患的，可以中止直至终止信贷资金拨付”。2012 年 8 月 16 日，国家发改委颁布了《国家发改委重大固定资产投资项目社会稳定风险评估暂行办法》（发改投资 [2012]2492 号），对社会稳定风险评估的地位、程序、内容、风险分级、处置办法等作出了框架性规定。该文件要求，2012 年 8 月 16 日以后申报的项目，必须在可研报告中增加社会稳定风险分析专章专篇。2013 年初，国家发改委印发《重大固定资产投资项目社会稳定风险分析篇章和评估报告编制大纲（试行）》（发改办投资 [2013]428 号），进一步明确了评估主体、内容和程序。

这些中央、国家、部委层次上的文件及规定，是对我国社会管理实践经验的总结，也是对我国主要领导人社会稳定思想的贯彻，无处不体现出“源头治理、基层化解、预防为主”的原则。

二、重大决策社会稳定风险评估存在的问题及争议

当前重大决策社会稳定风险评估工作在全国各地仍处于探索阶段，大都侧重于操作层面对工作方法的建立和落实，相对来讲理论深度有待进一步挖掘，评估主体的界定、评估内容的确定、评估方法的运用、实际操作程序的规范等还不尽完善。当前理论界针对重大决策社会稳定风险评估的研究，也存在一些争议。

（一）关于评估的主体

实践中，当前我国各地重大决策社会稳定风险评估的主体相对单一，主要仍是以政府主导的内部评估为主，缺乏广泛的外部评估主体的参与，缺乏社会组织和社会公众的参与。[①] 理论上，学术界关于（公共）决策社会稳定风险评估的主体有三种观点。

① 付翠莲：《重大事项社会稳定风险评估机制研究》，中国社会科学出版社 2011 年版，第 199 页。

1. 政府主导

重大民生项目和举措的“稳评”，一定要坚持政府主导，不能全部委托专业公司，或对他们有不适当的倚重。由重大事项的负责政府部门具体组织实施“稳评”，按照“谁主管、谁负责”“谁决策、谁负责”“谁审批、谁负责”的要求，政府和领导干部对“稳评”的结论和参照的结果负总责。这个大方向不能变。同时，董韦（2012）认为，在政府鼓励公民和社会组织对于重大民生项目的广泛参与，完善部门之间的协调合作与博弈制衡机制的基础上，更大的沟通能力、基层公检法人员参与等政府主导“稳评”的优势能够得到更大地发挥。杨雄（2010）将评估主体区分为实施主体和责任主体，其中：评估实施主体由各级党委、政府负责组织，主管部门具体实施；政策起草部门、项目报建部门、改革牵头部门是负责组织实施风险评估的责任主体。

政府单一评估的反对者（苏娜，2012）认为政府主导评估有如下劣势：政府“既当裁判员，又当运动员”，属于典型的自评，因此不可避免地会出现自评中的缺陷，比如对风评报告结果做粉饰，掩饰自己制定的方案所存在的社会风险；为了攀比政绩或者形象建设，自我偏袒，在风评过程中故意忽视其他利益相关者的诉求等。此外，风险评估需要很多专业知识和专业技能，但是政府部门此方面专业人才较少。

2. 专业机构评估

张瑶（2011）从重点建设项目出发，认为风险评估应委托第三方专业机构进行，出具风险评估报告。专业社会风险评估机构的优势在于，拥有专业的评估技术、经验和人才，并且独立于政府组织外部，一定程度上能够科学、客观地对重大事项社会稳定风险给予评估，其评估结果如会计事务所提供的服务产品具有一定的“公共性”。①

专业风险机构单一评估的反对者（顾德宁，2012；苏娜，2012）认为专业风险机构评估有如下劣势：目前我国专业社会风险评估机构发展尚处于起步阶段，对于评估指标体系的设计、评估信息的搜集、数据的处理等还不尽科学合理；专业机构与政府之间的被委托与委托的关系也不可避免地构成了彼此不可分割的利益关系，因此专业风险评估机构所出具的评估结论在公信力上存在着必然的缺陷。

---

① 苏娜：《重大事项社会稳定风险评估中的“多元主体评估”模式研究》，《未来与发展》2012 年第 7 期。

3. 多元主体评估

有学者（付翠莲，2011；赵庆远等，2011）认为，部门论证、专家咨询、公众参与等评估方式都是科学的评估体系中不可或缺的组成部分，各种方式之间互相支撑和印证。行政部门侧重社会管理，对各层面的信息掌握充分，对政策的把握以及地区、领域的现状了解更加全面准确；专家在本领域的专业知识和实际经验能够保证预测判断更具准确性，并为评估提供独到见解；公众参与涉及面广，方式灵活、问题暴露充分，便于直接了解公众对建设项目的态度，掌握利益诉求，对分析评估起着决定性作用。[①] 苏娜（2012）分析了包括政府、专业机构、专家学者和高校科研机构、普通民众在内的四类评估主体参与评估的优势与劣势，认为涉及多重利益相关者的重大事项的社会稳定风险评估必然要引入多元主体参与共评，构建多元化的综合评价指标体系，降低由政府单一评估而带来的不合理、不客观、不科学等问题的发生几率。主张政府主导评估的顾德宁（2012）也认为，可以在政府负总责的“稳评”内引入非营利和非政府身份的“第三方”。[②]

进一步细分，评估主体包括责任主体和实施主体。地方实践中的主要问题是，没有对风评的责任主体和执行（实施）主体进行区分，把责任主体置于“既当运动员又当裁判员”的地位，陷入“自己评自己”的困境。[③]

关于评估的责任主体，有的学者主张牵头负责或指定负责。张鹏等（2010）认为，“有关决策的提出部门、政策的起草部门、项目的报建部门、改革的牵头部门是负责组织实施社会稳定风险评估的责任主体。如涉及到多个职能部门的，由牵头部门负责评估，或由同级党委、政府指定评估部门。”

有的地方在实践中明确了主管负责原则（刘树枝，2009）。如《南通市市区城市房屋拆迁项目社会稳定风险评估实施意见》明确了社会稳定风险评估“属地管理、分级负责”和“谁主管、谁负责”的原则，即由拆迁许可申请人自行组织实施的项目，由拆迁许可申请人的主管部门负责组织实施社会稳定风险评估；凡由区政府组织推进的项目，由区政府（管委会）负责组织社会稳定风险

① 赵庆远、杜亚男、乐为国：《工程咨询机构在社会稳定风险评估中的作用与对策分析》，《中国工程咨询》2011年第4期。

② 顾德宁：《“社会稳定风险评估”不能依托商业公司》，《江苏法制报》2012年9月17日。

③ 廉如鉴、黄家亮：《关于“遂宁模式”的反思——探索重大事项社会稳定风险评估工作的新思路》，《长春市委党校学报》2012年第1期。

评估。[①] 付翠莲（2011）反对这种做法。她指出，这样固然可以明确评估责任主体，但有时这样确定的评估责任主体同时也是重大项目制定或实施的主体，或与重大项目实施的主体之间较容易存在特殊的利益关系，使得社会稳定风险评估工作过程遭遇更多障碍，也可能使得评估结果失去公平或难以被广大人民群众接受。

刘树枝（2009）将工作的实施部门也列为负责组织实施重大事项社会稳定风险评估的责任主体，同时明确了党政领导、维稳办在重大事项社会稳定风险评估工作中的责任："党政领导对社会稳定风险评估工作负总责；维稳办具体履行风险评估工作领导小组的职责，抓好组织协调监督指导。"

关于评估的实施主体，理论界有主管部门评估（杨雄，2010）、第三方评估（廉如鉴、黄家亮，2012；童星，2010；江西省发展和改革委员会课题组，2011；陈伟等，2011）与利益相关者参与评估三种观点。

杨雄（2010）赞成主管部门评估，其反对者认为，"遂宁模式"中"谁主管，谁评估"、"谁建设，谁评估"的原则的内在矛盾很突出。由决策者（制定新的社会管理政策的政府部门或者建设项目的报（建）单位）组织评估，他从自身利益出发，为了获得项目立项许可，不能公正评估决策可能引发的社会问题，甚至掩盖社会矛盾；二是评估者事实上只能对评估结果承担责任，无法承担评估结果错误可能会造成的社会问题；三是"自己评自己"也导致了风评的专业化程度不足，难以发挥应有的决策咨询作用（陈伟等，2011；廉如鉴、黄家亮，2012）。

童星（2010）主张第三方评估，提出社会稳定风险评估应当交给具有相对独立性的第三方来做。反对者认为，实践中的社会稳定风险评估通常类似于环境影响评价，引入第三方评估的实际效果并不明显，反而增加了管理成本。其最大不足之处是把评估过程简单等同于寻找风险源，忽略了评估过程的实质是"源头治理"，排查、化解、缓解与预防，容易产生评估责任虚化、过度市场化的问题，以至将社会稳定风险评估引入到错误方向去。[②] 深圳、上海等地尝试把一些风评项目委托给投资咨询公司，其问题在于，投资咨询公司将"建设项目社会影响评估"的指标体系套用到风评中，不能准确预测未来的风险；投资

① 南通市住房保障与房产管理局：《实行拆迁风险评估　切实维护社会稳定——城市房屋拆迁项目实施社会稳定风险评估的探索》，《中国房地产》2010 年第 11 期。

② 朱德米：《"重大决策社会稳定风险评估"不能走样》，《北京日报》2013 年 1 月 28 日。

咨询公司并不是严格意义上的“第三方组织”，仅仅是一种提供咨询服务的企业，它提供的服务产品仅仅面向企业，不具有公共性，所做的风评报告在公信力上存在天然缺陷。①

多数学者认为，目前的地方评估实践中忽视了利益相关者参与。陈伟等（2011）指出，目前主要是由决策部门组织相关部门、单位及有关专家成立评估小组，由评估小组完成评估事宜，这种评估方式没有考虑利益相关者群体。参与评估的主体相对单一，主要仍是以政府主导的内部评估为主，缺乏广泛的外部评估主体的参与，忽视了作为政府相对人的社会组织或相关利益群体意愿的真实充分地表达，导致评估过程中主体单一化，评估结果主观化、片面化，难以具有可预测性与权威性（杨雄，2010；付翠莲，2011）。公民、社会组织、专家学者及科研机构的参与评估的主体地位缺少相应的、明确的、具体的法律、制度和程序保障。相关法律制度中，仅仅规定了政府在重大事项社会稳定风险评估中的参与职责以及程序规定，而没有涉及到政府以外的多元主体参与风评的具体程序办法，或者仅仅是口头上阐述“大力引入公众参与风评”。由此导致群众参与度不高，一些职能部门为保证项目进度，评估事项走“简易程序”。②

由于主体上存在上述问题，在评估责任的问责方面，我国各地重大决策社会稳定风险评估中也存在一定问题，主要是：问责主体缺位，问责客体不清；问责制在内容上存在明显的缺陷，在法律层次上有待提高。③

（二）关于评估的内容

根据评估内容的侧重点不同，理论界关于社会稳定风险评估内容的观点可以分为对风险因素、风险事件、结果的评估三类。

有学者认为评估内容是风险因素及其频率。例如，社会稳定风险评估就是对造成社会失序、引发社会动荡和社会危机的可能性因素（或不稳定因素）进行的评估。重大项目社会稳定风险评估，即对与民生密切相关的重大决策、重

① 廉如鉴、黄家亮：《关于“遂宁模式”的反思——探索重大事项社会稳定风险评估工作的新思路》，《长春市委党校学报》2012 年第 1 期。

② 苏娜：《重大事项社会稳定风险评估中的“多元主体评估”模式研究》，《未来与发展》2012 年第 7 期。

③ 付翠莲：《重大事项社会稳定风险评估机制研究》，中国社会科学出版社 2011 年版，第 298—299 页。

大项目等，在出台或审批前，对可能影响社会稳定的因素进行科学、系统的预测、分析和评估，制定风险应对策略和预案，以有效地规避、预防、降低、控制和应对可能产生的威胁社会稳定的风险。此外，还包括“对可能发生危害社会稳定的诸因素进行分析，评估发生危害社会稳定的频率”。①

有学者认为评估内容是风险事件、风险的程度和可控范围。例如，社会稳定风险评估是指对可能导致社会冲突、危及社会稳定和社会秩序的风险或风险事件进行评估。②社会稳定风险评估是指有关经济社会发展和涉及群众切身利益的重要规划、重大项目建设、重大政策制定、重大改革等，决策前需要对可能存在的社会稳定风险，开展合法性、合理性、可行性、可控性、安全性、国际性评估，评估风险的程度和可控范围，为科学决策提供依据。③

有学者认为评估内容是结果及其可能性。风险评估（Risk Assessment）是指在风险事件发生之前或之后，对该事件给人们的生活、生命、财产等方面造成影响和损失的可能性进行量化评估的工作。

还有学者持全方位评估的观点。安全风险评估一般包括三个方面：一是公共政策对社会的影响；二是公共政策在执行过程中可能引发社会冲突及其本身的危险程度；三是重大公共政策在执行中具体细节的风险评估。国家应加强对三个方面的全方位评估，通过建立政策行为标准、衡量目前政策行为的可行性、将目前政策行为与既定目标进行比较和纠正偏离等几个步骤，以保证国家和社会朝着既定的目标前进。④

理论界的观点总体上与政府建立评估制度的内容要求相一致，后者主要包括重大事项的合法性、合理性、可行性、可控性（刘树枝，2009；周世良，2011）。与一般的观点不同，有学者认为决策风险评估应当注重评估决策的不可行性（杨雄，2010；周汉民，2011）。杨雄（2010）认为，当前的评估过于重视“可行性分析”的有效性，而缺乏对“不可行性”的论证，使得不少项目评估实际上流于形式。周汉民（2011）认为，“行政决策风险评估主要评估的是决策的不可行性，根据内容的不同可分别由相关政府机关联合专家、专业风

① 杨雄：《城市重大事项社会稳定风险评估的制度建构》，《城市管理》。

② 董韦：《重大事项社会风险评估机制实证分析——以贵州省铜仁地区社会稳定风险评估为例》，《中共贵州省委党校学报》2012年第5期。

③ 朱德米：《政策缝隙、风险源与社会稳定风险评估》，《经济社会体制比较》2012年第2期。

④ 孙正、赵颖：《社会矛盾与冲突压力下公共政策问题的思考——构建社会主义和谐社会的政策视角》，《国家行政学院学报》2007年第5期。

险评估机构实施。”①

有学者对“遂宁模式”中的安全性评估及四大评估内容的重要性提出了异议。认为重大事项的安全性才是评估关注的核心内容，遂宁模式关于“安全性”的描述仍然停留在经验判断层面，没有上升为系统化的理论描述，没有构成一个指标体系。“遂宁模式”把重大事项的合法性、合理性、可行性与安全性平行并列，说明了它还没有准确理解社会风险的内涵。事实上，前三个方面并不是社会稳定风险评估的主要内容，而是项目可行性分析的主要内容。从项目决策程序的角度看，评估项目的合法性、合理性、可行性是风评的前置条件。如果一个重大事项在合法性、合理性、可行性上存在问题，这个项目就没有必要进入社会稳定风险评估的程序。②

（三）关于评估的流程和方法

1. 评估流程

不论是相关文献的评估理论研究，还是对各地评估实践的总结中，评估程序都略有差异。杨雄（2010）所认为的五步评估流程，即“责任部门进行评估、主管部门进行审查、决策者做出决定、决定情况反馈、落实维稳措施”，至少从字面上将决策责任部门、主管部门与决策者分开。刘树枝（2010）从浙江实践中总结的四步评估程序，即“确定事项、提交申请；调研评估、提请审查；组织会审、作出决定；制定措施、控制风险”。张鹏等（2010）认为，社会稳定风险评估应当实行六步评估程序，即“确定评估事项、成立评估小组、制定评估方案、开展评估民意调查、进行评估论证、形成评估报告”。

在这三种评估流程中，前两种都考虑到了风险控制环节，第三种仅限于评估报告的完成；后两种都考虑到了民意调查，第一种还没有考虑到，这些都是需要完善的地方。对此，张鹏等（2010）认为，就整个社会稳定风险评估全过程而言，了解群众意见与决策背景是评估的基础，提出风险防范措施和建议是评估的重要环节和落脚点。杨雄（2010）也认为，目前的评估过程操作简单，民意表达渠道相对不畅。

2. 评估方法

---

① 周汉民：《关于尽快建立政府重大行政决策风险评估机制的提案》，《经济界》2011 年第 2 期。

② 廉如鉴、黄家亮：《关于“遂宁模式”的反思——探索重大事项社会稳定风险评估工作的新思路》，《长春市委党校学报》2012 年第 1 期。

社会稳定风险的评估方法（王银梅，2009；王智勇，2010；付翠莲，2011；刘尚华，2011），主要有定性评估法和定量评估法两类。

表 15　社会稳定风险评估方法

分类	方　法	优缺点
定性评估法	德尔菲法（专家预警方法）、主观概率法（经验归纳演绎法）、领先指标法、相互影响法、情景预警法；头脑风暴法、专题研讨会、专家论证法。	优点：简便实用，在信息和评估手段缺乏的情况下更为有效，对于进行长时段的远期评估尤为重要； 缺点：容易受主观情景和周围环境的影响，误差较大，精确度不足。
	地方实践已采用的方法有：头脑风暴法、专题研讨会、专家论证法。	
定量评估法	一元线性回归、多元线性回归、非线性回归；频数法、人群分析法、坐标图法、风险函数、概率分布法、风险概率——影响矩阵、指标体系法；概率评估法、数学模型计算评估法、相对评估法（即指数法）。	优点：能够对短期内的发展变化趋势作出比较精确的判断； 缺点：对信息和评估手段的要求较高，一般不易满足；将评估过于“专业化”和“数据化”不仅不科学，反而可能误大事。
	地方实践已采用的方法有：通过投票、听证会、问卷调查、专家意见征询等渠道，获悉群体的满意接受程度。	

定性评估方法是以逻辑判断为主的预警方法，主要是通过现实信息整理，结合理论分析对社会发展状态作出判断，它普遍适用于对社会发展的总体趋势和转折性或缺乏现实资料的事件进行预测，具体包括：德尔菲法（专家预警方法）、主观概率法（经验归纳演绎法）、领先指标法、相互影响法和情景预警法。王智勇（2010）认为定性评估法还有头脑风暴法、专题研讨会和专家论证法等。

定量评估方法是研究变量之间的相互关系，一般应用回归分析的方法，从几个变量的值去预测因变量的值，包括一元线性回归、多元线性回归和非线性回归等。[①] 王智勇（2010）将定量评估法具体表述为频数法、人群分析法、坐标图法、风险函数、概率分布法、风险概率——影响矩阵和指标体系法。付翠莲（2011）将定量评估法分为概率评估法、数学模型计算评估法和相对评估法

① 刘尚华：《社会稳定的科学评估体系研究》，山东大学出版社 2011 年版，第 12 页。

（即指数法）。

定性分析法简便实用，特别是在信息和评估手段缺乏的情况下更为有效，对于进行长时段的远期评估尤为重要，但缺点是容易受主观情景和周围环境的影响，误差较大，精确度不足。定量分析法的优点是能够对短期内的发展变化趋势作出比较精确的判断，但是对信息和评估手段的要求较高，一般不易满足。顾德宁（2012）反对将社会稳定风险评估如此复杂的人文状况过于“专业化”和“数据化”，认为这样不仅不科学，弄不好是会误大事的。

在信息安全风险评估、技术创新风险评估等与社会稳定风险评估类似的领域中，理论界对风险事件的分类方法、权重的确定方法与损失程度的估计方法讨论较多。李廷元等（2009）指出了当前信息安全风险评估中常用的风险事件罗列法的缺陷，认为简单的事件罗列不能反映被评估系统的整体情况，而旨在克服该方法缺陷的计算信息系统综合值的方法，由于评估模型的底层指标含义较广，只能依靠拥有丰富经验的评估人员进行较主观的评估，不具有可操作性。而在实际评估操作中，评估活动得出的结果往往是一些风险事件的风险值，显然也与底层指标的目标不一致。他们以模糊综合评判法为例，提出了风险事件分类法，即在评估过程中，按照底层指标归类风险事件，最后按照不同的评估方法要求，计算每个底层指标的风险值，其权重可以由层次分析法、二元对比函数法或专家打分法（Delphi 法）确定，实际应用中权重的设定可与评估因素的划分同时进行。[①] 这种信息安全风险评估方法可以在一定程度上为社会稳定风险评估提供借鉴。

黄莉（2011）将确定指标权重的方法分为两类：一类是主观赋权法，如 Delphi 法等；另一类是客观赋权法，即根据系统各组成要素的相互关系和客观规律来确定权重，如主成分分析法、因子分析法和神经网络法等。主观赋值法具有较强的主观性，受人为意识的影响较大；相比较而言，主成分分析法更能保证权重的科学性和合理性，同时简单易操作。

损失程度的估计方法有四种：历史资料法、类决策树法、集值统计法和转换法（李舒亮等，2006；马庆喜，2007）。采用历史资料法仅能对一部分风险事件发生造成的损失予以估计，而不能对所有风险事件进行估计（马庆喜，2007）。后三种估计方法能够更好地估计风险事件最小估计损失额、预期损失

① 李廷元、范成瑜、秦志光、刘晓东：《基于风险事件分类的信息系统评估模型研究》，《计算机应用》2009 年第 10 期。

额和最大估计损失额，利用0-1整数规划模型计算社会稳定风险事件的损失额。原因在于，类决策树用树表示影响风险事件发生的所有因素，因素之间的关系以及因素产生的后果。集值统计方法是一种行之有效的定性指标量化方法，该方法不仅可处理风险本身的不确定性、专家评估的模糊性和专家心理因素的影响，而且还可广集专家意见。充分利用评价过程中获得的信息，从而减少量化过程中的随机误差，使定性指标量化更加客观、合理。使用转换法可以按照国家有关规定，将人身损失转换为财产损失。虽然他们讨论的是技术创新风险，但上述方法在应用于社会稳定风险评估时也具有类似的优点与问题。①

3. 评估实践中的问题

有学者认为，当前评估实践中技术层面的问题，主要是当前的评估指标选取、设置与赋权、风险大小的量化标准、具体测评技术等大多未经系统论证，由于各地对社会稳定风险内涵理解不一，评估模型差异很大，导致具体评估工作的定位出现偏差，在评估内容与评估技术层面都存在一定的分歧。廉如鉴（2012）认为，地方评估实践中的问题之一是没有建立一个系统的评估指标体系。朱德米（2013）则主张避免“一刀切”和“指标化形式考核”。他认为，当前地方评估实践的做法是，通过下达明确的考核指标，追求评估数量，然后再不断进行检查，其目的是满足程序上的指标要求，但对制度长期发展不利，最终可能流于考核形式，逐步减弱制度创新的积极意义，甚至可能形成新的利益链。不同层级的政府、不同的党政部门每天都要面对大量、繁琐的公共决策，但并非每一项决策都直接或间接涉及到利益格局调整或再分配，而“重大决策”更是具有时间、空间、层级、利益冲突等明确而复杂多样的约束条件。因此，应当根据决策的层级和党政部门职能进行科学筛选。②

由于对社会稳定风险的大小缺乏客观的量化标准，加之影响社会稳定的因素的不确定性和复杂性，对社会稳定风险等级的划分目前还没有一个统一的标准。国家发改委在《重大固定资产投资项目社会稳定风险评估暂行办法》中，将风险分为高风险、中风险、低风险三个等级。一些地方只是笼统地将社会稳定风险划分为风险很大、有风险、风险较小或无风险③，但没有明确的标准。也有一些地方是以参与群体性事件或上访的人数作为划分社会稳定风险的标准，

① 马庆喜、贺武洲：《技术创新风险损失程度估计方法》，《大庆石油学院学报》2007年第1期。

② 朱德米：《“重大决策社会稳定风险评估”不能走样》，《北京日报》2013年1月28日。

③ 中共深圳市委办公厅、深圳市人民政府办公厅：《关于印发〈深圳市重大事项社会稳定风险评估办法〉的通知》，深办[2008]6号，2008年2月4日。

这也有失偏颇，因为并非社会不稳定都一定表现为群体性事件。[①]

此外，利益相关者广泛参与评估要求信息公开，而当前信息建设滞后严重制约了地方社会稳定风险评估的效果。目前我国各级党委政府都在推行政务公开、电子政务，一定程度上让政府外部的主体了解了政府和决策机构的公共管理情况，但是由于政府自身“经济人”理念以及现有电子政务信息平台建设水平的制约，仍然存在政府行为不透明、“黑箱操作”、政务信息不及时公开等现象，影响了社会公众参与风评所需资源的获取，进而影响其风评结果的科学性。[②]

（四）关于评估的体制机制

从整体上看，一方面，我国大部分地区已经制定相关评估条例和实施办法，但仍有少数省、市、自治区及下属区县对社会稳定风险的重视不够，尚未建立重大事项社会稳定风险评估机制，有的地方这项工作甚至还是空白；另一方面，一些地方虽已建立相关的机制、制度和实施办法，对应该评估的事项做了明确规定，但未进入实践操作层面，真正列入评估的事项还比较少。而在现有的评估体制机制中，理论界也认为还存在诸多问题。包括：如何避免重大事项社会稳定风险评估流于形式，司法制度如何与社会稳定风险评估制度配套跟进，“谁主管谁负责、谁决策谁评估”的科学性，以及如何加强群众在社会稳定风险评估工作中的主体地位等；[③] 如何拓展公众和第三方参与地方政府政策评估的路径，增强有些具体工作环节的可操作性。[④]

目前各地对社会稳定风险评估没有给予充分重视，更没有将评估结果作为决策的依据。从决策与风险评估的时序来看，目前一般都是重大政策和建设项目的决策在前，然后再进行相关政策和建设项目的社会稳定风险评估，极少是先进行相关政策和建设项目的社会稳定风险评估，然后再进行决策。也就是说，一般都是把风险评估当作决策以后补充进行的一个“选择性”程序“走一走”，甚至也可能是“认认真真”地“走程序”，而极少把风险评估当作相关政

① 付翠莲：《重大事项社会稳定风险评估机制研究》，中国社会科学出版社 2011 年版，第 313 页。

② 苏娜：《重大事项社会稳定风险评估中的“多元主体评估”模式研究》，《未来与发展》2012 年第 7 期。

③《社会稳定风险评估的“淮安模式”》，《领导决策信息》2011 年第 32 期。

④ 付翠莲：《重大事项社会稳定风险评估机制研究》，中国社会科学出版社 2011 年版，第 199 页。

策和建设项目决策前的“依据”，更遑论“重要依据”了（童星，2010）。

有学者认为，当前各地的社会稳定风险评估充其量只能算是“略占地位”，而非具有“战略地位”，导致社会稳定风险评估只是“走程序”。如果的确发现有可能出现A级风险，目前的对策也仅限于：1. 属于建设项目，由发展改革部门请项目行政主管部门组织项目单位对项目建设方案进行优化调整后重新上报。而不是“终止”或“取消”该建设项目。2. 属于本级政府做出的决策，由承办部门就决策是否实施、是否暂缓实施，向有权做出决定的组织和机构提出建议。而不能享有“一票否决权”。3. 属于上级政府做出的决策，由维稳办组织相关部门修改完善应急预案，然后“硬着头皮”去办。而不能（或不敢）向上级建议暂缓实施或改变决策。如此看来，目前试点中的社会稳定风险评估，充其量还只能算是“略占地位”，而非具有“战略地位”。① 对于可能引发重大风险事件、必须予以否决的决策，杨雄等（2010）认为，当前评估实践中的问题在于，评估结果对于做决策、出政策、搞改革、上项目并不具有实际的一票否决权，不少地方领导尚未真正树立“评估不达标即一票否决权”的意识与决心。

三、完善重大决策社会稳定风险评估的方向

针对重大决策社会稳定风险评估中存在的问题，现有文献对完善重大决策社会稳定风险评估的建议可以归纳为战略决策、体制机制和实际操作三个层面。

（一）战略决策层面

为了从源头上消除重大决策的社会稳定风险因素，应当积极推进政府决策的科学化民主化法制化。

在公共决策的主体方面，当前的研究已从过去的政府一元主导走向多元化，即承认公共决策的做出是在政府、市场、公民等多种力量的共同作用下产生的。② 龚维斌（2008）提出，政府决策的参与性是民主决策的本质要求和体

① 童星：《公共政策的社会稳定风险评估》，《学习与实践》2010年第9期。

② 胡娟、方可、亢德芝、朱爱琴、吴郁玲：《城市规划视野下公共决策研究》，《规划研究》2012年第5期。

现，民主决策又在一定程度上可以促进科学决策，提高决策的科学性。涉及老百姓切身利益的重大决策事项需要充分听取群众的意见，实行民主决策，而对于专业性很强的决策事项，则需要在一定范围内听取专家和有一定专业知识的群众代表的意见。

在公共决策的环节方面，龚维斌（2008）认为，一个决策的形成包括从决策动议、议题审核、专家咨询、公众参与，到提出初步方案，再到方案审核和最终决策等若干个环节。决策形成之后是否完善可行，还需要在实施过程中进行检测和评估。[①]由于重大政策在制定过程中人为因素很多，具有难以估计的复杂性，在对重大政策研究过程中进行分类应当区分可控和不可控风险。

在公民介入公共决策的程度方面，具体来说有：信息告知（知情权）、在场（参与权）、声音（表达权）、协商与谈判（博弈权）、同意（决定权，通常所说的群众支持与否）。[②]科学化民主化法制化的公共决策应当采取介入程度较深的方法，充分保障公民的知情权、参与权、表达权、博弈权和决定权。

（二）体制机制法制层面

针对重大决策社会稳定风险评估体制机制方面的问题，应当进一步明确开展社会稳定风险评估机制不只是保稳定，根本目标还是促发展。深入进行理论探讨和体制、机制变革配套的跟进，健全重大决策社会稳定风险评估制度，实现评估主体多元化，明确利益相关者范围。

1. 健全重大决策社会稳定风险评估制度

各地要积极推进重大事项社会稳定风险评估工作进一步规范化，在政府支持下，健全重大决策社会稳定风险评估制度。

第一，需要明确社会稳定风险评估的独立地位。社会稳定风险评估的地位是否明确，直接决定了评估的效果是否真实以及能否做到评估科学性。可以说，明确社会稳定风险评估的独立地位，是保证评估工作顺利实施的前提，同时也是保证评估结果客观、公平、公正的前提。

第二，针对不同的评估对象设立专门的评估操作程序。陈伟等（2011）认为，如果要从源头上预警和化解社会矛盾和社会风险，就要根据不同社会风险和社会矛盾的形成机理，采用特定的评估操作程序。

---

① 龚维斌：《互联网时代政府决策面临的挑战与机遇》，《领导之友》2008 年第 5 期。
② 朱德米：《“重大决策社会稳定风险评估”不能走样》，《北京日报》2013 年 1 月 28 日。

第三，在评估过程中引入“协商民主”的理念。畅通依法有序的信息公开和民意表达渠道，是对重大事项社会稳定风险进行全面准确评估，并化解有关风险的重要基础性工作。

第四，完善行政问责制。在明确决策与评估的职责划分的基础上，明确问责主体、问责客体与问责办法。问责主体本应该包括行政机关、人大、中国共产党、各民主党派、司法机关、新闻媒体、社会公众等。[①] 凡是风险评估没有发现问题，待重大政策决策和建设项目执行以后导致大规模群体性事件和严重社会不稳定的，进行社会稳定风险评估的主体及其责任人应当被追究责任；凡是风险评估发现并如实提出了问题，却未被决策者所重视仍然付诸实施而导致大规模群体性事件和严重社会不稳定的，则应加大力度追究决策者的责任，并对进行社会稳定风险评估的主体予以表彰和奖励。[②]

第五，理性进行评估后的处置。有学者坚持“经济增长第一论”，认为在风险评估过程中不能一味求稳而延缓甚至阻碍重大项目上马，以至于对地方经济社会的快速发展造成掣肘。还有学者坚持“社会稳定第一论”，认为对存在较大社会风险隐患的重大工程或改革等，应暂停推行。[③]

2. 实现评估主体多元化

明确包括评估的责任主体、实施主体、第三方评估机构与公民及其他社会组织在内的多元化评估主体。

第一，明确评估的责任主体和实施主体。评估责任主体是指具体牵头负责进行有关重大事项社会稳定风险评估的职能部门（维稳办）。该部门既是评估的牵头部门，也是经费的提供部门。评估实施主体由各级党委、政府负责组织，主管部门具体实施。各级维稳办负责牵头评估的监督和协调；初审事项、建议，会同批准部门督促落实防范和化解风险的具体措施；各级纪检监察机关负责监督评估办法的执行情况。同时，进一步明确部门责任，切实发挥责任部门在重大事项社会稳定风险评估工作中的主体作用。[④]

第二，建立第三方评估机制（陈伟等，2011；江西省发展和改革委员会课

---

① 付翠莲：《重大事项社会稳定风险评估机制研究》，中国社会科学出版社 2011 年版，第 298—299 页。

② 童星：《公共政策的社会稳定风险评估》，《学习与实践》2010 年第 9 期。

③ 陈伟、马帅、朱洁、黄有亮：《各地社会稳定风险评估制度的比较分析与建议》，《现代经济信息》2011 年刊。

④ 付翠莲：《重大事项社会稳定风险评估机制研究》，中国社会科学出版社 2011 年版，第 48 页。

题组，2011）。基于第三方评估在独立性与专业性方面的优势，决策者应委托第三方对项目实施评估，第三方应当是具有专业知识、理论应用研究能力和相对独立性的评估组织，第三方出具评估报告作为决策者决策的依据，第三方对评估结果承担相应的责任。① 同时还需要加强评估组织建设。②

第三，确立公民与其他社会组织评估参与机制。包括确立保护公民和社会组织自治的机制，建立公民和社会组织有序的参与机制（付翠莲，2011）。陈伟等（2011）提出，强化公众参与式评估模式。参与式方法是通过一系列的方法或措施，促使重大工程或改革的利益相关群体积极地、全面地介入重大工程或改革过程中的一种方式方法。朱德米（2013）强调，公民广泛、有序、实质性地参与是决定社会稳定风险评估质量的关键因素。③

（三）实际操作层面

1. 明确利益相关者范围

风险评估机构首先要对利益相关者（范围）的确定应准确，否则将导致在分析利益相关者之间关系的动态平衡时，各方的力量对比出现偏差，从而导致主要评估结论（有无社会不稳定风险，或社会不稳定风险的大小）的失真（付翠莲，2011）。

2. 加强理论研究与人才建设

目前国内外没有一套成熟的关于社会稳定风险评估的理论框架和指标体系，这个工作需要经济学、法学、工程技术、社会学、行政管理学等多方面的专业人才协同研究。因此，完善知识结构、加强人才队伍建设应是开展社会稳定风险评估工作的当务之急。④ 从中央到地方应该组织研究力量投入到风评的基础研究和应用研究中，构建风评的理论框架、指标体系，为风评工作提供理论指导、评估工具。⑤ 在加强理论研究时，有学者不主张完全照搬企业风险管

---

① 陈伟、马帅、朱洁、黄有亮：《各地社会稳定风险评估制度的比较分析与建议》，《现代经济信息》2011 年刊。

② 江西省发展和改革委员会课题组:《构建重大工程项目社会稳定风险评估机制的研究》,《价格月刊》2011 年第 12 期。

③ 朱德米：《“重大决策社会稳定风险评估”不能走样》，《北京日报》2013 年 1 月 28 日。

④ 赵庆远、杜亚男、乐为国:《工程咨询机构在社会稳定风险评估中的作用与对策分析》，《中国工程咨询》2011 年第 4 期。

⑤ 廉如鉴、黄家亮：《关于“遂宁模式”的反思——探索重大事项社会稳定风险评估工作的新思路》，《长春市委党校学报》2012 年第 1 期。

理的评估方法，而应当认真借鉴发达市场经济和健全法治国家所采取的一系列方法，对于指标体系的建立、评估方法的选择，需要在调查研究、理论分析、搜集民情社情的基础上加以重塑和不断完善。① 在人才培养方面，政府部门从现在开始着手做一些基础性的工作，例如和高等院校合作建立风险评估研究和培训基地，首先培养一批科研人员，再以他们为师资力量开展风险评估的教学培训并研发风险评估的资格考试体系。时机成熟后，可以举办"风险评估师资格考试"，给考试合格人员颁发"风险评估师资格证书"，进而把风评师组织起来形成专业风险评估机构。②

3. 统一风险分级

关于风险程度的分级，有关学者从各自的角度，设定了不同的分级标准。有学者将重大项目社会稳定风险程度划分为三级。Ⅰ级表示重大项目可能引发重大群体性社会事件，该项目必须马上暂停。Ⅱ级表示重大项目实施的社会风险程度高于社会稳定的承受范围，需要限期整改。Ⅲ级表示重大项目社会风险在社会承受力范围之内，对项目承办单位告知风险，并要求适当加强风险控制措施，从而保证项目的顺利实施。③

针对重大决策社会稳定风险评估在风险等级划分标准不统一方面的问题，今后应当统一风险等级划分标准。对社会稳定风险评估中风险等级的划分，要综合考虑各利益相关者的范围、对利益相关者的影响程度、影响持续的时间、利益相关者对项目影响因素的接受能力等，依靠有经验的专家做出准确的判断。在此基础上，最终形成评估结论，即对社会稳定风险的程度及项目可否实施的建议等予以明确。④

4. 加强信息建设

针对当前政府信息系统不完善，风险评价的运行效率受到影响的问题，政府应积极主动、最大限度的建立健全覆盖全社会的信息网络系统，除涉密信息以外的政务信息要及时更新、通告，增强政府工作的透明度，为社会公众参与

---

① 苏娜：《重大事项社会稳定风险评估中的"多元主体评估"模式研究》,《未来与发展》2012 年第 7 期。

② 廉如鉴、黄家亮：《关于"遂宁模式"的反思——探索重大事项社会稳定风险评估工作的新思路》,《长春市委党校学报》2012 年第 1 期。

③ 杨雄、刘程：《加强重大项目社会稳定风险评估刻不容缓》,《探索与争鸣》2010 年第 10 期。

④ 付翠莲：《重大事项社会稳定风险评估机制研究》，中国社会科学出版社 2011 年，第 313 页。

风评提供信息便利。同时借助信息公开，促进与外界各主体的沟通对话，积极宣传政府的工作和政策，争取社会公众的理解与支持。①

孔伟艳

参考资料

董韦：《重大事项社会风险评估机制实证分析——以贵州省铜仁地区社会稳定风险评估为例》，《中共贵州省委党校学报》2012 年第 5 期。

付翠莲：《重大事项社会稳定风险评估机制研究》，中国社会科学出版社 2011 年版。

龚维斌：《互联网时代政府决策面临的挑战与机遇》，《领导之友》2008 年第 5 期。

顾德宁：《"社会稳定风险评估"不能依托商业公司》，《江苏法制报》2012 年 9 月 17 日。

胡娟、方可、亢德芝、朱爱琴、吴郁玲：《城市规划视野下公共决策研究》，《规划研究》2012 年第 5 期。

李廷元、范成瑜、秦志光、刘晓东：《基于风险事件分类的信息系统评估模型研究》，《计算机应用》2009 年第 10 期。

廉如鉴、黄家亮：《关于"遂宁模式"的反思——探索重大事项社会稳定风险评估工作的新思路》，《长春市委党校学报》2012 年第 1 期。

刘尚华：《社会稳定的科学评估体系研究》，山东大学出版社 2011 年版。

马庆喜、贺武洲：《技术创新风险损失程度估计方法》，《大庆石油学院学报》2007 年第 1 期。

曲洪志、朱卫卫：《邓小平的社会稳定思想再认识》，《社会主义研究》2007 年第 2 期。

苏娜：《重大事项社会稳定风险评估中的"多元主体评估"模式研究》，《未来与发展》2012 年第 7 期。

孙正、赵颖：《社会矛盾与冲突压力下公共政策问题的思考——构建社会主义和谐社会的政策视角》，《国家行政学院学报》2007 年第 5 期。

童星：《公共政策的社会稳定风险评估》，《学习与实践》2010 年第 9 期。

汪玉凯：《中国政府改革的过去与未来》，《新视野》2008 年第 3 期。

王银梅：《社会稳定及预警机制研究》，法律出版社 2009 年版。

① 苏娜：《重大事项社会稳定风险评估中的"多元主体评估"模式研究》，《未来与发展》2012 年第 7 期。

杨雄、刘程 :《加强重大项目社会稳定风险评估刻不容缓》,《探索与争鸣》2010 年第 10 期。

杨雄 :《城市重大事项社会稳定风险评估的制度建构》,《城市管理》。

赵庆远、杜亚男、乐为国 :《工程咨询机构在社会稳定风险评估中的作用与对策分析》,《中国工程咨询》2011 年第 4 期。

周汉民 :《关于尽快建立政府重大行政决策风险评估机制的提案》,《经济界》2011 年第 2 期。

陈伟、马帅、朱洁、黄有亮 :《各地社会稳定风险评估制度的比较分析与建议》,《现代经济信息》2011 年刊。

朱德米 :《"重大决策社会稳定风险评估" 不能走样》,《北京日报》2013 年 1 月 28 日。

朱德米 :《政策缝隙、风险源与社会稳定风险评估》,《经济社会体制比较》2012 年第 2 期。

《邓小平文选》, 第 3 卷。

《全国社会稳定风险评估工作座谈会在江苏省无锡市召开》,《人民日报》2012 年 9 月 14 日。

《社会稳定风险评估的 "淮安模式"》,《领导决策信息》2011 年第 32 期。

江西省发展和改革委员会课题组 :《构建重大工程项目社会稳定风险评估机制的研究》,《价格月刊》2011 年第 12 期。

南通市住房保障与房产管理局 :《实行拆迁风险评估 切实维护社会稳定——城市房屋拆迁项目实施社会稳定风险评估的探索》,《中国房地产》2010 年第 11 期。

中共深圳市委办公厅、深圳市人民政府办公厅 :《关于印发〈深圳市重大事项社会稳定风险评估办法〉的通知》, 深办 [2008]6 号, 2008 年 2 月 4 日。

附录　调研报告之一

社会稳定风险评估机制的再评估：基于四川遂宁市的调研

近年来，面对日益严峻的维稳形势，我国部分地区开始了重大事项社会稳定风险评估的探索。遂宁是我国稳评机制的发源地，由其衍生出的“遂宁模式”是各地制度建设的典型范例。为此，《重大决策社会稳定风险评估研究》重点课题调研组选择了遂宁作为典型样本，考察当前稳评机制的发展运行情况和面临的挑战。评估结果表明：“遂宁模式”建立了刚性的稳评制度约束，推动了决策科学化和民主化，较为显著地发挥到了源头创稳的作用，但仍存在评估重点不突出、主体关系不顺、工具设计不科学等问题。应从推进顶层设计、加强技术建设、培育多方监督、优化评估流程等方面入手，不断完善稳评机制建设。

一、调研设计

（一）调研背景

近年来我国维稳形势日益严峻，2009 年全国发生群体性事件约 10 万起，较 1993 年的 0.87 万起，增长了 10.5 倍，与人民群众利益密切相关的重大决策、重大项目、重大工程，往往成为社会矛盾的聚焦点，容易引发群体性事件。为了从源头上减少重大项目实施过程中可能发生的稳定风险因素，我国一些地方自 2005 年起陆续开展了重大事项社会稳定风险评估工作。遂宁是我国最早探索建立社会稳定风险评估机制的地方，由其衍生出的“遂宁模式”代表了我国社会稳定风险评估机制的普遍模式，同时这一模式不断调整、创新，也在一定程度上前瞻了制度建设未来的发展方向，具有很强的典型性。因此社会发展研究所《重大决策社会稳定风险评估研究》重点课题调研组选择遂宁为典型样本，对社会稳定风险评估机制的运行绩效进行调研和再评估。

（二）参与调研人员和调研方法

参与调研的课题组成员包括：张本波、顾严、王阳、关博。在调研方法上，采取了座谈、专人访谈、实地考察、案例收集等多种方式，深入了解遂宁社会稳定风险评估机制的建设情况和运行成效，特别是近年来的制度创新完善情况，分析制度面临的挑战和制约因素，并在此基础上提出完善遂宁社会稳定风险评估机制的对策建议。

二、遂宁市社会稳定风险评估机制的基本情况

（一）遂宁社会稳定风险评估机制的建立背景及目标

1. 稳评机制建立背景

2000 年以后，遂宁市进入了经济社会快速发展的阶段，为了要经济、要政绩，一批工程项目仓促上马，重大改革纷纷启动，但在改革和建设的过程中没有重视和解决群众利益诉求，反而激化了社会矛盾。2003 年，遂宁锦华棉纺厂一千多名职工因为企业改制方案不合理、程序不合法，阻断公路、冲击铁路。面对严峻的维稳形势，发生群体性事件后被动维稳的方式显得力不从心，必须在工作思路、工作方法和管理工具方面进行创新调整。

2. 稳评机制建设目标：源头创稳

由于重大事项在推动改革发展的同时，会对具体利益和局部利益格局进行再分配和再重组，也蕴含着巨大的社会稳定风险，如不能妥善化解，极可能引发群体性事件等社会行为失范。

引入社会稳定风险评估机制的目的在于，通过制度创新，将决策实施后被动维护稳定，转变为决策环节源头消除不稳定。在重大事项实施前深入调研、广听民意，对可能发生的利益冲突和风险点进行科学的预测和评估，将评估结果作为决策者出政策、搞改革、上项目的重要依据，将群众的合理需求作为决策的基本约束条件，并制定防范预案和措施来应对发现的稳定风险源，控制社

会矛盾的激发，从而将各种风险隐患化解在事项决策环节，实现源头创稳。

（二）遂宁市社会稳定风险评估机制的发展脉络

遂宁市社会稳定风险评估机制发展大致可以分为三个阶段：制度初创、全面覆盖和内涵优化，不同阶段制度建设重点和内生动机都有一定的差异（如表 16 所示）。

第一阶段是从 2005 年至 2007 年，改革动机是对严峻维稳形势倒逼下的管理创新，制度建设重点在于“为天下先”，即率先提出稳定风险评估这一命题，

表 16　遂宁市稳评机制的发展

<table>
<tr><th>时期</th><th>机制建设重点</th><th>机制建设动力</th><th>主要政策创新</th><th>政策依据</th></tr>
<tr><td rowspan="3">2005—2007</td><td rowspan="3">制度初创</td><td rowspan="3">维稳工作形势倒逼</td><td>建立了重大工程社会稳定风险评估机制</td><td>《重大工程建设项目稳定风险预测评估制度》（2005）</td></tr>
<tr><td>将评估范围拓展至市、区两级政府的重大事项、重大决策等</td><td rowspan="2">《重大事项社会稳定风险评估预测评估化解制度》（2006）；《关于深入落实社会稳定风险评估化解机制，切实从源头上防范和化解矛盾的意见》（2007）</td></tr>
<tr><td>提出“五步工作法”，建立了具有可操作性的工作流程</td></tr>
<tr><td rowspan="4">2008—2012</td><td rowspan="4">全面覆盖</td><td rowspan="4">工作完善需要 / 外在激励推动</td><td>建立了行业评估机制，纳入评估目录的重大事项 112 项。</td><td rowspan="2">《关于深入推进社会稳定风险评估工作的意见》（2011）；《遂宁市社会稳定风险评估工作细则》（2011）</td></tr>
<tr><td>将评估机制向县（区）直部门、乡镇（街道）、村（社区）延伸</td></tr>
<tr><td>建立了由 5 个大项，14 个子项组成的社会稳定风险评价体系</td><td rowspan="2">《重大事项社会稳定风险综合评估办法》（2008）</td></tr>
<tr><td>健全了评估报告、分级备案、联席会议、目标管理和监督检查五项工作制度</td></tr>
</table>

续表

时期	机制建设重点	机制建设动力	主要政策创新	政策依据
2012—今	内涵优化	提升制度适用性	提出了社会稳定风险评估机制的总体设计	《关于进一步完善重大事项社会稳定风险评估机制的意见》(2012)
			加强在金融融资领域的稳评机制建设	《金融重大事项社会稳定风险评估办法(试行)》(2012)
			试点建立稳定风险动态评估监测机制	《征地拆迁事项社会稳定风险评估指导监测办法(试行)》(2012)

并制定了具有较强可操作性的工作机制。此后“遂宁模式”成为了各试点地区制度建设范本,“烟台模式”、“定海模式”、“淮安模式”,从制度构架到行文措辞,都与“遂宁模式”一脉相承。

第二阶段是从2007年至2011年,建设重点在于稳评机制制度全覆盖,将社会稳定风险评估拓展为各级党政机关、职能部门和行政管理职能单位的决策前置程序,并建立了行业专项评估机制。这一阶段的改革动机是多元的,既有根据稳评工作需要进行制度完善的原因,也有外在政治红利的刺激。在调研中发现,相关负责同志非常看重“遂宁模式”的政治先进性意义,将创先、争先、保先作为开展工作的出发点之一,因此会在短时间内推动制度建设的“大跃进”。

第三阶段是从2012年至今。在《关于建立健全重大决策社会稳定风险评估机制的指导意见(试行)》(中办发[2012]2号)出台后,稳评机制普遍建立,“遂宁模式”首创性意义和政治红利逐渐消失。在新的政策环境下,遂宁市有关部门以“注重实用管用”为出发点,对社会稳定风险评估机制内涵不断优化完善(如图28所示)。

一是提出了社会稳定风险评估机制的总体设计。2012年4月,遂宁市委办公室发布了《关于进一步完善重大事项社会稳定风险评估机制的意见》,对稳评机制框架做出了总体安排,强调了要对评估结果运用情况和决策实施情况进行跟踪,对新暴露的风险及时化解。

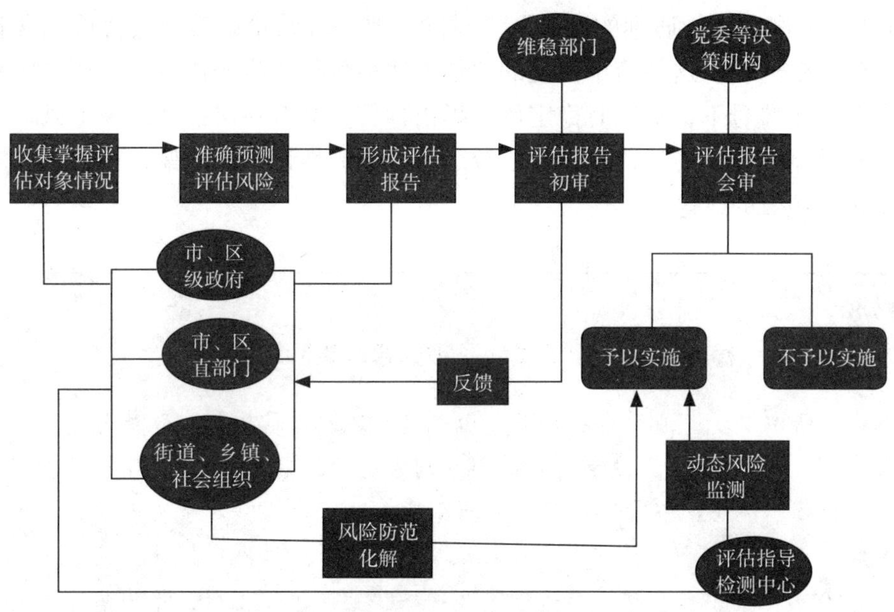

图 28　当前遂宁稳评流程和组织体系

二是加强在金融融资领域的稳评机制建设。金融融资直接与群众的经济利益相关，并存在事发突然、波及面大、影响程度深的特点，成为了一个新兴社会稳定风险源。对此，遂宁市人民银行制定了《金融重大事项社会稳定风险评估办法（试行）》，对民间融资担保、金融机构经营管理等事项进行重点评估，防范化解金融风险。

三是建立征地拆迁稳定风险动态评估监测机制。征地拆迁是群体性事件的主要诱发原因。实践经验表明，此类事项稳定风险暴露存在一定的时滞性，可能在征地拆迁期平安无事，在安置过渡期矛盾激化。为此遂宁市国土局建立了征地拆迁事项社会稳定风险评估指导监测中心，实行行业性垂直管理和动态监测，预防和化解决策实施阶段产生的矛盾纠纷。

三、遂宁市社会稳定风险评估机制的运行绩效

（一）遂宁市社会稳定风险评估机制的积极作用

在制度化的稳评机制建立之前，并不是不存在稳定风险评估，我们熟悉的

“充分认识工作中可能遇到的困难”、“排除万难”等政策语言，其背后包含着判断式的评估逻辑。这种简单粗糙的评估方法将各种风险掩盖在“办法总比困难多”的政策口号下，不能对稳定风险提出预警，甚至一定程度放纵了风险的蔓延。建立制度化的稳评机制之后，较之传统判断性评估的框架，在以下三个方面实现了绩效的改进。

专栏 8

稳评机制增强了重大决策的合理性和可行性

在调研中发现，通过在决策环节引入稳定风险评估机制，改革与稳定的关系不再是“两张皮”，稳定因素被内涵到了决策约束中，“经济账”、“稳定账”一起算。下面这个案例可以比较典型的反映稳评机制对于改善决策质量的作用。

2009 年，遂宁市酝酿上马涪江干流遂宁唐家渡电航工程，作为涪江水电开发的第 41 级梯级电站。工程估算总投资 15.8 亿，年新增发电量 2.095 亿千瓦时，新增销售收入 6503 万元，筑坝造地预期经济收益 80 亿元，对年财政收入刚刚突破 60 亿元的遂宁而言具有巨大的经济效益。

2010 年，该项目预可研报告通过了省发改委专家组的评估，预计于 2012 年破土动工。但同年进行的社会稳定风险评估表明，该项目会对城市生态环境和河心洲岛群众正常生活产生严重的影响，存在无法化解的社会稳定风险，因此暂缓实施。

一是从弹性的判断式评估转变为刚性的制度约束。判断式评估框架下，评什么、怎么评，取决于决策者的自由裁量。遂宁模式下建立了刚性约束机制，确保稳评强制性落实。基于行业评估机制，制定了重大事项“表单式”的目录，明确了 112 项应评必评的重大事项内容。规定稳评作为决策前置条件，未经过评估的重大事项不能实施。为确保制度被认真执行，建立了稳评责任追究制度，对发生应评而未评、评估走过场、弄虚作假等，确定了惩治措施，对于引发较大社会稳定风险的决策，建立了责任倒查机制。

二是从唯经济发展的决策导向到科学发展决策导向。将社会稳定风险评估机制作为决策的前置条件，就是要求在决策中不能仅评估经济效益，还要评估民生利益和稳定成本，要沟通联系群众，了解民生意愿，使决策符合经济社会协调发展的要求，符合维护社会稳定的要求，能够切实改善大多数群众的根本利益，从而起到了倒逼决策科学化、民主化的作用。自 2005 年至今，遂宁共对 726 件重大事项开展了稳评工作，否决了群众意见较大、风险难以化解的 31 项决策意向，避免了盲目决策、错误决策和不成熟决策。

三是从事后应对维稳到事先查防化解。建立社会稳定风险评估机制的基本目标在于源头创稳，在决策环节进行风险源和风险等级的评估，对于可能发生的稳定风险，提出化解办法，对于无法有效化解风险的事项，终止实施。从遂宁经验来看，稳评机制的源头创稳功能显著，维护了社会的和谐稳定。2005 年以来，遂宁市通过稳评有效防范化解涉稳隐患 783 起，经过风险评估的重大事项没有发生重大涉稳事件。在稳评机制的保障下，遂宁市重大矛盾纠纷、不稳定因素、群众来信来访、群体性事件 4 项指标逐年下降，群众对政府工作的满意度和对社会治安的安全感逐年提高。信访总量由 2003 年的 15062 件下降到 2012 年的 6685 件，在全省排位由第 4 位下降到 21 位。

（二）遂宁市社会稳定风险评估机制存在的问题

1. 评估重点未能充分突出

2011 年，遂宁市建立了“横向到边，纵向到底”的全覆盖评估体系，但由于制度发展扩张速度过快，具体机制设计没有跟上，从而产生了评估泛化，重点不突出的问题。

一是评估表面化。行业专项稳定风险评估应该根据每个领域的专业特点，提出针对性的评估方案，在评估工具使用、评估流程、风险认定等方面都具有一定的异质性。但通过对比遂宁的 36 个专项评估办法发现，制度设计高度同质化，内容规定原则性过强，评估内容、评估流程等关键机制和一般的评估规定基本雷同，很难成为深入开展专项评估工作的有效依据。由此导致了专项评估流于表面化，评估报告千篇一律，对策机制大同小异，没有体现出复杂现实情况下各行业领域的专业属性和风险来源、风险程度差异，评估的实际作用效果受到严重影响。

二是评估形式化。遂宁将稳评机制作为重大事项决策的前置刚性约束，其本意在于避免评估出现空白和疏漏。但在实际工作中，对于“重大事项”的认定偏重于从事项内容方面考虑，而忽视了事项本身的属性，在评估流程上也缺乏灵活性安排，一些影响力小、无稳定风险的项目也要层层审批。调研中，部分职能部门认为，这种工作方式使稳评陷入繁琐的行政流程当中，疲于应付，挤占了对真正可能存在重大涉稳隐患的评估事项进行深入研究的工作时间，整体拉低了稳评机制的运行效率。

2. 评估主体关系不顺

“遂宁模式”按照“谁主管谁负责，谁决策谁负责”的原则来确定稳评工作的责任主体，从而将责任主体和决策实施主体一体化，在实施中产生了决策者既是运动员，又是裁判员的“内部人”问题。

一是决策主体可以从自身利益动机出发，预设评估结论，干扰评估结果。根据相关制度，稳评的各个环节，包括前期搜集信息，建立评估小组、组织听证会、组织评估座谈会等，都有责任主体组织实施。在一定的经济利益和政治红利的诱导下，责任主体可能会出于“短视”和“幸射”心理，将自己的主观意愿加于稳评活动之上，对评估工作和最终的报告结果进行倾向性安排，导致评估丧失客观性和科学性，完全失效。

二是自我评估导致了专业化程度不足。稳评工作专业性较强，需要有一定的社会调查统计学基础，对于一些特殊工程建设项目，还要有对口知识和技能储备。但无论是行业主管部门还是地方维稳部门，既不可能也没有必要储备各类专业人才，相关工作往往由非专业的行政人员负责。即使这些工作人员有着饱满的热情和比较公正、客观的工作态度，但受制于专业背景和工作能力，稳评的最终效果会大打折扣，难以发挥其应有的作用。

3. 评估标准设置不科学，调研不深入

社会稳定风险评估的核心在于如何评估研判风险，其工具基础包括科学的风险评价指标体系和可靠的调查研究。遂宁虽然在指标体系构建方面做出了一定的探索，但是目前的评估框架还比较粗糙，在调研方面随意性大，方法设计不合理，不能反映出群众确实的想法。

一是评估指标体系科学性不足。遂宁在 2008 年建立了含 5 大项 14 子项的社会稳定风险评价办法，通过给每个子项赋值的办法，加总计算稳定风险分值，判断稳定风险等级和风险来源，2012 年进一步整合为合法性、合理性、安全性和可控性四大项。这一评价体系在指标选择和量化加权过程中没有经过科学的论证，基于是决策者的主观经验判断，子项目选择和赋值设计都很不合理。维稳办负责人员坦诚，由于计算出来的社会稳定风险系数适用性差，在工作中不能以此作为稳定风险水平研判的依据。例如，在合理性评估中，包含了“评估事项是否符合党和国家方针政策”的内容，并且赋值权重仅占合理性评估的 20%，占全部评估赋值的 3%。事实上，对于政策一致性的判断应是合法性评估的内容，而不符合党和国家方针政策的事项应一票否决。

二是调研不深入。据县、区职能部门在调研中反映，现有工作人员普遍缺少专业的科学调查知识，对项目稳评的调查研究不够深入，存在样本框过小、样本选择不合理、样本代表性不强、问卷设计不科学等问题，导致调查结果缺少公信力。由于在社情民意收集过程存在偏差，一些合理的建议意见被忽略，不利于决策质量的改善。同时，一部分与项目实施发生利益关联的群众没有得到诉求表达机会，容易衍发为群体性事件。而决策者因为信息不充分，无法做出针对的风险化解预案。

4. 评估环节存在缺失

完整的公共政策评估活动应包含事前预评估、事中评估和事后反馈的完整评价链条。前置预评估是对方案的执行效果进行模拟和修正，执行评估是对实施过程中暴露出的问题进行即使的测量和调整，终结反馈是对事项全过程的总结和未来决策改进的参考。前置评估部分是评估活动的重要内容，但无法替代事中评估和事后反馈的作用。

为了实现源头创稳的目标，遂宁的稳评机制的评估端口前移于决策环节。但在工作中，一些评估责任主体产生了评估结束就万事大吉的想法，忽视了风险的跟踪和化解对策的及时调整。事实上，从过去的维稳经验来看，项目实施过程中和实施终结后的一段时间，相关利益矛盾会暴露激化，前期动员所产生的说服效力也会逐渐消散，反而更容易发生群体性事件。事中动态监测的缺位导致了稳评机制对风险条件变化无能为力，不能及时做出化解预案的调整，丧失了风险预警和源头防控的功能。目前，遂宁市有关部门已经初步认识到这一问题，开始在利益矛盾比较突出的征地拆迁事项上引入动态监测机制。但从调研情况看，目前该机制仅集中于若干风险指标的跟踪，没有建立一套完善的决策调整和风险化解保障机制，事中评估整体上还处于缺失状态。

稳评机制还缺少事项实施后的总结，对于风险源研判是否可靠、风险等级测量是否准确、化解对策是否可行，都没有进行再评估和再考查。调研中发现，很多稳评的负责人仅是以“不出事”为稳评工作是否成功唯一评判标准。因为缺乏绩效反馈，稳评工作的实践水平长期停滞不前，评估报告质量并没有因为实践案例的增加而得到切实改进。

四、完善社会稳定风险评估机制的启示

（一）推进社会稳定风险评估机制的顶层设计

从既有的实践经验来看，社会稳定风险评估涉及内容复杂，难度较大，地方没有足够的可研实力和人才储备来提出一套成熟的关于社会稳定风险评估的理论框架和操作办法。因此应明确稳评机制法律地位，加强专项评估的指导工作，推进制度的顶层设计。

一是要确定社会稳定风险评估的法律地位。中央 2 号文件规定过于原则，难以成为具体执行操作的依据。各地方制定的规章制度法律效力不强，对跨地区的重大事项没有执行效力。在一些没有做出明确规定的领域，已经发生中央文件、部委文件和地方规章“打架”的问题。为了增强稳评机制的法律强制性和约束力，规范不同层级制度之间的法律地位，厘清还存在争议的概念和做法，应适时推动制定《中华人民共和国社会稳定风险评估法》，将稳评的概念、原则、范围、程序、主体、法律责任和处罚措施予以明确。

二是出台专项领域的稳评指导办法。企业改制、征地拆迁、涉农利益、教育医疗、环境保护、安全生产、食品卫生等专项领域是社会矛盾和社会问题的聚焦点。地方层面既有改革实践较少、政策理解把握不到位、无法科学设计专项事项的评估内容和评估方法，对于可能的风险源和风险程度缺乏充分考虑，化解对策针对性不强。因此，应由中央各部委对口研判领域内重大事项的稳定风险源，结合专业特点分类制定评估办法，建成配套的制度体系，进一步指导和规范各地稳评工作，纠正地方工作中不合理、不科学的地方。

（二）加强稳定风险评估技术建设

调研结果表明，专业人才和专业技能储备缺乏，进而导致评估技术建设不足，是基层稳评主体有效开展工作所面临的重要约束短板。应完善评估指标体系，开发符合中国实际且具有可操作性的调研工具包。

一是要加强稳定风险评估体系建设。应由中央有关部门负责，集合国内相关智库力量，在综合考察既有评估实践经验基础上，对稳评指标体系做出再设计，科学设置评估项目、合理赋权，使评估出来的风险分值可信、可靠、可应用。

二是建立稳定风险调研工具包。加强操作化工具的开发和应用，委托有资

质的科研机构建立一套符合中国稳评工作要求的，并可以根据工作需要灵活调整的稳评工具包，其中应包含具有较强信度和效度的、根据专项事项设计的调查问卷、访谈方案等。使调查出来的结果代表性较强，真实反映社情民意，为稳定风险评估提供可靠而坚实的保障支撑。

（三）培育建立多方监督机制

为解决评估主体关系不顺问题，应着力于加强监督机制建设，通过完善内部检查、专家评审和公众监督机制，使评估责任主体认真行使评估权力。

一是完善内部监督检查机制。将社会稳定风险评估工作纳入领导干部目标管理责任体系和维稳工作年度考核体系，从而提升评估主体的行为自觉性。同时，加强稳评机制的纪律保障建设，明确认定责任主体的权力和责任，对于工作发生的违规行为，及时启动追责程序。

二是建立专家评审论证机制。建立健全咨询专家库，对专业性较强的重大事项，要求专家库专家参与论证。维稳部门根据风险程度，组织专家对评估报告进行审查论证，确保评估结论符合实际，防范化解调控具有较强针对性。

三是健全群众监督机制。建立评估报告公示和意见反馈机制。维稳部门定期组织召开由人大代表、政协委员和群众代表组成的听证会，对稳定风险评估报告进行再审查。要特别重视网络言论的监督作用，由维稳部门牵头，组织网络监察部门定期梳理网络上关于已评估事项的涉稳言论，对发现的问题及时排查解决，并倒查稳评报告是否对相关问题已经做出预警。

（四）优化稳定风险评估流程建设

一是建立多渠道的评估程序。在坚持“凡事必评”的同时，根据决策事项的大小和紧急程度，灵活采取常规评估流程、紧急评估流程和简易评估流程（如表 17 所示）。

表 17　社会稳定风险评估流程设计

流程机制	适用条件	基本程序
简易程序	影响力小、涉及面窄、理论和经验证明基本不存在稳定风险的事项	事项实施部门向维稳部门报备，经审批后即可以实施
常规程序	首次实施事项，或涉及面较大的，经验表明存在一定程度稳定风险事项	严格执行稳定风险评估流程各个环节

续表

流程机制	适用条件	基本程序
紧急程序	发生自然灾害、公共卫生等突发公共事件情况下的应急决策	由维稳部门向决策者提供风险评估建议，使决策者充分考虑应急决策可能产生的社会稳定风险后果，以提前做好应对机制，确保决策质量

二是加强评估指导检测。应在各个评估责任主体下建立常设和临时社会稳定评估指导监测中心，制定专项的风险监测办法，完善风险指标体系构建，在事项实施过程中对各类风险指标实施动态监测，及时预警涉稳信息，分类化解问题。同时，在事项实施完结后，根据稳定风险的动态监测情况和涉稳风险的实际发生情况，做出稳评报告的绩效评估，并提出完善此类事项稳评的改进建议。

关博

附录　调研报告之二

"我"为什么上访？
——基于 E 市问卷调查的上访行为逻辑和特征①

本报告在对 E 市 1% 抽样调查数据分析的基础上，梳理出大样本条件下上访行为的逻辑和特征。一是"累进非理性"，上访并非受到利益损害和不公正待遇后的首选行为，但随着问题的解决不断被拖延，选择上访等非理性和较激烈行为的概率加速上升，呈现出累进的态势。二是"体制外宣泄"，上访等行为目前主要是非公企业人员、非本地户籍人口、下岗失业或无业人员、农民等体制外群体和相对弱势群体主张权利和宣泄不满的渠道。三是"嵌入式缓冲"，总体上看，上访只是少数人的选项，大部分被调查者选择在熟人圈子内解决问题，社会运动理论意义上"嵌入"在施加利益损害和不公正对待的"对方"中的熟人，能够起到缓冲矛盾冲突的重要作用。

"上访"是近年来社会领域引起较多关注的热主题之一，与之直接相关的有社会稳定、社会管理、信访工作等议题，间接联系的有征地拆迁制度改革、权利意识觉醒甚至民权社会运动等敏感话题。上访研究以个案为主，相关研究提供了大量丰富的案例，也能借以梳理出若干机制机理和行为特征，但受限于信访数据的非公开性和笼统性，对上访仍然缺乏宏观上和整体上的认识与把握——

① 感谢 E 市发改部门提供的调研便利，感谢 E 市 20 个有关乡镇（街道）入户调查员的敬业工作，感谢社会所学术委员会提出的宝贵意见。调查方案及问卷由社会所顾严提出初稿，张本波、谭永生、王阳、关博、孔伟艳、魏国学等参与讨论和修改完善，数据挖掘工作由魏国学完成，调研报告执笔人顾严、魏国学。

有多少人有可能参与上访？哪些情况或特征使得人们会选择上访的方式来解决问题？以何理由引发的上访更容易得到理解和支持？对于这些问题的回答，从方法论的局限看，超越了个案研究的能力范围，迫切需要抽样调查数据的支撑。

本报告尝试提供以较大样本的抽样调查数据为支撑的分析，尽可能从群体性的、总体大概率的角度而非个体性的、个别经验的角度，探究上访的行为逻辑和特征。

一、调查简况

（一）关于调查设计的说明

上访问题非常敏感，直接以此为题进行调查，接受访问的对象有限，还可能遭受来自地方有关部门的阻力，甚至使调查完全不可行。幸运的是，我们恰好受到E市委托，为其新区规划的社会稳定风险评估报告提供咨询，主要是帮助其编制居民意见调查问卷。借此机会，我们在问卷中“埋入”并适度“改造”了与上访相关的若干问题，可以对上访行为的逻辑和特征做出较大样本的数据分析。问卷的基本结构是：第一部分，询问对新区建设的意见和看法，其中包括我们最感兴趣问题，即当被调查者受到利益损害或不公正待遇时的行为反应，其中之一是“上访请愿”，此外还询问他们对以哪些理由发起的集体请愿表示理解；第二部分，询问对未来新区建设中听取群众意见的必要性、方式及频度的意见；第三部分，询问被调查者的个人信息，包括年龄、职业、文化程度、户籍状况、性别、消费水平等（调查问卷参见附件9-1）。

调查的设计由社会所的科研人员完成，调查的实施由E市发改部门组织，入户调查员均为E市各有关乡镇（街道）的基层统计工作人员。调查设计于2013年8月上旬进行，问卷发放和收回集中在8月中下旬完成，数据录入和初步整理在9月份完成，数据挖掘和分析工作在10月下旬完成。调查总体为E市新区范围内20个乡镇（街道）的常住居民，采取每个乡镇（街道）等量纯随机抽样200户的方法开展入户调查，由被调查者填写问卷，由入户调查员发放、收回并向所属的乡镇（街道）提交问卷，后者再将问卷统一交E市发改部门转交社会所。

调查地点为E市，涵盖其拟建新区范围内的20个乡镇（街道）级行政区。由于问题敏感，我们在这里不得不隐去该市的真实名称，以避免给该市政府有关部门及受访对象带来不必要的麻烦。

（二）被调查对象的基本情况

新区建设是我国很多地区推进新一轮发展特别是推进城镇化的典型做法，在新区建设中往往容易产生诱发上访的诸多因素，以E市新区居民为调查总体，对分析同类问题具有较强的代表性。

E市位于我国东部沿海地区，2012年人均GDP达到8000美元，三次产业结构约为5∶58∶37，城乡居民人均收入分别为3万元和1.2万元，户籍人口与非户籍常住人口的比例为3∶1。E市新区属于该市重点开发地区，拟建设成为该市新的增长极、产业新高地和城市新中心。新区范围内现状常住人口近120万人，按照第六次人口普查E市家庭户均规模推算，约合36万户。我们共发放问卷4000份，覆盖常住人口户的1.1%。收回问卷3907份，剔除逻辑错误明显、关键问题不清晰和疑似重复填写的问卷后，最终的有效问卷为3082份，回收率和有效率分别为97.7%和78.9%。有效问卷数占当地常住人口总户数的0.9%。

有效样本中，女性占37%，男性占63%。户籍在新区范围内的被调查者占79%，在E市内其他区域的占15%，不在E市的占6%。分年龄看：20—29岁的被调查者占29%，30—39岁占34%，40—49岁占23%，即青壮年占86%；50—59岁和60岁以上分别占9%和2%，20岁以下占3%。分职业看：公务员、事业单位和国有企业人员分别占6%、25%和6%，即体制内劳动者占37%；民营企业、外资企业人员和个体户分别占10%、3%和15%，即体制外城镇劳动者占33%；农民渔民占18%，下岗职工或无业人员占5%，学生和离退休人员分别占4%和3%（见图29）。

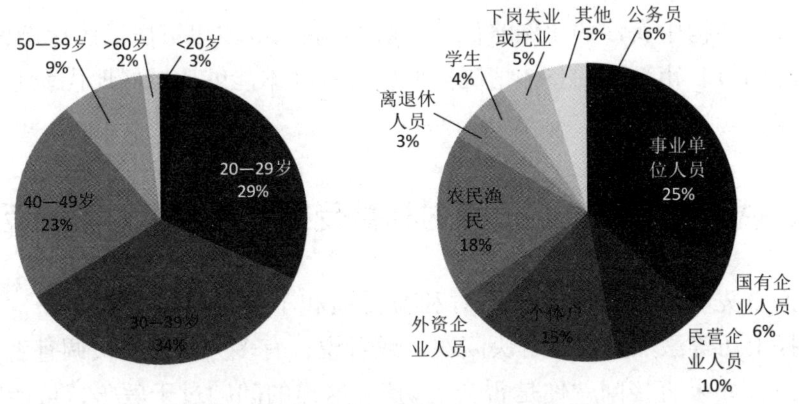

图29 有效样本的年龄结构和职业构成

分学历看：初中以下占 7%，初中占 24%，高中阶段占 37%，大学本专科占 31%，研究生占 1%。考虑到社会稳定风险评估问卷中已经有不少的敏感问题，再直接问及收入，有可能出现比较严重的虚报、瞒报、漏报情况，所以采用人均消费作为人均收入的替代变量。人均月消费支出 500 元以下大体属于 E 市新区的低保户水平，占比 11%；500 — 1000 元属于低保边缘群体，占 22%；1000 — 2000 元属于中等偏下收入户，占 30%；2000 — 3000 元是中等收入户，占 22%；3000 — 5000 元是中等偏上收入户，占 10%；5000 元以上是高收入户，占 5%，其中 1 万元以上的最高收入户占 1%（见图 30）。

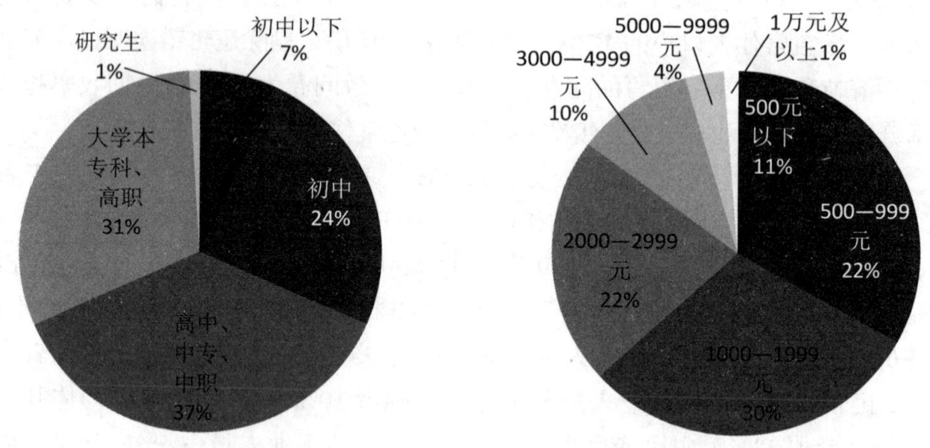

图 30　有效样本的学历状况和消费水平

除性别结构中女性的比例略低、年龄结构中 20 岁以下居民的比例偏低外，其他情况均与 E 市新区的整体情况类似，有效样本能够比较好地代表 E 市新区居民总体。

二、调查发现第一组：面对利益受损和不公正对待的反应

我们首先关心的问题是：面对利益受损和不公正对待的情况下，人们是否会选择上访等激烈方式来解决问题，或者说，有多大比例的被调查者是潜在的上访户？如果直接问“你是否会上访”，这样的问题过于敏感，可能会导致低估上访的概率。我们采取的策略是，先结合新区社会稳定风险评估的一般要

求，询问被调查者对新区建设的了解、关注和支持情况，再提出以下问题：

“在新区开发建设过程中，如果您的切身利益受到损害，您或亲友受到了不公正对待，您有可能采取的反映情况和解决问题的三种方式是：第一可能的方式【　】；第二可能的方式【　】；第三可能的方式【　】”

选项包括一组从行为方式的激烈程度看渐强的变量：“忍气吞声→口头或网上诉苦 → 个人找对方协商 → 找亲戚朋友帮忙 → 求助社区或村干部 → 向政府有关部门反映 → 求助民警 → 起诉打官司 → 求助新闻媒体曝光 → 上访请愿 → 罢工罢课 → 想办法报复”。当然，问卷中的选项并未严格按此排序，以免产生明确的导向性。这样询问不会给被调查者太大的压力，有利于引导其给出更加真实的选择。通过询问这一问题，得到以下发现。

（一）上访并不是首选，但也绝非小概率事件

从第一可能的方式看，大部分被调查者选择的解决方式都比较温和，近60%的人“忍一忍”或“诉诉苦”就行了，超过四分之一的人会“直接找对方协商”；选择“上访请愿”的比例还不到3%，“罢工罢课”和“想办法报复”

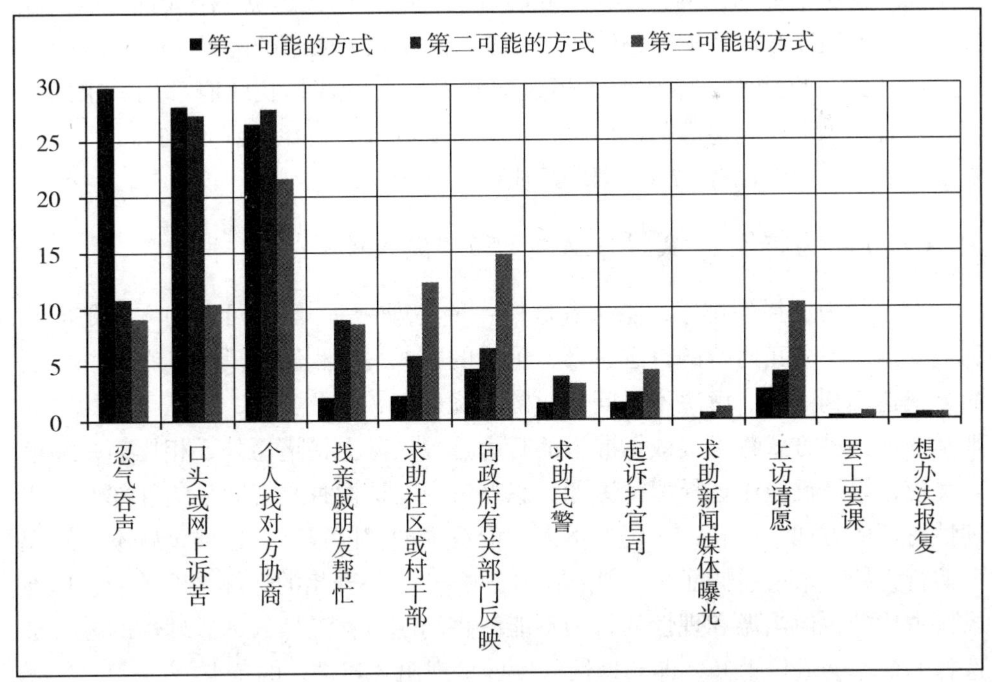

图31　面对利益受损和不公正对待的反应（单位：%）

的比例分别只有 0.3% 左右（见图 31）。

第二可能的方式中，选择“忍气吞声”的人明显减少、占比下降了三分之二，找亲戚朋友帮忙的比例是第一反应的 4 倍多，求助社区或村干部的比例是第一反应的近 3 倍；上访请愿的比例超过了 4%，罢工罢课的比例仍然只有 0.3% 左右，想办法报复的比例提高一倍至 0.6%。

第三可能的方式中，向政府有关部门反映情况的比例骤升至 15% 左右，比第二反应和第一反应分别提高了 1 倍多和 2 倍多；特别值得注意的是，上访请愿的比例超过了 10%，分别是第二反应和第一反应的 2 倍和 4 倍，也就是说，选择上访请愿方式的概率在成倍增加。

（二）行为逻辑：先忍一忍诉诉苦→再请熟人帮帮忙→最后才来找政府

面对利益受损和不公正对待，被调查者的第一反应是靠自己来解决问题，总体上看，80% 以上的人会在自身范围内解决问题，或忍或诉苦或直接找对方，就连亲戚朋友都不会求助。

第二反应则更多地倾向于通过熟人解决，忍、诉苦、直接找对方，加上求助亲友、基层干部的比例，加在一起超过了 80%，也就是说，绝大部分居民在自己所属的城乡社区就把问题解决了，没有超出熟人圈子的范围。

而从第三反应看，矛盾焦点迅速向政府转化，选择找政府部门、求助民警、打官司、上访请愿等与政府直接相关方式的人，占比达到了 33%，而在第二反应中这一比例仅有 17%，第一反应中只有 10%。

（三）行为特征：“累进非理性”和“嵌入式缓冲”

上述行为选择的排序，隐含着这样一种心理 —— 第一可能的方式是面对利益受损和不公正对待的首选，第二可能的方式一定程度上反映了在第一可能的方式达不到效果、解决不了问题时的次优选择，以此类推，第三可能的方式则是在前两种方式都不奏效情况下的行为选择。除上访请愿外，相比第一和第二反应，第三反应中选择罢工罢课、想办法报复这两种具有明显负外部性和非理性特征的方式，尽管占比仍然不大，但提高的程度很高。这样，就不难发现上访行为的一个重要特征 —— 累进非理性 —— 一开始的选择是温和的、理性成份占优的，但当温和理性的行为不能解决问题时，激烈的、非理性的方式被选择的概率会成倍上升，即非理性的发展呈现出“累进”的特点。

另一个特征 —— 嵌入式缓冲 —— 也十分明显：即便是第三可能选择的方

式，仍有高达62%的人会在熟人圈子范围内解决问题，根本不会将矛盾扩散至所在的城乡社区以外。熟人作为中国社会非常重要的一种社会资本，成为潜在的上访者与政府之间的纽带。在基层政府中通常会有工作人员是上访户的亲戚朋友，此种情况在社会运动理论中被称作“嵌入性”。正是因为自己的熟人“嵌入”在政府和其他造成利益损失和不公正对待的“对方”之中，上访这样的行为存在着一个缓冲地带，尽管是非正式的，但确实能够起到缓解矛盾、沟通意见、降低激烈方式发生概率的作用。

三、调查发现第二组：选择上访等激烈行为方式的个体特征

为进一步挖掘上访的行为逻辑和特征，我们利用排序逻辑模型（Ordered Logistic Model），以“面对利益受损和不公正对待的反应”为因变量，以被调查者的生活满意度、是否受到过不公正对待及是否已解决的经历，以及性别、年龄、户籍、职业、学历、消费水平等个人特征为自变量，进行回归分析。因变量按照前述渐强方式赋值，即“忍气吞声”＜“口头或网上诉苦”＜“个人找对方协商”＜“找亲戚朋友帮忙”＜“求助社区或村干部”＜“向政府有关部门反映”＜“求助民警”＜“起诉打官司”＜“求助新闻媒体曝光”＜“上访请愿”＜“罢工罢课”＜“想办法报复”。自变量都采用虚拟变量形式，这是由于问卷采取的是选项形式，能够提炼的信息是定序的而非连续定基的。模型估计结果和主要发现如下：

（一）对生活不满导致上访等激烈行为：“累进非理性”特征再现

模型估计中的各个自变量均以其第一个取值（选项）为参照。如表17所示，以对目前生活“非常满意”的被调查者为参照，对生活“比较满意”的估计系数显著为正，说明选择后者的人采取更激烈方式解决问题的概率会显著高于前者。除个别系数不显著外，绝大部分反映生活满意度的自变量系数均显著为正，而且生活满意度越低，估计系数约大——对生活状况越不满意的人，越倾向于采取更激烈的方式来解决问题。因为不满就导致行为激烈，从集体行为理论看是典型的非理性。而且，越不满，系数估计值越大，再次说明非理性具有“累进”的特征。

表 17　生活满意度与行为选择

参照自变量：目前生活感受为“非常满意”	第一可能的方式	第二可能的方式	第三可能的方式
比较满意	0.35*** (0.10)	0.25*** (0.09)	0.35*** (0.10)
一般	0.52*** (0.11)	0.43*** (0.11)	0.35*** (0.11)
不太满意	0.09 (0.17)	0.64*** (0.15)	0.44*** (0.15)
非常不满意	1.07*** (0.37)	0.88*** (0.33)	1.17*** (0.27)

注：其他自变量略；括号中为标准差；“***”、“**”和“*”表示 1%、5% 和 10% 的显著性水平。

（二）受到不公待遇不一定上访，但问题不解决导致上访概率明显增加

一般来说，受到不满、怨恨等情绪的影响，遭遇过不公正对待的人，倾向于采取更加激烈的行为方式。不过，基于 E 市新区的抽样调查并不支持这一观点。过去两三年中，被调查者自己或亲属无论是否受到过不公正对待，其行为方式并没有显著的差异。表 18 中，以受到过很严重的不公正对待为参照，受到不严重的不公正对待、没有受到过不公正对待的估计系数均不显著。

表 18　不公正对待及其解决与行为选择

参照自变量：过去两三年中，您或亲友“受到过不公正对待，而且很严重”	第一可能的方式	第二可能的方式	第三可能的方式
虽然受到过，但是不严重	0.10 (0.13)	0.03 (0.13)	-0.02 (0.11)
没有受到过	0.17 (0.13)	0.13 (0.13)	-0.04 (0.11)
参照自变量：受到过不公正对待，且问题“已得到解决”	第一可能的方式	第二可能的方式	第三可能的方式
解决了一部分	0.19** (0.09)	0.36*** (0.09)	0.22** (0.08)
完全没解决	0.28*** (0.10)	0.32*** (0.11)	0.22** (0.10)

注：其他自变量略；括号中为标准差；“***”、“**”和“*”表示 1%、5% 和 10% 的显著性水平。

但是，如果受到过不公正对待、并且问题没有完全解决，被调查者就有可能采取更加激烈的方式来解决。这说明，人们并非一遇到问题就会选择上访请愿等激烈方式，选择激烈方式是问题迟迟得不到妥善解决的一种无奈选择。

（三）性别和年龄差异不太显著，女性和老年人的行为相对更温和

以女性被调查者为参照，男性调查者采取更激烈行为的倾向稍强一些，但是不够显著。以年龄 20 岁以下的被调查者为参照，只有年龄大于 60 岁的人，采取激烈方式的倾向明显低一些（见表 19）。如果我们略放松一点儿对统计显著性的要求，主要看估计系数的方向和大小，特别是第三可能的方式，大体可以得出这样的判断——随着年龄的增加，采取激烈方式的概率会有所下降。

表 19　性别和年龄差异与行为选择

参照自变量：性别为“女性”	第一可能的方式	第二可能的方式	第三可能的方式
男性	0.12 (0.08)	0.08 (0.07)	0.10 (0.08)
参照自变量：年龄“<20 岁”	**第一可能的方式**	**第二可能的方式**	**第三可能的方式**
20 — 29 岁	0.19 (0.26)	0.11 (0.26)	-0.15 (0.27)
30 — 39 岁	0.09 (0.26)	0.06 (0.27)	-0.34 (0.28)
40 — 49 岁	-0.19 (0.27)	0.05 (0.27)	-0.05 (0.28)
50 — 59 岁	0.06 (0.28)	0.06 (0.29)	-0.34 (0.29)
>60 岁	-0.63* (0.37)	0.18 (0.36)	0.34 (0.41)

注：其他自变量略；括号中为标准差；“***”、“**”和“*”表示 1%、5% 和 10% 的显著性水平。

（四）户籍和职业的差异：“体制外宣泄”的明显特征

从户籍差异的影响看：新区内和本市内其他地区的被调查者没有显著差异；户籍在 E 市外且在省内的第二反应明显更加激烈；户籍在省外的被调查者第一和第二可能的反应倾向于更温和、但不太显著，而其第三反应明显地更加激烈。总体上看，外来人口没有户籍的约束，受到利益损害和不公正对待后，

最终选择更激烈方式的概率更高一些，尽管他们可能在一开始更倾向于隐忍（见表20）。

表20　户籍和职业差异与行为选择

参照自变量：户籍在“新区内”	第一可能的方式	第二可能的方式	第三可能的方式
E市其他县区	0.02 (0.11)	0.14 (0.10)	0.17 (0.11)
省内其他地市	0.13 (0.23)	0.35* (0.20)	0.15 (0.19)
省外	-0.12 (0.27)	-0.24 (0.39)	0.56*** (0.17)
参照自变量：职业为“公务员”	**第一可能的方式**	**第二可能的方式**	**第三可能的方式**
事业单位人员	0.06 (0.18)	0.21 (0.17)	-0.08 (0.15)
国有企业人员	0.18 (0.23)	0.20 (0.22)	-0.17 (0.21)
民营企业人员	0.25 (0.20)	0.51*** (0.19)	0.31* (0.17)
个体户	0.14 (0.19)	0.19 (0.19)	0.24 (0.17)
外资企业人员	0.36 (0.26)	0.46* (0.24)	0.35 (0.24)
农民渔民	-0.09 (0.20)	0.30 (0.20)	0.44** (0.17)
离退休人员	0.47* (0.28)	0.36 (0.32)	0.05 (0.26)
学生	0.31 (0.27)	0.42* (0.25)	0.22 (0.25)
下岗失业或无业	0.21 (0.23)	0.09 (0.24)	0.61*** (0.24)

注：其他自变量略；括号中为标准差；“***”、“**”和“*”表示1%、5%和10%的显著性水平。

从不同职业的影响看：以公务员为参照，第一反应的差异大都不明显；民营企业人员第二和第三反应的激烈程度明显要高一些；外资企业人员和学生的第二反应更激烈，农民、渔民、下岗失业或无业人员的第三反应更激烈

（见表20）。

综合户籍和职业的影响，不难梳理出上访行为的另一个鲜明特征——体制外宣泄。非本地户籍人员、非公企业人员、农民和下岗失业群体，都属于“体制外”范畴，这些群体面对利益损害和不公正待遇的反应倾向于更加激烈。上访作为一种反映问题和解决问题的方式，也是一种“体制外宣泄”的渠道。

（五）学历和收入差异的影响：高学历群体较温和，中低收入群体较激烈

学历的影响整体上不显著，只有研究生学历的被调查者第三反应更加温和。收入（以消费衡量）的影响呈现出中低收入群体行为倾向更加激烈的特点。其中，人均月消费支出在500—1000元的E市新区低保边缘群体，第一、第二和第三反应都比较激烈；反而是最低收入群体（参照自变量）的行为更温和一些。这可能是由于最低收入群体基本上都纳入了最低生活保障或相关的社会福利体系，而低保边缘群体由于没被纳入保障，可能因实际生活更加困难而不满。中等偏下收入户的第一和第二反应，中等收入户的第一、第二和第三反应，都比最低收入户更激烈。此外，人均月消费支出5000—10000元的高收入户也呈现出比最低收入户更激烈的行为倾向，这可能是由于随着收入水平的提高，权利意识更强造成的。①

表21 学历和收入差异与行为选择

参照自变量：文化程度为“初中以下”	第一可能的方式	第二可能的方式	第三可能的方式
初中	0.06 (0.18)	-0.02 (0.17)	-0.04 (0.15)
高中 中专 中职	-0.04 (0.18)	-0.17 (0.17)	-0.06 (0.16)
大学本专科 高职	0.11 (0.18)	0.05 (0.17)	0.19 (0.17)

① 考虑到被调查者可能因为反对新区建设，倾向于填写更激烈的方式，我们将对新区建设的态度以及认为新区对个人影响的判断作为自变量引入模型，发现反对新区建设的人，其行为方式确实会更加激烈，但上述自变量的估计系数（方向和显著性）基本上没有发生变化，也就是说模型的估计结果比较稳健。

续表

参照自变量：文化程度为“初中以下”	第一可能的方式	第二可能的方式	第三可能的方式
研究生	0.30 (0.40)	0.24 (0.39)	-0.60* (0.35)
参照自变量：人均月消费为“500 元以下”	**第一可能的方式**	**第二可能的方式**	**第三可能的方式**
500 — 999 元	0.29** (0.14)	0.27** (0.13)	0.46*** (0.13)
1000 — 1999 元	0.46*** (0.14)	0.28** (0.13)	0.19 (0.13)
2000 — 2999 元	0.32** (0.14)	0.31** (0.13)	0.27** (0.14)
3000 — 4999 元	0.23 (0.17)	0.24 (0.16)	0.28* (0.16)
5000 — 9999 元	0.50** (0.23)	0.44** (0.21)	0.02 (0.20)
1 万元及以上	0.08 (0.35)	0.38 (0.30)	0.21 (0.35)

注：其他自变量略；括号中为标准差；“***”、“**”和“*”表示 1%、5% 和 10% 的显著性水平。

四、调查发现第三组：倾向于理解和支持的上访理由

在梳理出选择上访的行为逻辑、容易引发上访等激烈行为的个体特征之后，我们进一步考察一个补充性的问题：

“出现下列哪些情况时，您觉得集体请愿活动可以理解：第一能理解【　】；第二能理解【　】；第三能理解【　】”

此问题回避了“谁”集体请愿的问题，并且使用“集体请愿”而非“集体上访”、“群体性事件”等敏感字眼，既可以减轻被调查者回答问题的压力，也可以避免作答受到人为干预。“理解”的基础上可以衍生出“支持”，包含了“我可能也会参加”的心理暗示，也就是说，理解和支持别人因某种理由上访，能够映射出自己未来可能的选择。这样，就可以对上访特别是集体上访的倾向

性趋势做出某种判断。对该补充性问题的统计分析结果如表 22 所示：

表 22 被调查者表示理解的集体请愿理由

集体请愿理由	第一能理解（占比：%）	第二能理解（占比：%）	第三能理解（占比：%）
征地拆迁补偿不合理	43.74	11.20	7.94
加大了农民渔民负担	10.52	17.92	7.22
职工下岗待遇不公、生活困难	13.87	14.80	12.47
水、空气等环境受到不良影响	10.89	19.62	17.48
社会保障和公共服务待遇不公平	6.41	13.41	16.25
拖欠工资等劳资纠纷	5.11	8.62	8.89
购物、出行等生活不方便	1.96	3.53	5.35
生活成本高、负担重	3.02	4.51	8.45
社会治安和犯罪案件经常发生	2.16	4.21	10.46
风俗习惯受到影响	0.60	1.60	3.92
其他	0.07	0.07	0.58
无论如何我都不接受集体请愿	1.66	0.51	0.99

（一）征地拆迁和环境影响是最能被理解的集体请愿理由

征地拆迁补偿不合理，是被调查者最能理解的请愿活动。第一能理解的理由中，有近 44% 的人选择了此项，超过第二位的“职工下岗待遇不公、生活困难”近 30 个百分点。“水、空气等环境受到不良影响”引发的集体请愿，在第一能理解的理由中排在第三位，在第二和第三能理解的理由中都排在首位。可见，随着收入和生活水平的提高，人们的需求层次也在提高，权益诉求的重点在发生变化。在仍然最主要关注经济利益的同时，健康权益关注度明显提升，有可能成为未来诱发集体上访和群体性事件新的主因。

（二）只有极少数人不能接受集体请愿

为避免问题的诱导性，即诱导被调查者都倾向于支持这样或那样的集体请愿理由，我们设置了“无论如何我都不接受集体请愿”的选项。结果多少有些出乎意料——选择此项的人，仅占被调查者的1%左右！而且，当我们把第一能理解选择此项的问卷筛选出来以后，发现其中70%集中来自一个乡镇。此乡镇的问卷填写（至少是这一问题）很有可能受到了某种干预，不过即便存在这样的干预，由于我们询问了第二和第三能理解的情况，所以也很容易排除这种干预的影响。综合考察，不能接受集体请愿的人，属于极少数的情况。

（三）个体特征与对集体请愿的理解："体制外宣泄"特征再现

理解集体请愿的理由难以排序，更难以量化，所以无法用回归模型展开影响因素分析，只能退而求其次使用描述统计的办法来进行粗略地考察。

分性别、年龄和职业看，支持集体请愿的理由没有明显差异。分学历看，除研究生以外的各文化程度差异不大，研究生学历选择的支持理由相对比较分散。分收入（消费）水平看，除人均月消费支出1万元以上以外的各群体差异不大，最高收入群体的支持理由也相对分散。①

这里特别关注的是，本地与外地户籍之间，对理解集体请愿理由的显著差异。从第一理解的理由看，省外户籍的被调查者，对社会保障和公共服务待遇不公平、社会治安和犯罪案件经常发生这两个理由的理解明显比起本省户籍的被调查者要强烈。从第二理解的理由看，省外户籍尽管与本省户籍相类似，把水、空气等环境受到不良影响列在首位，但前者选择此项的比例比后者高出一倍以上。从第三理解的理由看，省内户籍的选择已经趋于分散化，但省外户籍中有近30%选择了购物、出行等生活不方便（有关图示参见附件9-2）。

从以上情况看，省外户籍的被调查者具有较强的权利意识，他们比省内户籍的被调查者更能理解和支持的集体请愿理由，实际上是他们的权利诉求——享受公平的社会保障和公共服务待遇，在良好的治安状况和自然生态环境中工作，以及能够便捷便利地生活。我们很难想象本地居民会因为外地居民的社保待遇不公而集体请愿，实际上只有非本地户籍、不能平等享有相关待遇的群体才会因此而走上街头。理解和支持别人的表态，明显地映射出自身有可能采取的行动和理由。此情况再次说明了上访的“体制外宣泄”特征。

---

① 限于篇幅，这里略去个体特征差异不大和选择相对分散的有关图表。

五、启示和思考

（一）累进非理性、体制外宣泄与嵌入式缓冲：上访的三个突出特征

本报告依托 E 市新区 1% 居民抽样调查数据，力求从宏观上给出上访的行为逻辑和特征。调查发现：第一，面对利益受损和不公正对待，上访并不是首选，但问题久拖不决，选择上访的概率会成倍增加，显示出“累进非理性”的特征；第二，身处体制外的群体，例如非公企业从业人员、下岗失业和无业人员、外来务工人员、农民等，在同等条件和相似的环境下，更倾向于采取上访等激烈行为方式来表达不满和解决问题，表现出“体制外宣泄”的特征；第三，最能够有效替代上访的途径，是通过熟人的帮助来缓冲和化解矛盾，包括求助亲友、社区干部或村干部，甚至是直接找对方或政府内部的熟人，上访具有“嵌入式缓冲”的特征。

（二）基于上访行为特征的思考与建议

以解决问题为导向改进信访工作。从“累进非理性”看，最初的矛盾冲突并不会直接导致上访等激烈行为，但如果不及时解决，后果会越来越严重。我国正处于经济社会转型期，利益结构在深刻调整，完全避免矛盾冲突是不可能的，但一旦出现矛盾冲突，就需要有及时有效的化解办法和途径。正是因为缺乏这样的途径，才使得上访呈现高发态势。信访工作自身的流程机制，特别是仅一纸文件转回地方处理，再加上只要出现越级上访、集体上访就对地方领导“一票否决”的规定，不仅没有解决问题，反而导致拦访截访、瞒报漏报等被动应对，加剧了非理性的累进，使得矛盾更加激化、冲突更加激烈。未来信访工作不能再“一转了之”或“一否了之”，一定要面向问题的最终解决，合理要求转回后必须解决，只要解决就不否决，如在规定期限内不解决再进行否决。

体制外群体和弱势群体的诉求需要引起高度重视。从“体制外宣泄”看，权利意识已经普遍地觉醒，非公经济与公有制经济的平等、农民工与市民的平等、弱势群体在基本权益上与强势群体的平等、以及在经济权益公平的基础上要切实保障健康权益的诉求等，已成为上访等激烈行为的重要诱因。在鼓励非公经济发展、推进农民工市民化、促进底线公平和社会福利适度普惠、建设

“美丽中国”等重大战略展开的同时，也需要小处着眼，面向特定群体的需求诉求，为上访等社会不稳定因素提供有针对性的解决方案，既有从根本上化解问题的体制机制，也有不满、怨恨等情绪释放和宣泄的途径。

加强基层导向的矛盾化解。从“嵌入式缓冲”看，把矛盾化解在基层的思路是对的，也是具备社会基础的。然而，基层存在的问题，导致缓冲地带不断萎缩。一方面是基层干部脱离群众。在此次调查中，有多位被调查者填写职业时选择了“其他”并注明“村干部”，而没有选择“农民渔民”项。可见在他们的心目中，村干部已经不是农民。原本可以作为熟人起到缓冲矛盾作用的村干部，自身转化成为了矛盾的对立面。另一方面是财权事权不匹配。基层没有能力和足够的经费开展化解矛盾冲突的工作。进一步看，是基层权、责、利不匹配的问题，从上往下“层层加码”，不完成就“摘帽子”、“砸饭碗”，又不提供必要的人力财力物力支持，所以基层通常只能采取简单粗暴的办法来完成任务。把矛盾化解在基层、化解在源头，需要加强基层能力建设，理顺财权事权和权责利匹配关系；同时应推进基层社会组织建设，发挥社会组织“接地气”的优势，及时准确反映问题，联系沟通利益相关方，进而有效疏导和化解社会矛盾。

顾严、魏国学

附件：调查问卷

广东惠州环大亚湾新区开发建设社会影响公众调查问卷

您好！

为科学评估广东惠州环大亚湾新区（以下简称“新区”）开发建设的社会效益，充分听取群众意见，为新区建设提供民声民意依据，开展本次问卷调查。

诚挚邀请您参与本调查，请您提出宝贵意见和建议。调查采取匿名方式，作为独立的评估机构，我们保证您的个人信息完全保密，您的回答仅作为统计资料使用。

对您的支持深表谢意！

国家发改委宏观经济研究院课题组

说明：新区范围包括大亚湾区澳头、西区、霞涌，惠阳区淡水、秋长、惠阳经开区、沙田、新墟、镇隆、永湖、良井、平潭，惠东县稔山、铁涌、平海、吉隆、黄埠、白花、巽寮、港口，共5个街道办事处、1个经开区、12个镇、2个旅游管理区。新区将建成开放引领、创新驱动、富有魅力的现代化绿色生态湾区。

请将您选择的选项字母填入括号【　】中。

一、您对新区建设的意见和想法

1. 您目前的生活感受如何：【　】

A. 非常满意　　B. 比较满意　　C. 一般

D. 不太满意　　E. 非常不满意

2. 您对新区开发建设的关注程度如何：【　】

A. 非常关注　　B. 比较关注　　C. 一般

D. 不太关注　　E. 完全不关注

3. 您是否支持新区的开发建设：【　】

A. 非常支持　　B. 基本支持　　C. 一般

D. 有点反对　　E. 强烈反对

4. 您认为目前新区的社会环境如何：【　】

A. 非常和谐　　B. 比较和谐　　C. 一般

D. 不太和谐　　E. 非常不和谐

5. 以下问题中，您认为较严重三个是：第一严重【　】；第二严重【　】；第三严重【　】

A. 社会治安　　B. 社会风气　　C. 环境污染

D. 腐败　　E. 贫富差距　　F. 宗教和民族冲突

G. 下岗失业　　H. 制假售假　　I. 征地拆迁

J. 本地人外地人不融洽　　K. 各种不合理收费

L. 社会保障　　M. 劳资纠纷　　N. 基层干部作风

O. 其他（请具体说明：________________________________）

6. 在过去的两三年中，您或您的亲友是否受到过不公正对待：【　】

A. 受到过，而且很严重　　B. 虽然受到过，但是不严重

C. 没有受到过

7. 如果受到过不公正对待，问题是否得到了解决：【　】

A. 已得到解决　　B. 解决了一部分　　C. 完全没解决

8. 您最关注新区建设的三个方面是：第一关注【　】；第二关注【　】；第三关注【　】

A. 征地拆迁　　B. 农民负担　　C. 企业改制

D. 环境保护　　E. 社会保障（含低保、养老等）

F. 医疗、教育等公共服务　　G. 就业机会

H. 商贸、餐饮、娱乐等商业服务网点　　I. 交通出行

J. 房价　　K. 社会治安　　L. 风俗习惯

M. 其他（请具体说明：________________________）

9. 在新区开发建设过程中，如果您的切身利益受到损害，您或亲友受到了不公正对待，您有可能采取的反映情况和解决问题的三种方式是：第一可能的

方式【　】；第二可能的方式【　】；第三可能的方式【　】

A. 个人找对方协商　　B. 求助社区干部或村干部

C. 向政府及有关主管部门反映　　D. 求助民警

E. 起诉打官司　　F. 求助新闻媒体曝光

G. 口头或在网上诉诉苦　　H. 找亲戚朋友帮忙

I. 罢工罢课　　J. 上访请愿　　K. 想办法报复

L. 忍气吞声　　M. 不知道如何反映和解决

N. 其他（请具体说明：____________________）

10. 出现下列哪些情况时，您觉得集体请愿活动可以理解：第一能理解【　】；第二能理解【　】；第三能理解【　】

A. 征地拆迁补偿不合理　　B. 加大了农民渔民负担

C. 职工下岗待遇不公、生活困难　　D. 水、空气等环境受到不良影响

E. 社会保障和公共服务待遇不公平　　F. 拖欠工资等劳资纠纷

G. 购物、出行等生活不方便　　H. 生活成本高、负担重

I. 社会治安和犯罪案件经常发生　　J. 风俗习惯受到影响

K. 其他（请具体说明：____________________）

L. 无论如何我都不接受集体请愿

11. 如果新区开发建设需要征用您的土地，或者需要对您的房屋进行拆迁搬迁，您最希望的五种补偿方式是：第一希望的方式【　】；第二希望的方式【　】；第三希望的方式【　】；第四希望的方式【　】；第五希望的方式【　】

A. 货币补偿　　B. 住房安置　　C. 股权或分红权补偿

D. 安排就业　　E. 培训技能　　F. 购买社会保险

G. 纳入最低生活保障　　H. 发放小额贷款

I. 其他（请具体说明：____________________）

12. 您认为新区建设对您的就业、个人收入、生活环境、文化风俗习惯会产生什么影响：

对就业：【　】　　A. 非常有利　B. 比较有利　C. 不好不坏　D. 比较有害　E. 非常有害

对收入：【　】　　A. 非常有利　B. 比较有利　C. 不好不坏　D. 比较有害　E. 非常有害

对环境：【　】　　A. 非常有利　B. 比较有利　C. 不好不坏　D. 比较有害　E. 非常有害

对风俗：【　】　　A. 非常有利　B. 比较有利　C. 不好不坏
D. 比较有害　E. 非常有害

二、您对开展新区公众调查的意见和想法

13. 您认为新区开发建设全面启动后，政府是否有必要再次听取群众意见：【　】

A. 非常必要　　B. 比较必要　　C. 一般
D. 不太必要　　E. 完全没必要

14. 如您认为政府有必要再次听取群众意见，多长时间听取一次比较合适：【　】

A. 2 — 3 年一次　　B. 每年一次
C. 半年一次　　D. 根据具体情况随时听取

15. 您认为下列哪三种方式，比较容易把您的意见反映给政府：第一种方式【　】；第二种方式【　】；第三种方式【　】

A. 通过人大代表、政协委员　　B. 通过政府组织的听证会
C. 通过社区干部或村干部反映　　D. 通过网上公开征求意见
E. 问卷或电话调查　　F. 通过居民代表座谈会
G. 通过各种社会组织　　H. 向上级政府反映
I. 其他（请具体说明：＿＿＿＿＿＿＿＿＿＿）

三、您的有关信息

16. 您的年龄：【　】

A.<20 岁　　B.20 — 29 岁　　C.30 — 39 岁
D.40 — 49 岁　　E.50 — 59 岁　　F. >60 岁

17. 您的职业：【　】

A. 公务员　　B. 事业单位人员　　C. 国有企业人员
D. 民营企业人员　　E. 个体户　　F. 外资企业人员
G. 农民渔民　　H. 离退休人员　　I. 学生
J. 下岗失业或无业　　K. 其他（请具体说明：＿＿＿＿＿＿＿＿＿＿）

18. 您的文化程度：【　】

A. 初中以下　　B. 初中　　C. 高中 中专 中职

D. 大学本专科 高职　　E. 研究生

19. 您的性别：【　】

A. 女　　B. 男

20. 您的户籍所在地：【　】

A. 新区内（大亚湾 惠阳 惠东）　　B. 惠州市其他县区

C. 广东省其他地市　　D. 广东省外

21. 您的家庭平均每人每月的消费支出：【　】

A.500 元以下　　B.500 — 999 元　　C.1000 — 1999 元

D.2000 — 2999 元　　E.3000 — 4999 元　　F.5000 — 9999 元

G.1 万元及以上

22. 您对新区开发建设还有什么意见和建议：

____

谢谢！您已答完全部调查问题。我们再次对您的参与和协助表示由衷感谢！

策　　划：张文勇
责任编辑：张文勇　何　奎　孙　逸　罗　浩
封面设计：李　雁

图书在版编目（CIP）数据

重大决策社会稳定风险评估研究 / 顾严，张本波主编．—北京：人民出版社，2018.2

ISBN 978-7-01-018893-5

Ⅰ．①重…　Ⅱ．①顾…　②张…　Ⅲ．①社会稳定—风险评价—研究—中国
Ⅳ．①D63

中国版本图书馆 CIP 数据核字 (2018) 第 025402 号

重大决策社会稳定风险评估研究

ZHONGDA JUECE SHEHUI WENDING FENGXIAN PINGGU YANJIU

顾　严　张本波　主编

人民出版社 出版发行
（100706　北京市东城区隆福寺街 99 号）

北京市文林印务有限公司印刷　新华书店经销

2018 年 2 月第 1 版　2018 年 2 月北京第 1 次印刷
开本：710 毫米 ×1000 毫米　1/16　印张：14.75
字数：260 千字

ISBN　978-7-01-018893-5　定价：42.00 元

邮购地址 100706　北京市东城区隆福寺街 99 号
人民东方图书销售中心　电话（010）65250042　65289539